청강
이제신
평전

청강
이제신
평전

문무를 겸비한 실무 관료

이종묵 · 장유승 지음

아카넷

머리말

───────

공자는 흐르는 물을 보고 이렇게 말했다.

"흘러가는 것은 이와 같구나. 밤낮을 쉬지 않는구나.[逝者如斯夫 不舍晝夜]"

『논어(論語)』의 한 구절이다. 조선의 유학자들은 이 구절을 두고 성리학적 도(道)의 유행(流行)을 비유한 것이라고 했지만, 공자가 아닌 보통 사람의 눈으로도 흘러가는 물을 보면 제각기 떠오르는 것이 있기 마련이다.

옛사람과 그들이 남긴 글을 연구하는 것을 업으로 삼는 사람의 눈에는 흐르는 물이 역사로 보인다. 물은 바위에 부딪쳐 거세게 흐르기도 하고, 백사장을 지나며 잔잔히 흐르기도 한다. 물가의 풀과 꽃을 스치면서 우리가 알아듣지 못하는 이야기를 나눌지도 모른다.

맑은 강이라는 뜻의 청강(淸江)이라는 호를 가진 사람이 있었다.

재상의 반열에 올라 권력을 휘두른 정치가도 아니요, 학문으로 한 시대를 선도한 학자도 아니며, 풍전등화의 위기에서 나라를 구한 영웅이라 하기에는 업적이 조금 부족하다. 그런 점에서 이제신(李濟臣, 1536~1583)이라는 맑은 강은 그리 크지 않은 강이었다.

'제신'이라는 이름은 강을 건너는 배와 같은 신하가 되라는 뜻이다. 목민관(牧民官)으로 힘 있는 자들의 횡포에 맞섰고 청렴결백한 몸가짐으로 청백리(淸白吏)에 선발되었으니, 맑은 강과 같은 인물이라 하기에 부족함이 없다. 또 억울하게 공을 인정받지 못했지만 오랑캐의 침입을 막아냈으니 국가라는 성(城)의 해자(垓字)와도 같았다고 하겠다. 그의 저술은 후대에 중요한 사료로 이용되었고 문학의 지침이 되었으니 그가 붓으로 남긴 강 역시 잠시 흘렀다 사라진 실개천이 결코 아니었다. 청강은 세상 사람들이 모두 알아주는 강은 아니지만, 그 강이 만난 바위와 모래, 풀과 꽃의 이야기는 들을 만하다. 청강 이제신이라는 사람의 평전을 쓰고자 하는 의도가 이것이다.

십수 년 전 옛사람의 글에서 조선시대 문인들이 살다간 땅의 자취를 좇다가 양수리에서 북한강 줄기를 따라 거슬러 올라가는 곳에 있는 양평의 수입리를 발견했다. 서울 근교에서 가장 풍광이 아름다운 곳이라 감히 자신할 수 있다. 이곳은 풍광만 아름다운 곳이 아니다. 이름난 문인이 시대를 달리하면서 이곳을 빛냈다.

수입리(水入里)는 우리말로 '물들이골'인데 예전에는 '물돌이골'이라는 뜻의 수회리(水回里)였다. 구한말 위정척사(衛正斥邪)로 이름이 높았던 화서(華西) 이항로(李恒老, 1792~1868)가 절의를 지키며 살던 곳이고, 다시 세월을 거슬러 올라가 조선을 대표하는 시인 삼연(三淵) 김창흡(金昌翕, 1653~1722)이 맑은 삶을 영위하고 운치 있는 시를 지은 곳이다.

이곳을 세상에 처음으로 널리 알린 사람이 바로 청강 이제신이다. 이제신은 한양 도성 한복판에 살면서 맑은 강과 같은 마음을 지키고자 호를 청강이라 했다. 그렇지만 그가 사랑한 현실의 맑은 강은 바로 이곳에 있었다. 청강의 후손들은 이곳에 녹수정(綠水亭)을 지었고, 지금도 녹수재(綠水齋)가 있어 그의 삶을 기리고 있다. 『조선의 문화공간』이라는 책에서 '맑은 강'의 '푸른 물'과 같은 이제신과 그 후손 이덕수의 삶을 소개한 것이 벌써 10년 전의 일이다. 그리고 인연이 다시 이어져 이렇게 청강의 평전을 쓰게 되었다.

평전은 한 시대 한 인물의 삶을 정확하게 재구성하고 객관적으로 평가하는 글이다. 사람을 칭찬하거나 비방하기는 쉽지만 제대로 평가하기는 어렵다. 더구나 400여 년 전의 인물이라면 더욱 그러하다. 우리 학술사에 널리 인정받는 평전이 많지 않은 이유도 여기에 있다. 그래도 평전이야말로 인문학이 지향하는 최고 수준의 학문적 결실이라는 생각에 이렇게 청강이라는 인물의 평전을 시도해보았다.

집필 과정에서 여러 가지로 큰 도움이 된 전의이씨 청강공파화수회 여러 분들께 감사의 뜻을 표한다. 출판계의 어려움을 애써 모른

척하고 기꺼이 이 책을 간행해준 아카넷과 그곳에서 열성적으로 일하는 편집진에게도 존경의 마음을 전한다.

2017년 7월 관악산 자하동에서

이종묵이 대표하여 쓰다.

차례

1

들어가며

1583년(선조16) 1월, 아산보 만호(阿山堡萬戶) 유중영(柳重榮)은 초조한 마음으로 두만강 너머를 바라보며 정찰 나간 병사들이 돌아오기를 기다리고 있었다. 엊그제 이 근처에 살고 있는 여진족들이 분주하게 오가는 모습을 보고서 무슨 일이 있는지 알아보라고 보낸 병사들이었다. 그중에는 지리에 익숙한 토병(土兵)과 여진어에 능통한 통사(通事)도 끼어 있었다. 길을 잃었을 리 만무한데 아무리 기다려도 그들은 돌아오지 않았다.

　멀리서 말 탄 이들이 쌓인 눈 사이로 다가오는 모습이 보였다. 자세히 보이지는 않았지만 정찰 보낸 병사는 아니었다. 수가 너무 많았다. 어림잡아 수백은 되어 보였다. 정체를 알 수 없는 기마병들은 말을 탄 채로 꽁꽁 언 두만강을 건너 곧장 아산보로 다가오고 있

아산보 일대 지도

아산보(점선으로 표시한 부분)는 경원과 경흥의 접경에 위치한 보루이다. 이탕개의 난은 여진이 이곳을 공격하면서 시작되었다. 『팔도지도(八道地圖)』 중 〈함경북도〉, 서울대학교 규장각한국학연구원 소장.

었다.

그때까지만 해도 유중영은 그것이 여진의 침입이라고는 생각하지 못했다. 인근의 온성(穩城)과 경흥(慶興) 주변에 사는 여진족이 간혹 떼를 지어 노략질을 자행한다는 소문은 들었지만, 아산보가 소속된 경원(慶源) 근처의 여진은 비교적 조용했기 때문이다.

두만강을 건넌 여진의 기마는 보루를 에워싸기 시작했다. 포위하려는 것이 분명했다. 뒤늦게 정신을 차린 유중영은 군사들에게 전투 준비를 명령했다. 하지만 군사들은 겁을 내며 허둥지둥할 뿐이었다. 이들은 애당초 직업 군인이 아니라 교대로 병역의 의무를 지는 농민이었다. 여진과 싸워본 경험이 없었다. 게다가 아산보의 군사는 모두 합쳐 120여 명에 불과했다. 수적으로도 열세였다.

곧이어 화살이 빗발치기 시작했다. 군사들은 머리를 내밀 엄두조차 내지 못하고 보루 안에 웅크렸다. 유중영 역시 겁이 나기는 마찬가지였다. 군사들에게 활을 쏘라고 닦달하면서도 화살 소리에 자꾸 몸이 움츠러들었다. 여진은 알아들을 수 없는 소리를 지르며 차츰 보루를 향해 다가오고 있었다.

이때 누군가 과감히 일어나 여진을 향해 화살을 날렸다. 마침 아산보에 와 있던 이성 현감(利城縣監) 이지시(李之詩)였다. 당시 변방 수령은 모두 무관이었다. 문약(文弱)에 찌든 문관 수령과는 달랐다. 이지시가 쏜 화살은 여진 여럿을 거꾸러뜨렸다. 하지만 그 역시 여진의 화살에 맞아 부상을 입었다. 상처를 감싸며 주저앉은 이지시는 더 이상 활을 쏘지 못했다.

그러나 이지시의 분전으로 정신을 차린 군사들이 하나둘 응전에 나섰다. 그들은 보루 안에 몸을 숨긴 채 떨리는 손으로 활을 쏘기 시작했다. 여진은 갑작스런 반격에 주춤하며 기세가 꺾였다. 한동안 멀리서 공격을 퍼붓던 여진은 날이 저물자 포위를 풀고 물러났다. 여진이 물러간 사실을 확인한 유중영은 급히 경원부로 전갈을 보내 여진의 침입을 알렸다.

아산보의 전갈을 받아 본 경원 부사(慶源府使) 김수(金璲)는 조금 놀라기는 했지만 큰일은 아니라고 생각했다. 아산보 일대의 여진을 통솔하는 추장 우을지(迂乙知)는 조선에 복종하는 자였다. 그 휘하의 일부 여진이 분탕질을 벌인 것뿐이라고 생각했다. 종종 있는 일이었다. 김수는 우을지를 직접 만나 항의하기로 결심했다. 이참에 여진의 버릇을 단단히 고쳐놓을 셈이었다. 그는 판관 양사의(梁士毅)와 함께 수십 명만 거느리고 두만강을 건넜다. 하지만 이것은 그의 실책이었다. 우을지는 대규모 공격을 준비하고 있었다.

두만강을 건넌 김수는 오래지 않아 여진의 기마와 조우했다. 예상보다 큰 규모였다. 김수는 당황한 기색을 애써 감추며 통사를 시켜 말을 건네 보았다. 하지만 여진은 대답 없이 칼과 활을 빼들고 김수 일행을 둘러쌌다. 여진의 숫자가 훨씬 많았다. 싸워 이길 가망은 없어 보였다. 김수는 부하들에게 눈짓을 하고는 말을 돌려 달아나기 시작했다.

여진의 기마가 김수의 앞을 가로막았다. 훈융진(訓戎鎭) 소속의 군사 백윤형(白允衡)이 여진과 김수 사이로 뛰어들었다. 그가 죽기로 싸워 시간을 벌어준 덕택에 김수는 간신히 포위망을 뚫고 빠져나왔다. 가져간 말과 양식, 무기는 모두 내버려둔 채였다. 김수는 경원성으로 들어가 문을 굳게 잠그고 여진의 침입에 대비했다.

이튿날, 여진이 경원성을 포위했다. 경원성 주변을 새까맣게 덮은 여진은 어림잡아 1만 명은 되어 보였다. 유례없는 대규모 침입, 아니 전쟁이었다. 경원성을 지키는 군사는 400여 명에 불과했다. 도저히 막아낼 수 있을 것 같지 않았다. 경원성의 군사와 백성은 모두 두려움에 떨었다.

서문(西門)을 지키던 전 만호 이봉수(李鳳壽)가 먼저 달아났다. 몇몇 군사들이 그 뒤를 따랐다. 여진은 이때를 놓치지 않았다. 서문을 부수고 밀려들어왔다. 자리를 지키던 나머지 군사들도 달아나기 시작했다. 성안으로 들어온 여진은 남녀노소를 가리지 않고 마구 죽였다. 평소 조선의 군관들에게 온갖 횡포를 당한 그들은 모처럼의 기회를 이용해 실컷 분을 풀었다. 김수가 죽을힘을 다해 싸운 덕택에 무기와 군량이 여진의 손에 넘어가지 않은 것은 그나마 다행이었다. 조선 개국 이래 수없이 여진의 공격을 받았으나 한 번도 함락된 적이 없는 난공불락의 요새 경원성은 이렇게 허무하게 무너지고 말았다.

한바탕 성안을 도륙한 여진이 본거지로 돌아가자 김수와 양사의

경원성(慶源城)

경원성 성문과 성 안의 비석. 1912년 유리건판으로 촬영한 사진이다. 국립중앙박물관 소장.

는 어둠을 틈타 성을 빠져나왔다. 두 사람은 종성(鍾城)을 향해 허겁지겁 달려갔다. 함경도 북부 지역의 군사를 총지휘하는 함경북도 병마절도사의 행영(行營)이 있는 곳이었다. 원래 함경북도 병마절도사의 병영(兵營)은 경성(鏡城)에 있지만, 국경과의 거리가 멀어 긴급 상황에 신속히 대처하기 어려웠다. 이 때문에 종성에 임시 지휘소인 행영을 설치한 것이다. 김수와 양사의에게 보고를 받은 절도사 이제신은 조정으로 파발을 보내 여진의 침입을 알렸다.

이제신은 무관(武官)이 아니었다. 그는 문과에 급제한 문관(文官), 그것도 예문관과 홍문관의 관직을 역임한 엘리트 문관이었다. 이 때문에 여진이 침입했다는 보고를 받은 조정에서는 이제신이 제대로 대응하지 못할 것이라고 우려했다. 비변사(備邊司)에서는 "북병사 이제신은 재략이 있다 하나 사실은 서생(書生)"이라며 전선에서 한참 떨어진 북청(北靑)의 남병영(南兵營)에 주둔 중이던 남병사 김우서(金禹瑞)에게 지휘권을 넘기라고 명령했다. 하지만 조정의 우려와 달리 이제신은 나약한 서생이 아니었다.

이제신의 집안은 대대로 무반 가문이었다. 이로 인해 이제신은 엄연히 문과에 급제한 문관 출신이었음에도 진주(晉州), 강계(江界) 등 군사적 요충지의 수령직을 역임했다. 그는 경원이 공격을 받기 전에 이미 여진의 동태가 심상치 않음을 감지하고, 온성 부사 신립(申砬)과 장수 김우추(金遇秋) 등 신뢰하는 장수들을 이미 최전선에 배치해 둔 상태였다. 이제신은 전례 없는 여진의 대규모 침입에도 당황하지 않았다. 그는 지휘권을 넘기라는 조정의 명령이 도착하기도 전에 교전 규칙에 따라 침착하게 반격에 나섰다.

본디 여진이 조선을 침입하는 목적은 조선의 영토를 항구적으로 점령하기 위한 것이 아니었다. 그들의 목적은 오로지 노략질이었다. 조선 개국 이래 여진은 무수히 국경을 넘나들며 '치고 빠지기'를 되풀이했다. 여진이 침입했다는 급보를 받고 원군을 보내면, 여진은 이미 노략질을 마치고 자취를 감춘 뒤였다. 이것이 계속되자 조선 측의 대응도 바뀌기 시작했다. 여진의 침입을 받으면 곧바로 두만강을 건너 그들의 근거지에 보복 공격을 감행하는 것이 교전 규칙이 되었다.

이제신은 각 진(鎭)에 여진의 공격을 대비하라는 명령을 내리는 한편, 교전 규칙에 따라 장수들을 두만강 건너편으로 보내 여진의 부락을 공격했다. 며칠 지나지 않아 훈융진에서 첫 번째 승전보가 들어왔다. 여진의 침입을 성공적으로 격퇴했다는 보고였다. 신립의 활약 덕택이었다. 신립은 훈융진이 포위되었다는 소식을 듣고 한달음에 달려가 화살 한 발로 적장을 쓰러뜨렸다. 장수를 잃은 여진은 혼비백산하여 달아났다. 경원 부사 김수의 활약도 눈부셨다. 경원성 함락의 책임을 만회하기 위해 목숨을 걸고 싸운 그는 여진의 수급(首級, 적군의 머리)을 40여 개나 획득했다.

곧이어 두만강을 건넌 장수들의 승전보가 이어졌다. 그들은 여진의 부락 10여 개소를 초토화하고 수급 150여 개를 얻었다. 며칠 뒤

일전해위도
이탕개의 난 당시 온성 부사 신립이 훈융진을 침범한 여진을 격퇴하는 장면이다. 『북관유적
도첩(北關遺跡圖帖)』 중 〈일전해위도(一箭解圍圖)〉, 고려대학교 박물관 소장.

김우추가 추가로 여진의 부락을 소탕하고 수급 60여 개를 바쳤다. 전황은 조선 측에 유리하게 기울고 있었다.

이때 선조(宣祖)가 보낸 선전관 이극선(李克善)이 북병영에 도착했다. 그는 밤낮을 가리지 않고 서울에서 종성까지 2,000리 넘는 길을 달려온 것이다. 잇따른 승전에 고무되어 있던 이제신은 반갑게 선전관을 맞이했다. 그는 선전관이 건넨 전지(傳旨, 국왕의 명령서)를 펼쳐 보았다. 필시 승전을 치하하는 내용이리라 생각했다. 하지만 전지를 펼쳐 든 이제신의 안색이 바뀌었다.

함경북도 병마절도사 이제신은 군율을 어겨 성을 잃고 나라를 욕되게 했으니 의금부로 잡아와 국문(鞫問)하고, 경원 부사 김수와 판관 양사의는 즉시 효수(梟首, 목을 베어 매다는 형벌)에 처한다.

이상은 『제승방략(制勝方略)』과 『선조실록(宣祖實錄)』 등을 토대로 이탕개의 난 초기 상황을 재구한 것이다. 이탕개의 난은 두만강 일대의 여진이 대규모로 조선을 침략한 사건으로, 1583년 1월부터 7월까지 이어졌다. 9년 뒤 일어난 임진왜란에 가려 그다지 조명을 받지 못했지만 이탕개의 난은 16세기 동북아시아 정세의 변화와 맞물린 중요한 사건이다. 당시 중국의 주인이었던 명나라는 국내의 혼란으로 여진에 신경을 쓸 틈이 없었다. 그간 부족별로 나뉘어 있던 여진은 이 무렵부터 차츰 세력을 통합했으며, 이러한 움직임은 훗날 후금(後

金)의 건국으로 이어진다. 이탕개의 난은 여진이 세력을 키우는 과정에서 조선과의 관계가 악화되자 대규모 침입을 감행한 사건이다.[1]

이탕개의 난이 일어난 데는 변방 지역 수령들의 책임이 컸다. 변방 수령들은 대부분 무관이었으며, 이들에게는 목민관의 자질이 부족했다. 최소한의 도덕성도 찾아보기 어려웠던 이들은 거리낌 없이 백성을 착취했다. 조선에 복속하던 여진도 착취에서 예외가 될 수 없었다. 변방 수령들은 여진을 위협하여 담비 가죽 등의 토산물을 요구했다. 요구를 듣지 않으면 매질을 했다. 매를 맞다가 죽은 이들도 있었다. 여진은 이러한 변방 수령들의 수탈에 큰 불만을 품고 있었다. 그 불만이 터진 결과가 이탕개의 난이었다.

뜻밖의 침입을 받은 조선 측은 한때 경원성이 함락되는 등 위기에 직면했으나, 신립을 비롯한 장수들의 분전으로 여진을 격퇴하는 데 성공했다. 아산보 전투로 시작된 이탕개의 난은 6개월 뒤 경원성 함락의 주역 우을지가 조선 측에 사로잡혀 참수당하면서 일단락된다. 우을지를 사로잡은 인물은 다름 아닌 조산 만호(造山萬戶)로 재직 중이던 명장 이순신(李舜臣)이었다.

이탕개의 난은 조선 사회에도 큰 변화를 가져왔다. 무과 급제자를 늘려 변경 방어를 담당할 인력을 확충하고, 성곽의 보수와 무기의 개발에도 힘을 쏟았다. 국방을 위해 일시적으로 허용한 서얼(庶孽) 허통(許通)과 노비(奴婢) 면천(免賤) 등은 조선 사회의 신분 질서를 흔들었다. 이 시기 율곡(栗谷)의 '십만양병설'을 비롯한 여러 국방 개혁 방안이 제기된 계기도 이탕개의 난이었다. 그러나 그 배경과 영향에 대한 연구는 여전히 미진한 편이다.

이탕개의 난을 전후한 16세기 조선 사회는 동서분당(東西分黨)으로 대표되는 정치 세력의 지각 변동이 일어난 시기이다. 그리고 뒤이어 일어난 임진왜란은 조선 사회는 물론 17세기 동북아시아 국제 질서에 막대한 영향을 끼쳤다.

임진왜란 직전의 조선은 목릉성세(穆陵盛世)라고 불릴 정도로 수많은 인물들이 한꺼번에 등장한 시기이기도 하다. 그중에는 율곡 이이(李珥, 1536~1584), 우계(牛溪) 성혼(成渾, 1535~1598)과 같은 도학자도 있었고, 이순신과 같은 영웅도 있었으며, 토정(土亭) 이지함(李之菡, 1517~1578)과 같은 방외인(方外人)도 있었다. 모두 시대에 한 획을 그은 인물이다.

그런데 16세기 조선 사회를 조명하는 과정에서 간과해서는 안 되는 인물들이 존재한다. 당쟁과 전쟁의 이면에서 묵묵히 자신의 임무를 수행한 '실무 관료군'이다. 이 실무 관료군의 존재는 여러 연구에서 간헐적으로 언급되었다. 이른바 '한문사대가(漢文四大家)'로 일컬어지는 월사(月沙) 이정귀(李廷龜, 1564~1635), 상촌(象村) 신흠(申欽, 1566~1628), 계곡(谿谷) 장유(張維, 1587~1638), 택당(澤堂) 이식(李植, 1584~1647) 등이 대표적이다. 이들은 모두 서인계 문인이지만, 북인계에 속하는 어우(於于) 유몽인(柳夢寅, 1559~1623), 남인계에 속하는 지봉(芝峯) 이수광(李晬光, 1563~1628) 등도 비슷한 성격의 인물들이다.

이들은 모두 당파를 초월하여 내정과 외교의 현장에서 활약했다. 이 밖에 백사(白沙) 이항복(李恒福, 1556~1618), 한음(漢陰) 이덕형(李德馨, 1561~1613) 등도 16세기 조선의 실무 관료군으로 분류할 수 있다. 이들은 임진왜란 때 외교 일선에서 활약하여 전란의 극복에 기여했으며, 전후 혼란 수습과 제도 개선에 이바지했다.

16세기 실무 관료군의 특징은 대략 다음과 같다. 첫째, 당파적 입장이 뚜렷하지 않다는 점이다. 실무 관료군은 의식적으로 당론과 거리를 두었다. 어쩔 수 없이 당론에 따라야 하는 입장에 처해서도 전면에 나서는 것은 피하고자 했다. 동서분당 이후의 조선 문인에게서 당파적 입장을 무시하기는 어려우나, 이들이 가급적 당론에 매몰되지 않으려 했던 점은 분명하다.

둘째, 서울과 경기 일대를 근거지로 삼았다는 점이다. 이들의 선대는 대부분 그다지 높지 않은 관직에 그쳤으며, 이들은 자신의 힘으로 가문의 위상을 제고했다. 그리고 자신의 대에서 이룩한 가문의 위상을 유지하기 위해 상당한 노력을 기울였다. 이들은 상당수가 서울에서 나고 자랐으며, 주로 경기 일대에 전장(田莊)을 마련하여 경제적 기반으로 삼는 한편, 정치적 상황에 따라 피신할 장소로 이용했다.

셋째, 도학자적 성향이 약하고 문장가적 성향이 강하다는 점이다. 성리학이 지배적 이념으로 자리 잡으면서 이기론(理氣論), 심성론(心性論) 등 학술적 논의가 활발히 벌어졌으나, 이들의 저술에는 그러한 논의가 드문 편이다. 이들은 사승 관계에 그다지 의지하지 않고 가학(家學)을 통해 입신했으며, 성리학에 매몰되지 않고 다양한 사상적 모색을 시도했다.

문학에 상당한 노력을 기울였다는 점도 특징이다. 이들은 대부분 문학적 능력을 인정받아 출세했으며, 역임한 관직도 문한직(文翰職)이 주를 이룬다. 후대의 평가 역시 문학에 집중되어 있다. 외교 문서를 담당하는 관각(館閣) 문인으로서 국제 정세에 밝았으며, 당시 중국 문단을 풍미한 고문사파(古文辭派)의 수용에 적극적이었다는 점도 공통적이다. 고문사파 수용을 선도한 월정(月汀) 윤근수(尹根壽, 1537~1616)는 앞서 거론한 이들의 선배 격으로, 역시 실무 관료군의 특징을 고스란히 지니고 있다. 청강도 이들과 특징을 공유한다.

청강은 서인계에 속하지만 당론을 내세우지 않았다. 대대로 서울에 거주하고 경기 일대에 전장을 소유했다. 도학적 저술은 거의 남기지 않은 반면, 문학으로 높은 평가를 받았다. 명대 고문사파 수용에 있어서는 윤근수의 인정을 받을 정도로 적극적이었다.

청강은 율곡 이이나 우계 성혼처럼 훗날 스승으로 추앙받은 도학자도 아니요, 이순신 같은 영웅적 면모의 장군도 아니었으며, 토정 이지함 같은 방외인은 더더욱 아니었다. 그는 16세기 조선 사회를 이끈 실무 관료군의 선구적 인물이었다. 16세기 실무 관료군은 일반에 널리 알려진 인물들이 아니다. 그러나 16세기 조선 사회의 실상은 이들의 눈을 통해 바라볼 때 제대로 드러날 것이다. 이것이 인물을 통해 시대를 논하는 이른바 '지인논세(知人論世)'이다. '지인논세'를 가장 잘 구현할 수 있는 글쓰기 방식이 다름 아닌 평전이다. 이 책은 청강 이제신이라는 인물의 눈으로 보는 16세기 조선 사회에 관한 기록이다.

2

전의세가
全義世家

700년 가문의 시작

세종특별자치시 정부세종청사에서 북쪽으로 약 15킬로미터 떨어진 곳에 금성산(金城山)이라는 산이 있다. 옛 이름은 운주산(雲住山)이다. 운주산 산줄기를 따라 북쪽으로 가면 나지막한 봉우리가 나온다. 옛날에는 이산(李山)이라고 했다. 해발 240미터의 낮은 봉우리지만, 이곳에 올라가면 북쪽의 전의면 일대가 한눈에 보인다. 이 봉우리에 드문드문 쌓인 돌무더기가 산성이 자리했던 흔적을 남기고 있다. 이성(李城)이라고 한다.

조선시대 지리서 『신증동국여지승람』에 기록된 이성의 둘레는 1,184척이다.[1] 지금의 단위로 환산하면 400미터에 가깝다. 그다지

청강 인장 '전성세가'
청강은 전의이씨를 700년 전통의 명가라고 자부했다.
가문에 대한 자부심이 엿보이는 인장이다.

이성
산 정상을 중심으로 주위를 둘러싼 테뫼식 산성이다. 전의이씨 시조 이도가 쌓았다고 전한
다. 현 세종특별자치시 전의면 신방리 소재.

큰 규모는 아니지만 과거에는 교통의 요지에 자리 잡은 군사적 요충지였다.

이성이라는 이름은 고려의 개국공신 이도(李棹)가 쌓은 성이라 하여 붙은 것이라 『신증동국여지승람』에 전한다. 하지만 이성은 고려 초기가 아닌 백제 때 쌓았다고 보는 것이 정설이다. 발굴 조사 결과 이곳에서 백제 시대의 기와가 출토되었기 때문이다. 아마도 후삼국의 분열로 각 지역의 군벌들이 활개 치던 전란의 시기, 이 일대에 세력을 형성하고 있던 이도가 버려진 성을 수리하여 근거지로 삼았던 듯하다. 성 안에는 우물이 있었다고 하는데, 성이 포위되는 상황에 대비하여 식수를 확보하고자 판 것으로 생각된다.

이도가 공신이 된 뒤에 고향으로 물러나 쌓았다는 설도 있지만, 그렇게 보기는 어려울 듯하다. 청강의 외손 신익성(申翊聖)은 이도가 성을 쌓아 백성을 보호하다가 고려 태조를 만나 공신이 되었다고 했다.[2] 따라서 이성은 이도가 공신이 되기 전에 이미 그의 근거지였다고 보는 것이 온당하다.

이도는 전의이씨의 시조이다. 원래 이름은 치(齒)이다. 고려 태조가 후백제를 정벌하기 위해 금강을 건너려 할 때, 이도는 태조를 도와 강을 건너게 해주었다. 이로 인해 태조는 그에게 배를 젓는 노를 의미하는 도(棹)라는 이름을 하사했다고 한다. 태조가 후삼국을 통일한 뒤, 이도는 그 공로를 인정받아 '삼한개국 익찬공신(三韓開國翊贊功臣)'에 봉해졌고, 훗날 '삼중대광 태사(三重大匡太師)'를 역임했다고 한다. 이상은 현전하는 가장 오래된 전의이씨의 계보 「청강선생세계급자손록(淸江先生世系及子孫錄)」에 기록된 이도의 행적이다.[3]

'삼한개국 익찬공신'은 고려 태조의 개국과 후삼국 통일에 기여한 공신에게 내려진 호칭이다. 『고려사』에 따르면 태조는 918년 즉위 직후 홍유·배현경·신숭겸·복지겸 4인을 1등공신으로, 견권·능식·권신·염상·김락·연주·마난 7인을 2등공신으로, 그리고 이 밖의 2,000여 명을 3등공신으로 봉했다.[4] 태조는 즉위에 협조한 이들은 물론, 후삼국을 통일하는 과정에서 공로를 세운 이들을 계속 공신으로 봉했다. 공신은 무려 3,200명에 달했다.[5] 태조는 지방의 군소 호족들에게까지 공신의 칭호를 남발했다.[6]

문중에 전하는 이야기로는 이도가 2등공신에 봉해졌다고 한다. 그러나 공신의 등급이 기록된 문헌은 『고려사』뿐인데, 여기에는 이도에 관한 기록이 없다. 뿐만 아니라 현전하는 고려 공신의 명단 어디에도 이도의 이름은 보이지 않는다. 공신이 워낙 많았으니 이 점은 그다지 이상할 것이 없다.

이상한 것은 '삼중대광 태사'를 역임했다는 기록이다. '삼중대광'은 고려 후기에 생긴 명칭이다. 고려 초기의 인물인 이도가 삼중대광이라는 직함을 받았을 리 없으니, 아무래도 와전이라고 보아야 할 것이다. '태사'라는 직함도 의문이다. 태사는 고려시대 최고의 관직이다. 이도가 태사를 역임했다면 그의 이름이 한 번쯤은 『고려사』에 등장할 법한데, 전혀 보이지 않는다. 『고려사』의 기록이 부실한 탓일 수도 있겠지만, 고려시대 문헌 어디에도 이도의 이름은 보이지 않는다.

전의이씨 인물에 대한 최초의 기록은 최해(崔瀣, 1287~1340)가 지은 이언충(李彦冲)의 묘지명, 「고 정당문학 이공 묘지(故政堂文學李公墓誌)」이다. 하지만 여기에도 이도에 관한 언급은 보이지 않는다. "선조는 청주 전의현 사람"이라고 했을 뿐이다. 원래 묘지명이라는 글이 간략한 탓인지, 이언충의 직계 선조에 대한 기록도 자세하지 않다. 몽암(蒙菴) 이혼(李混, 1252~1312)의 조카라는 사실과 함께 응양군대장군 이천(李仟)이 그의 조부이고, 직문한서 증대사성 이자원(李子蒝)이 그의 부친이라고 적었을 뿐이다.[7] 고려시대의 문헌으로는 이도의 행적을 증명하기 어려운 것이 사실이다.

이도에 관한 기록이 나타나기 시작하는 것은 조선 초기이다. 조선 초기에 활동한 전의이씨 인물들의 묘도문자에 비로소 이도에 관한 언급이 보인다. 홍귀달(洪貴達)이 지은 이덕량(李德良, 1435~1487) 신도비[8], 이육(李陸)이 지은 이시보(李時珤, 1433~1492) 묘갈명[9], 신용개(申用漑)가 지은 한치의(韓致義) 부인 이씨(李氏, 1442~1506) 묘갈명[10], 성세창이 지은 이계맹(李繼孟, 1458~1523) 묘지명[11], 김일손이 지은 이영(李穎, 1494~1563) 묘지[12] 등이다. 이도가 태조를 도와 공신에 봉해졌다는 이야기도 공통적으로 나타난다. 조선 초기에는 이도가 전의이씨의 시조로 널리 인식되었다는 사실을 확인할 수 있다.

그런데 이도의 관직에 대한 기록은 각기 다르다. 이덕량 신도비

이언충 묘지명

정식 명칭은 '대원(大元) 고려국(高麗國) 고(故) 광정대부(匡政大夫) 정당문학(政堂文學) 예문관 대
제학(藝文館大提學) 지춘추관사(知春秋館事) 상호군(上護軍) 이공(李公) 묘지(墓誌)'이다. 현전하는
전의이씨 문헌 가운데 가장 오래된 것이다. 최해(崔瀣)의 『졸고천백(拙稿千百)』에도 실려 있다.
청강은 이언충의 숙부 이자화의 후손이다. 국립중앙박물관 소장.

와 이영 묘지에는 이도의 관직이 '태사 삼중대광'으로, 이계맹 묘지명에는 '전산후(全山侯)'로 되어 있다. '성절공(聖節公)'이라고 되어 있는 문헌도 있다. 삼중대광은 품계(品階), 전산후는 봉호(封號), 성절공은 시호(諡號)에 해당하니, 서로 다르게 기록한 것은 문제가 되지 않는다. 하지만 이도의 행적과 관력에 대해서는 후손들도 의문을 품었던 것으로 보인다.

옛 족보의 주석에 실려 있는 태사공(이도)의 사적과 관직은 단지 『여지승람』에 근거를 두었을 뿐, 달리 믿을 만한 기록이 없다. 지금 현령 이인(李麟)이 지은 「성화초보서(成化草譜序)」를 보니, 이렇게 되어 있다.

"고려 태조가 거병한 초기에 우리 시조 휘 도가 말 머리 앞에서 계책을 올렸는데 태조의 생각과 맞았기에 즉시 응양대장군에 임명했다. 그리하여 왕실을 도와 삼한을 통일하는 공훈을 세웠다."

이인의 조부 장령 이하(李賀)는 우리나라(조선)에 들어와 처음으로 내외(內外)의 계보를 편찬했으니, 필시 살펴본 근거가 있어서 '성화초보'를 편찬하며 이렇게 전했을 것이다. 그렇지만 「성화초보서」 외에는 달리 믿을 만한 문헌이 없으니 말 머리 앞에서 올렸다는 계책이 무엇인지는 지금 확인할 수 없다. 그리고 응양대장군은 역임한 관직일 것이다.

둔재 성세창이 문정공 이계맹의 묘지문을 편찬하면서 이계맹의 계보를 서술했는데, 고려 초 전산후 이도의 후예라고 했다. 또 동종(同宗)으로 장악원 정을 지낸 이발(李發)의 비명에는 "시조 태사 성절공 휘 도의 후예"라고 했다. 이것은 모두 금석문이니 역시 고증하여 인용한 것으로 보이는데, 전산후는 봉작이고 성절공은 시호일 것이다. 그러나 옛 족보에 수록되지 않았고 또 믿을 만한 역사책에서 자세히 고증할 수도 없으니, 감히 족보의 주석에 곧장 기록하지 못하고 우선 고증한 것만 기록하여 훗날의 증명에 대비한다.[13]

1754년 간행된 『전의이씨세보(全義李氏世譜)』, 일명 '영조 갑술보'의 기록이다. 이 글에 따르면 이도의 행적과 관직이 기록된 가장 오래된 문헌은 이인(李麟)이 지은 전의이씨 '성화보(成化譜)'의 서문이다. '성화보'는 명나라 성화(成化) 12년(1476, 성종7)에 편찬된 전의이씨 최초의 족보이다.

원래 전의이씨 집안에는 대대로 전해오는 옛 족보[舊譜]가 있었으나 잃어버리고 말았다. 그리하여 사헌부 장령을 역임한 이하(李賀)가 새 족보[新譜]의 편찬에 착수했으나 완성하지는 못했다. 그 뒤 이하의 손자 이인이 한백륜(韓伯倫, 1427~1474)의 집에서 옛 족보를 발견했다. 한백륜은 세종 때 함경남도 조방장을 역임한 전의이씨 이욱(李勗)의 외손이었으므로 전의이씨의 족보를 가지고 있었던 것으로 보인다. 이인은 옛 족보와 새 족보를 대조하여 따로 하나의 족보를 만들었다. 이것이 '성화보'이다.[14] 다만 이 역시 초고에 불과했으며 완성된 책은 아니었다. '성화보' 이후 편찬된 '만력보'의 서문에 "책이 완성되지 않았다[未爲成書]"라고 했기 때문이다.

'성화보'는 지금 서문만 남아 있다. '성화보'의 서문에 나오는 이도의 관직과 행적은 전의이씨 집안에 전해오던 옛 족보에 실려 있었던 것이다. 이른바 '옛 족보'의 행방은 알 수 없으나, 당시까지 '성화보' 이외의 족보가 존재했을 가능성은 얼마든지 있다. 1575년 '만력보'의 완성을 즈음하여 청강이 안로(安璐)에게 보낸 편지에서, 전의이씨의 족보를 두세 집안에서 찾아본 적이 있다고 했기 때문이다. 전의이씨의 족보가 여러 형태로 전해지고 있었다는 사실을 확인할 수 있다.

그렇다면 시조의 행적에 대한 청강의 입장은 어떠했을까. 청강의 입장이 중요한 이유는 그가 전의이씨의 두 번째 족보인 '만력보'의 편찬을 주도했기 때문이다. 미완에 그친 '성화보'와 달리, '만력보'는 간행되어 널리 배포되었다. 따라서 지금 전하고 있는 이도의 행적은 '만력보'의 서술에서 비롯되었을 가능성이 높다. 그러나 '만력보'가 현전하지 않아 그 내용을 확인할 수는 없다. 『청강집』을 비롯한 청강의 저술을 통해 짐작할 수 있을 뿐이다.

결론적으로, 청강은 문중에 전승되고 있던 시조의 행적을 그대로 믿었던 것으로 보인다. 청강은 종인(宗人) 이현(李俔)의 신도비명에 이렇게 적었다.

"고려 태조가 삼한을 통일할 때 시조께서 전후로 큰 공을 세워 도라는 이름을 하사받았으며, 지위가 태사에 이르렀다."

또 청강은 "운주산에 이성은 드높은데 고려 태조 보좌하여 큰 노고 바쳤네[雲住之山李城高, 翊扶神嵩輸大勞]"라고 찬양했다. 이성을 시조

의 터전으로 확신했던 것이다.[15]

1573년 9월 1일, 청강은 재해로 인한 피해 상황을 조사하는 재상어사(災傷御史)로 전의현을 지나다가 시조의 묘를 찾아 제사를 올렸다. 그는 이 제문에 시조의 행적을 구체적으로 언급했다.

만력 원년 계유년(1573) 9월 1일, 16대손 재상어사 봉정대부 행 예조정랑 지제교 겸 춘추관기주관 이제신은 고려 통합삼한개국 익찬공신 태사삼중대광부군께 감히 아룁니다.

삼가 생각건대, 우리 시조는 강을 건너는 자취를 열어
삼한의 통일을 도와 500년 나라의 운수를 열었습니다.
높은 공로는 금석에 새겨 전하니 시국을 해결하고 백성을 구제하여
덕을 쌓고 경사를 남겨 후손에게 전해주었습니다.
왕씨가 임금 노릇 했으나 천명이 중도에 바뀌어
강화도로 물러나자 후손이 쇠퇴했습니다.
면면히 이어진 우리 집안은 다행히 대대로 벼슬이 이어져
아름다운 명성을 계승하여 선조에게 누를 끼치지 않았으니
뿌리 깊은 나무의 가지와 잎이 봄에 무성한 것과 같습니다.
불초한 저 역시 벼슬에 올라
어사의 명을 받고 이곳 본관지에 왔습니다.
옛 성터에 오르니 감회가 새로운데

기와 조각은 남아 있으나 건물은 알아볼 수 없습니다.

언덕에 있는 무덤이 시조의 묘소이니

삼가 간소한 제수를 올리고 묘소를 소제합니다.

비록 먼 옛날의 일인지라 확실치 않다 여길 수도 있으나

기운은 여전히 남아 있으니 성의를 바치면 오실 것입니다.

흠향하소서.[16]

청강은 이 제문에서 시조가 고려의 개국공신이며 태사를 역임했다는 점을 분명히 밝혔다. 이성이 시조의 터전이라는 점도 다시 강조했다. 아울러 이성 인근의 묘소를 시조의 묘소로 확정했다. 결국 현전하는 이도의 행적은 모두 청강 당시에 이미 기정사실로 알려져 있었던 것이다. 청강은 '만력보' 편찬에 주도적인 역할을 담당했으니, 이러한 인식은 '만력보'에 그대로 반영되었을 것이다.

이처럼 이도의 관직과 행적은 문중에 전승되어 온 것이 전부이며, 이를 입증할 문헌은 여전히 발견되지 않고 있다. 단편적으로 전하는 기록은 서로 차이가 있어 어느 것이 정확한지 알 수 없다. 사실 시조의 존재와 행적에 의문점이 있는 것은 비단 전의이씨만의 문제는 아니다. 우리나라 주요 가문의 시조들은 멀리는 삼국시대, 가까이는 고려 후기에 활동한 인물이다. 그렇지만 지금 남아 있는 문헌은 99퍼센트 이상이 조선시대의 문헌이다. 조선시대 이전의 문헌은 극히 드물다. 어느 가문이건 시조에 대한 기록을 찾기 어려운 것은

당연하며, 관직과 행적은 부정확할 수밖에 없다. 오히려 전의이씨처럼 조선 초기에 이미 시조에 대한 인식을 후손들이 공유하고 있었던 사례는 드문 편이다. 시조의 존재가 조선 후기에 만들어진 것으로 의심되는 가문이 적지 않기 때문이다.

시조 이도에 관한 기록은 역사적 사실로서 접근하기보다는 신화적인 해석이 필요하다. 고려 태조가 이름을 하사했다는 기록은 전의이씨가 고려 태조의 토성분정(土姓分定)으로 성립되었다는 사실을 의미하는 것으로 보인다. 고려 태조는 후삼국을 통일한 이후 각 지역의 호족들을 포용하기 위해 여러 정책을 시행했는데, 토성분정은 그중 하나이다. 당시까지 대부분의 사람들은 성(姓)이 없었다고 알려져 있는데, 태조는 이들에게 성을 하사했다. 이 과정에서 이들의 거점은 자연스레 본관으로 자리 잡았다.

이렇게 본다면 이성에 얽힌 이야기는 전의이씨의 시조가 이 일대에 상당한 세력을 형성하고 있었던 호족이었을 가능성을 시사한다. 전의이씨는 이 세력을 바탕으로 고려 초기부터 독자적인 성관(姓貫)으로 자리 잡았으며, 고려 후기에 접어들면서 문벌귀족으로서 확고한 위상을 차지하게 된 것으로 보인다.[17]

고려시대의 전의이씨

도(棹) —— 강(康) —— 수영(秀英) —— 문경(文景) —— 윤관(允寬) —— 순(順)

—— 천(仟) ┬ 자원(子蔵)
          ├ 혼(混)
          └ 자화(子華)

전의이씨 시조 이하 8대 계보

전의이씨의 계보는 시조 이도부터 7대 이천까지 단선으로 이어진다. 2대 이강(李康)은 정용위대장군, 3대 이수영(李秀英)은 병부 상서, 4대 이문경(李文景)은 천우위대장군, 5대 이윤관(李允寬)은 형부 시랑, 6대 이순(李順)은 보승별장, 7대 이천(李仟)은 응양군대장군을 역임했다고 전한다.

그런데 이상의 인물들 가운데 이천을 제외한 나머지는 전부 『고려사』에 보이지 않는다. 고려시대의 문헌은 물론, 조선 초기 전의이씨 묘지명에서도 이들의 이름은 찾을 수 없다. 게다가 이들은 성명과 관직만 전할 뿐, 묘소가 어디인지 후손들도 알지 못했다. 청강은 고려시대 전의이씨 가운데 묘소의 위치를 확인할 수 있는 인물은 시조뿐이라고 밝혔다.[18]

이처럼 시조 이하의 계보가 단선적으로 이어지고, 문헌적 근거를 찾을 수 없다는 점은 대부분의 가문에서 나타나는 보편적인 현상이다. 역사학적 관점에서는 이러한 계보를 후대에 정리된 것으로 간주한다.[19] 전의이씨 시조 이하 6대의 계보는 1476년 편찬된 '성화보'에서 확립된 것으로 추정된다.

배위(配位)에 대한 기록은 더러 존재하지만 과연 이것이 믿을 만한 것인지 알 수 없다. 현전하는 전의이씨의 가장 오래된 족보 '숭정보' 역시 시조 이하 4대의 배위를 빈 칸으로 남겨두었다. 만약 앞선 족보에 명시되어 있었다면 기록하지 않았을 리가 없다. 따라서 '숭정보'에 앞서 존재했던 '성화보'와 '만력보' 편찬 당시에도 4대의 배위는 알 수 없었던 것이 분명하다.

4대의 배위는 조선 후기에 만들어졌을 가능성이 높다. 1754년 편찬된 '영조 갑술보'에는 다음과 같은 기록이 있다.

예전 족보를 살펴보니, 태사공(이도) 이하 4대의 배위를 싣지 않았다. 그런데 근래 여러 사람이 기원을 추적하여 만든 족보를 살펴보면, 태사공의 부인은 합천홍씨이며 부친은 재신(宰臣)[20] 홍숙(洪淑), 정용위장군(이강)의 부인은 밀양박씨이며 부친은 처치사(處置使) 박안로(朴安老), 병부상서(이수영)의 부인은 청주한씨이며 부친은 봉어(奉御) 한식(韓寔), 천우위대장군(이문경)의 부인은 여흥민씨이며 부친은 정승 민세적(閔世勣)이라고 한 곳이 많다.

4대의 배위는 본래 문의공(이언충)의 증손 판목사공 이욱(李勗)의 기록에서 나온 것이라 하는데, 판목사의 자손이 이번에 단자(單子)를 만들어 올 때도 이렇게 열거했다. 판목사공은 옛 시대와 멀지 않은데, 과연 무슨 문헌을 고찰하여 이렇게 기록했는지 모르겠다. 그 후손의 집에도 지금은 증거로 삼을 문헌이 없다. 또 홍씨, 박씨, 한씨, 민씨 네 집안의 족보 역시 근거로 삼을 만한 간본이 없다. 이에 감히 전례대로 쓰지 않고 우선 이렇게 옆에 기록해두어 훗날의 고찰에 대비한다.[21]

이 기록에 따르면, '영조 갑술보' 이전의 족보에는 시조 이하 4대의 배위가 수록되지 않았다. 그러나 어느샌가 4대의 배위를 명확히 밝힌 기록이 돌기 시작했다. 일설에는 이욱의 기록에서 나온 것이라 하지만, 이욱의 기록은 '성화보'의 근간이 되었으므로 이욱의 기록에 4대의 배위가 언급되었다면 '성화보'에 수록되지 않았을 리 없다. 게다가 홍씨, 박씨, 한씨, 민씨 집안의 족보에도 관련 사실이 보이지 않으니, 4대 배위의 진위는 의심스럽다는 것이다. '영조 갑술보' 편찬 당시 문중의 입장은 이와 같았다.

전의이씨의 계보는 7대 이천에 와서야 비로소 문헌으로 입증된다. 이천은 1256년(고종43) 6월 수군 200명을 거느리고 몽고군과 전투를 벌여 수십 명의 목을 베고 포로가 된 백성 100여 명을 되찾았다. 이는 『고려사』에 실려 있는 역사적 사실이다.[22] 이천이 응양군대장군을 역임한 사실은 최해의 「고 정당문학 이공 묘지」에도 실려 있으니, 의심의 여지가 없다. 1992년 진수한 우리나라 해군의 첫 번째 국산 잠수함 '이천함'이 바로 그의 이름을 딴 것이다.

이천함
1994년 건조된 우리나라 최초의 국산 잠수함이다. 청강의 10대조 이천의 이름을 따서 명명했다. 이천은 몽고군을 물리치고 응양대장군에 올랐다.

이천은 김기손(金起孫, ?~1268)의 딸과 혼인했는데, 김기손은 원종(元宗)의 비(妃) 정순왕후(靜順王后)의 부친 김약선(金若先)의 동생이다. 이렇게 왕실과 혼인으로 이어져 있다는 점은 고려시대의 전의이씨가 문벌 귀족이었다는 사실을 입증한다.

이천은 이자원, 이혼, 이자화 세 아들을 두었다. 전의이씨의 분파는 여기서 비롯되었다. 「고 정당문학 이공 묘지」에 따르면 이자원은 직문한서를 역임하고 대사성에 추증되었다. 그의 아들이 고려시대 문신으로 명성이 높았던 이언충이다. 이자원을 파조로 삼는 대사성공파는 훗날 영의정을 역임한 이탁(李鐸, 1509~1576)과 그의 아들 이해수(李海壽, 1536~1599) 부자에 이르러 가문의 명성을 다시 한번 드날렸다.

이혼(1252~1312)은 전의이씨로 『고려사』에 입전(立傳)되어 별도로 다루어진 유일한 인물이다. 이혼의 초명(初名)은 자분(子芬)이며, 자는 거화(去華), 태초(太初)이다.[23] 17세의 나이로 과거에 급제했다. 고려시대에는 과거 시험관과 급제자는 좌주(座主)와 문생(門生)이라 하여 각별한 관계를 맺었는데, 이혼의 좌주는 무신정권을 타도한 유경(柳璥, 1211~1289)이었다. 참고로 고려 성리학의 비조 안향(安珦) 역시 유경의 문생이었다.

『고려사』에는 이혼의 관력이 비교적 자세히 기록되어 있다. 그는 문한학사, 집현전 대제학 등 문학적 능력이 뛰어난 사람이 아니면 맡을 수 없는 관직을 역임했다. 1293년 서북면 도지휘사에 임명된 기록이 있으니, 군사적 능력도 갖춘 것으로 보인다. 그는 전조판서로 오랜 기간 인선을 담당했고, 충선왕의 관제 개혁에도 깊이 관여했다. 결국 최고의 지위인 첨의정승에 오른 뒤에야 관직에서 물러났다. 『고려사』 「열전」에서는 그의 성격을 너그럽다[寬厚]고 평가했다. 벽상삼한공신에 봉해졌으며, 시호는 문장(文莊)이다.[24]

이혼은 두 부인을 두었다. 광산김씨(光山金氏) 김희(金禧)의 딸과 당성홍씨(唐城洪氏) 홍수(洪綏)의 딸이다. 모두 고려시대 문벌 귀족의 대표적인 집안이다. 고려시대 전의이씨가 문벌 귀족의 일원이었다는 사실을 다시 한 번 확인할 수 있다.

이혼은 우리 문학사에서 「무고(舞鼓)」라는 악부(樂府)를 지은 인물로 알려져 있다. 영해(寧海) 유배 시절, 바다에 떠내려온 나무를 가져다 큰 북을 만들었는데, 그 웅장한 소리에 맞추어 기묘한 춤을 추었다는 기록이 『고려사』에 보인다.[25] 무고는 조선시대를 거쳐 지금까지 전승되고 있다.

이혼은 문학으로도 명성이 높았다. 조운흘(趙云仡, 1332~1404)의 『삼한시귀감(三韓詩龜鑑)』에 그가 지은 「평양의 영명사[西京永明寺]」와 「봄날 강가에서 즉흥적으로 짓다[春日江上卽事]」 등이 실려 있으니, 당시 시인으로 높은 명성을 얻었음을 확인할 수 있다. 특히 「평양의 영명사」는 조선 초기 서거정(徐居正)이 편찬한 『동인시화(東人詩話)』에서 높은 평가를 받았다.

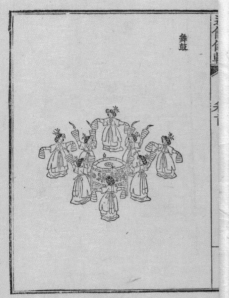

옛 문헌의 '무고' 관련 기록들

무고는 고려시대부터 지금까지 전해 내려오는 전통 무용이다. 이혼이 영해 유배 시절 만든 북에서 유래한다. 왼쪽은 『진찬의궤』의 무고 그림이고 오른쪽은 『고려사』의 관련 기록이다.

영명사 안에 중은 아니 보이고	永明寺中僧不見
영명사 앞에 강은 절로 흐르네	永明寺前江自流
산은 비었는데 외로운 탑은 마당에 서 있고	山空孤塔立庭際
인적 끊겼는데 작은 배 나루 어귀에 비껴 있네	人斷小舟橫渡頭
긴 하늘 날아가는 새 어디로 가는가	長天去鳥欲何向
큰 들에 동풍은 쉬지 않고 부는구나	大野東風吹不休
지난 일 아득하여 물을 곳도 없는데	往事微茫問無處
맑은 이내 석양에 비끼어 시름겹게 하네	淡煙斜日使人愁[26]

서거정의 해설에 따르면 이 시의 1, 2구는 당나라 시인 이백(李白)의「금릉의 봉황대에 올라[登金陵鳳凰臺]」에 나오는 "봉황대 위에 봉황이 노니는데, 봉황이 가고 없어 강만 절로 흐른다[鳳凰臺上鳳凰遊 鳳凰去空江自流]"에서 따온 것이다. 4구는 당나라 시인 위응물(韋應物)이 지은「저주의 서쪽 개울[滁州西澗]」의 "봄 강물은 비를 맞아 저물녘에 급한데, 들판의 나루에는 사람 없고 배만 절로 매어 있네[春潮帶雨晚來急 野渡無人舟自橫]"에 바탕을 두고 있다.

5, 6구는 송나라 시인 진사도(陳師道)가 지은「쾌재정에 올라[登快哉亭]」의 "지나는 새는 어디로 가는가, 달아나는 구름이 또한 한가롭네[度鳥欲何向 奔雲亦自閑]"에서 따온 것이다. 그리고 7, 8구는 앞서 언급한 이백의 시 마지막 구절 "모두 뜬 구름이 해를 가렸기 때문에, 장안이 보이지 않아 사람을 시름겹게 하네[總爲浮雲能蔽日 長安不見使人

相望涉夏不交鋒辛苦何須為君說矢氣癢霧熏著人滿海浮

屍冤氣結空嗥嶽盈潮落生九月已當三十日是時八極顛晝

來擊碎菱衝何太疾蒼皇誰借千金壺枉教壯士摧京哉

十萬江南人攀槐絕輿赤身立如今恨骨與山高永夜屬魂向

天涯當時將帥若生還念此能無慴盡愧壯哉萬古烏江上此

復東歸章功業

政丞李混

西京永明寺石淵日古朝餘權君壽千八百歲在位千五百歲後篡于受武王會為都權君籍都莊廥

舟橫瀲頭長天去鳥欲何向大野東風吹不休往事微茫問無

永明寺中僧不見永明寺前江自流小空孤塔立庭際人斷小

處溪烟斜日佳人慈

「삼한시귀감」
조운흘의 『삼한시귀감』은 우리나라 최초의 시선집이다. 이혼의 시 두 편이 실려 있다. 「평양의 영명사」 마지막 두 구에는 최해의 비점이 찍혀 있다. 뛰어난 표현이라는 뜻이다. 서울대학교 규장각한국학연구원 소장.

愁]"를 인용한 것이다. 서거정은 "구절마다 출처가 있어 꾸밈이 오묘하고 격률이 삼엄하다"라며 이 시를 극찬했다.

이혼의 또 다른 대표작은 조카 이언충에게 남긴 시로 『동문선(東文選)』에 실려 있다.

네 아비는 일찍 세상을 떠났으나	汝翁雖早逝
네 숙부가 지금 다행히 남아 있다	汝叔今幸存
은혜와 사랑이 어찌 다르겠느냐	恩愛何曾異
멀고 가까움을 따지지 말라	親疏且勿論
입신양명하여 반드시 현달하고	立揚期顯達
정성과 신의로 가문을 지켜라	敦信護家門
바라건대 충성과 효도를 지켜	所冀全忠孝
훌륭한 명성 후손에게 보이라	佳聲揚後昆[27]

이 시의 내용으로 보아 이언충의 부친 이자원은 비교적 일찍 세상을 떠난 것으로 보인다. 이자원을 대신하여 이언충을 훈도한 사람은 숙부 이혼이었다. 이혼이 조카 이언충에게 강조한 것은 다름 아닌 가문의 위상을 유지하는 것이었다.

청강은 '만력보'를 편찬하면서 권두에 이 시를 반드시 수록해야 한다고 주장했다. 이 시의 내용이 그가 후손에게 당부하고자 하는 바와 일치하기 때문이기도 하지만, 이언충이 이혼의 조카라는 사실을 강조함으로써 계보를 바로잡으려는 의도도 있었다. 후술하겠지만 이혼 이후의 계보는 부정확한 점이 있기 때문이다.

이혼에게는 이이(李異)라는 아들이 있어 과거에 급제하고 성균 악정을 지냈으나 아들 없이 일찍 죽었다고 『고려사』에 전한다. 이혼에게 후사가 없었다는 사실은 『동인지문오칠(東人之文五七)』에서도 확인할 수 있다. 이 책의 권9에 실려 있는 이혼의 소전(小傳)에는 이렇게 되어 있다.

"아들 이언승(李彦昇)은 신축년(1301) 과거에 급제하여 성균 악정을 지냈으나 아들 없이 먼저 죽었다.[先卒無子]"

『고려사』의 '이이'와 『동인지문오칠』의 '이언승'은 같은 인물로 추정된다. 『고려사』는 조선 초기에 편찬된 책이고 『동인지문오칠』은 고려시대에 간행되어 보물 1089호로 지정된 책이다. 따라서 『동인지문오칠』의 기록을 따르는 것이 타당하다. 어쨌든 이혼에게 후사가 없었다는 것은 분명한 사실이다.

그런데 현재 예안이씨(禮安李氏)는 이혼을 시조로 삼고, 이혼 이후의 계보가 이언승, 이익(李翊)으로 이어진다고 보고 있다. 그러나 이 계보는 이유장(李惟樟, 1625~1701)이 『예안이씨족보』를 편찬할 때 비로소 완성된 것이다. 이유장은 「예안이씨족보서」에서 당시까지 예안이씨의 시조는 이익이었으며, 그 선대에 관한 기록은 존재하지 않았다고 밝혔다. 이유장은 수소문 끝에 우리나라 사대부의 계보를 밝힌 정시술(丁時述)의 저술을 얻게 되었다. 여기에 "(이익은) 이혼의 손자이며 이언승의 아들로, 예안으로 본적을 옮겼다"라고 되어 있었기에, 이를 근거로 삼아 이혼에서 이언승을 거쳐 이익으로 이어지는 계보를 완성한 것이다.[28]

정시술은 당시 보학(譜學)에 밝은 인물로 널리 알려져 있었는데, 그가 어떤 문헌에 근거하여 이러한 계보를 확정했는지는 알 수 없다. 청강이 '만력보'를 편찬하면서 안로에게 보낸 편지에서 "문장공은 불행히 후사가 없었다[文莊不幸無後]"[29]라고 했으니, 청강은 이혼-이언승-이익으로 이어지는 계보를 알지 못했거나 믿지 않았던 것으로 보인다.

이혼에게 후사가 없었던 것은 분명하지만, 이혼이 전조 판서를 맡았을 때 아우 이자화(李子和)가 행수(行首)에 임명되는 것을 스스로 반대했다는 기록이 『고려사』에 보이니, 아우가 있었던 것은 사실이다. 그러나 고려시대 문헌에서 이자화에 대한 기록은 찾을 수 없다. 「청강선생세계급자손록」에서는 화(和)를 화(華)로 고치고, 『고려사』의 기록이 틀렸다고 했는데 근거는 밝히지 않았다.

이 밖에 고려시대 전의이씨 인물 중에는 이언충의 손자 이사경(李思敬)의 명성이 높다. 서북면병마부사와 정헌대부 판사재감사를 지냈다. 호가 송월당(送月堂)인데 고려 말의 명문장가 이색(李穡, 1328~1396)이 그와 친분이 깊어 송월당의 기문을 지어주었다.[30]

이사경은 '두문동(杜門洞) 72현(賢)'의 한 사람으로 일컬어진다. '두문동 72현'은 고려가 망할 무렵 은둔을 택한 72인을 말하는데, 이사

『동인지문오칠』에 실려 있는 이혼 관련 기록

"이혼은 자가 태초이며 청주 전의현 사람이다. 부친 이천은 대장군을 지냈다. 이혼은 충경왕 무진년(1268) 윤승관이 감독한 과거에 병과로 합격하여 찬성사 대우문 판총부를 역임했다. 임자년(1312) 수정승으로 관직에서 물러나니 나이 62세였다. 계축년(1313) 세상을 떠났다. 시호는 문장이며 자호는 몽암이다. 아들 이언승은 신축년(1301) 과거에 합격하여 성균악정을 지냈으나 아들 없이 먼저 죽었다."

『동인지문오칠』은 최해가 신라와 고려 때의 오언시와 칠언시를 가려 뽑아 간행한 시선집이다. 고려시대사료DB, 국사편찬위원회.

경은 고려가 쇠약해지는 모습을 보고서 개성(開城)의 숙신리(肅薪里)에 은거했다는 설이 전한다. 그러나 두문동 72현이라는 용어는 조선 후기에 비로소 확립된 것으로, 그 신빙성이 상당히 의심스럽다.[31]

게다가 이색의 「송월당기」를 자세히 읽어보면, 이사경이 은둔한 곳은 개성이 아니라 개령(開寧)이다. 이색은 이사경이 "개령에서 노년을 보내고 있다[老于開寧]"라고 했고, 또 "금오산(金鼇山)이 남쪽에 있고, 직지산(直指山)이 서쪽에 있다"라고 했다. 금오산은 구미의 금오산(金烏山)이며, 직지산은 직지사(直旨寺)가 있는 김천의 황악산(黃嶽山)이다. 따라서 이사경이 은거한 곳은 경상북도 김천의 개령이 분명하며, 두문동 72현의 하나로 개성에 은거했다는 설은 와전이다.

조선 초기의 전의이씨

청강은 이천의 삼남 이자화의 후손이다. 이자화의 아들 이득영(李得榮)의 생애를 알려주는 문헌은 전무하고, 이득영의 아들 이구직(李丘直, 1339~1394)의 생애는 1444년 이양간(李良幹)이 지은 묘지가 『청강소와』에 실려 있어 이를 통해 확인할 수 있다.[32]

묘지에 따르면 이구직은 호조 전서, 공주 목사 등을 역임했다고 하는데, 『세종실록』에서 이구직을 '작고한 목사[故牧使]'라고 지칭했으니 목사를 역임한 것은 분명한 사실이다.

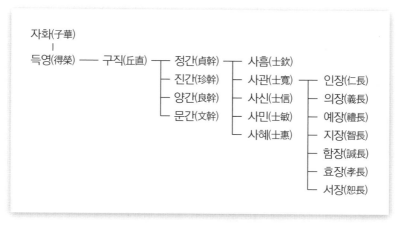

자화(子華)
|
득영(得榮) ── 구직(丘直) ┬ 정간(貞幹) ┬ 사흠(士欽)
                        ├ 진간(珍幹) ├ 사관(士寬) ┬ 인장(仁長)
                        ├ 양간(良幹) ├ 사신(士信) ├ 의장(義長)
                        └ 문간(文幹) ├ 사민(士敏) ├ 예장(禮長)
                                     └ 사혜(士惠) ├ 지장(智長)
                                                  ├ 함장(諴長)
                                                  ├ 효장(孝長)
                                                  └ 서장(恕長)

전의이씨 9~13대 계보

이구직은 이정간(李貞幹), 이진간(李珍幹), 이양간(李良幹), 이문간(李文幹) 네 아들을 두었다. 이양간은 태종 때 조사의(趙思義)의 반란에 연루되었으나 가벼운 처벌을 받고 자산(慈山), 배천(白川)의 수령을 거쳐 내섬 소윤을 역임했다.[33] 이문간은 의금부 도사를 지냈지만 그다지 이름난 인물은 아니었다. 그러나 장남 이정간(1360~1439)은 조선 초기 전의이씨의 명성을 크게 떨친 인물이다.

이정간은 사헌부 집의, 강화 부사, 호조 참의, 강원도 관찰사 등을 역임했다. 이정간의 행적은 실록을 비롯한 여러 문헌에 실려 있으므로 의심의 여지가 없다. 이정간의 생애를 구체적으로 알려주는 묘도문자는 1456년 손자 이서장(李恕長)이 지었다는 신도비가 유일하다. 그런데 『세조실록』에는 1456년 당시 이서장의 관직이 사헌부 감찰로 되어 있으나 신도비에는 '전성군(全城君) 사헌부 대사헌'으로 되어 있다. 이서장이 전성군에 봉해진 것은 1467년의 일이니, 신도비의 내용은 후대에 보충한 것으로 보인다.

이정간은 효행으로 이름을 널리 알렸다. 일흔이 넘어 벼슬에서 물러난 뒤로도 백 살에 가까운 모친에게 효성을 다했다. 이 사실이 알려지자 세종은 궤장(几杖)과 교서(敎書)를 하사하는 은혜를 베풀었다. 당시 관원들은 축하하며 시를 지어주었다. 이 시를 모은 책이 『경수집(慶壽集)』이다. '장수를 축하하는 시를 모은 책'이라는 뜻이다.

청강은 『청강소설』에서 상당한 분량을 할애하여 이정간의 일화를 소개했다. 관대한 성품과 지극한 효성으로 세종에게 궤장을 하사받은 일, 그리고 6대에 걸쳐 강원 감사를 지낸 일을 기록했다. 당시 저명한 문인 변계량(卞季良)도 「관찰사 이정간의 수친시권에 쓰다[題李觀察使貞幹壽親詩卷]」를 지어 어머니를 극진히 봉양한 이정간을 칭송했으며,[34] 신개(申槩), 하연(河演), 유방선(柳方善) 등 많은 명사들이 이정간이 73세의 나이에 90여 세의 어머니를 봉양한 일을 두고 시를 지어 칭송했다. 세종이 "가전충효(家傳忠孝) 세수인경(世守仁敬)"이라는 여덟 글자를 하사했다는 고사가 이때 생긴 것이다.

다만 세종이 여덟 글자를 하사했다는 기록은 조선 초기 문헌에서는 찾아보기 어렵다. 1634년 간행된 '숭정보'에 이 여덟 글자가 실려 있으나 세종의 어필이라는 언급은 없다. 세종이 여덟 글자를 하사했다는 가장 이른 기록은 이하곤(李夏坤, 1677~1724)이 이정간을 배향한 청주 송천서원(松泉書院)의 사액을 청하며 올린 글이다. 그는 이

孝靖公慶壽詩集序　余見古今人名孝親者多矣然以卿相爲養旣顯親　悦志榮于世者常罕而得親之壽爲難无若高年軏　子道養期顧之觀身立名揚極其榮孝震夕滕下玄　曾滿眼者世侯然有幾人昔老萊子希年軍親常作　嬰兒戲以娛兩無官以榮之王文獻文忠兩公爲　相親皆廣强而猶未待壽養何其兼之難也余爲　育于慈親堡至成立木經悲奄然肯世余今從六　卿之列官顯俸厚每抱曾參子路之思以不遠親爲

『경수집』
1432년 이정간의 사궤장연(賜几杖宴)을 기념하여 지은 시문을 엮은 책이다. 당시 이정간의 나이는 73세였으며 이정간의 모친은 아흔이 넘었기에 성대한 행사로 널리 알려졌다.

家傳忠孝　世守仁敬

가전충효 세수인경
세종이 이정간에게 하사한 글씨. "집에서는 충성과 효도를 전하고, 대대로 어짊과 공경을 지킨다[家傳忠孝, 世守仁敬]"는 내용이다. '숭정보'에 실려 있다. 문중 소장.

글에서 세종이 이정간의 효행을 듣고 중추원사로 발탁하는 한편, 여덟 글자를 하사했다고 밝혔다.[35]

1439년 이정간이 세상을 떠나자 『세종실록』에서는 다음과 같이 기록했다.

처음에 음직으로 벼슬에 올라 여러 벼슬을 거쳐 사헌부 집의에 올랐고, 내직과 외직을 두루 거쳐 첨총제로 승진했다. 외직으로 부임하여 강원도 관찰사가 되었고, 벼슬을 마치고 돌아와서 한가로이 살았다. 정간이 일흔이 넘었을 때 어머니의 나이는 백 살이었다. 아침저녁으로 기쁜 얼굴로 봉양하여 어머니를 지극히 효성스럽게 섬기니, 임금이 그 효행을 아름답게 여겨 특별히 자헌대부 중추원사에 임명하고 특별히 궤장을 하사했다. 그리고 교서를 내려 효행을 표창했는데, 이때에 이르러 병으로 세상을 떠나니 나이 여든이었다.

부음이 전해지자 임금이 예법대로 조문하고 위로하며 시호를 효정(孝靖)이라 했다. 자애롭게 어버이를 사랑한 것을 효(孝)라 하고, 너그럽고 즐거이 생을 마친 것을 정(靖)이라 한다. 사람됨이 도량이 넓고 자질이 순수하여 당시 사람들이 너그러운 어른이라고 했다. 어머니 생신이면 반드시 힘껏 준비하여 어머니의 장수를 기원하고 어린아이처럼 행동하여 어머니 마음을 기쁘게 하니, 가정이 화기애애하여 마침내 온 나라 사람들이 찬미하고 사모했다고 한다.

이정간은 이사흠(李士欽), 이사관(李士寬), 이사신(李士信), 이사민(李士敏), 이사혜(李士惠) 등 5남을 두었다. 이 가운데 이사관(1382~1440)이 청강의 6대조이다. 그의 이름은 실록에 자주 등장하지만 묘도문자는 『청강소와』에 실려 있는 묘갈이 유일하다.[36] 이 묘갈은 1473년 아들 이서장이 지은 것인데, 묘갈과 실록을 대조하면 이사관의 관력은 대체로 일치한다. 그렇지만 후손에 대한 기록이 5대손까지 실려 있는 점으로 미루어 이서장이 직접 지었다고 보기는 무리다. 이사관의 묘갈은 후대에 일부를 덧붙인 듯하다.

『청강소와』에는 이 밖에 저자를 알 수 없는 이사관의 갈후소기(碣後小記), 그리고 이서장의 묘갈 등이 실려 있다. 이상의 묘도문자는 극히 간략하다. 출생과 사망 일시, 관력과 자손 정도가 내용의 전부다. 성품을 알려주는 일화 하나 없다. 이것은 후손들조차 선조에 대해 아는 것이 많지 않았음을 의미한다. 조선 초기까지 전의이씨 역시 다른 집안처럼 가문의식이 그다지 뚜렷한 편은 아니었다.

이사관은 일곱 아들을 두었는데 그중 여섯 아들이 과거에 오른 사실이 널리 회자되었다. 장남 이인장(李仁長)은 요절했으나 이의장(李義長)은 무과에 급제했고, 이예장(李禮長), 이지장(李智長), 이함장(李諴長), 이효장(李孝長), 이서장(李恕長)은 문과에 급제했다. 더구나 요절한 이인장을 대신하여 그의 아들 이수유(李守柔)가 무과에, 손자 이계복(李繼福)이 잇달아 문과에 급제했다. 청강은 이를 두고 팔자등과(八子登科)라 할 만하다고 했다.[37] 성현(成俔)의 『용재총화(慵齋叢話)』에는

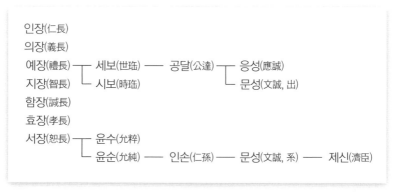

전의이씨 13~17대 계보

다음과 같이 기록되어 있다.

우리나라에서 3형제가 과거에 급제한 이는 많았으나, 5형제가 모두
과거에 급제한 이는 적었다. 그러므로 부모가 죽은 사람은 뒤에 증직(贈
職)을 하고 살아 있는 사람들에게는 한 해에 쌀 20석을 하사했다. ……
우리 조선에 들어와서는 이예장, 이지장, 이함장, 이효장, 이서장 5형제
와 안중후, 안근후, 안관후, 안돈후, 안인후 5형제가 모두 과거에 급제
했다.[38]

이 밖에 심수경(沈守慶)의 『견한잡록(遣閑雜錄)』, 이정형(李廷馨)의
『동각잡기(東閣雜記)』, 김시양(金時讓)의 『자해필담(紫海筆談)』과 권별(權
鼈)의 『해동잡록(海東雜錄)』 등에서도 다투어 같은 고사를 실었다.

이사관의 일곱 아들 가운데 셋째 이예장(1433~1492)이 청강의 생가

쪽 고조이다. 이예장은 훈구파의 실력자 심정(沈貞)과 사돈을 맺었으며, 심수경이 그의 외손자다. 이예장은 세조의 계유정란에 가담하여 3등공신에 책봉되고 병조 참의를 역임했다. 실록의 졸기에는 "성품이 명민하고 몸가짐이 청렴했으며, 친척을 사랑으로 대우하고 벗을 믿음으로 대했다"라고 했다.[39] 시호는 평간(平簡)이다.

이예장은 이세보(李世珤)와 이시보(李時珤, 1433~1492) 두 아들을 두었다. 그런데 『성종실록』을 보면 두 형제는 사이가 좋지 않았던 듯하다. 이예장의 부인이 이시보를 편애하는 바람에 사이가 소원해졌다는 것이다.

1471년 이시보가 양양 부사에 임명되어 어머니를 모시고 임소로 가다가 이세보가 목사로 있는 원주를 지나게 되었다. 그러나 이시보는 원주를 지나면서도 이세보를 만나려 하지 않았다. 분노한 이세보가 꾸짖었다.

"내가 있는 데를 지나면서 들르지 않으면 사람들이 나더러 뭐라고 하겠느냐. 또 나는 형이니 어머니는 마땅히 나를 따라야 한다."

그러나 이시보는 들으려 하지 않았다. 화를 참지 못한 이세보는 칼을 들어 자기 목을 찔렀다. 다행히 칼날이 빗나가는 바람에 죽지는 않았지만, 이 사실이 알려져 조정에서 심문을 받게 되었다. 그러나 이세보가 사실대로 실토하지 않아 결국 그를 파직하는 선에서 사건이 마무리되었다.[40] 실록을 보면 이세보의 관력은 상주 목사에 그쳤으나, 이시보는 정3품 당상관인 장례원 판결사를 역임한 사실이 확인된다. 불미스러운 사건에도 불구하고 "관리로서의 재주가 있고 학식도 있으며, 여러 고을을 맡아 치적이 있었다"[41]라는 평가를 받았다.

그런데 이육(李陸)의『청파집(靑坡集)』에 「이공 묘갈명(李公墓碣銘)」이라는 제목으로 실려 있는 이시보의 묘갈을 보면, 그의 선대를 다음과 같이 기록했다.

> 공의 이름은 시보(時珤), 자는 배가(倍價)이다. 시조 도(棹)는 고려 태조를 섬기며 공을 세워 관직이 태사에 이르렀다. 그 후손 혼(混)은 첨의정승을 지냈으며 호는 몽암(蒙菴)이다. 그리고 언충(彦沖)은 정당문학을 지냈다. 그 6세손이 정간(貞幹)이니, 중추원사를 지냈다.[42]

이 글에는 이혼과 이언충 부자가 이정간의 직계 선조로 되어 있다. 이 묘갈명은『동국여지승람』에도 실려 널리 알려졌다. 청강에 따르면 당시 이시보 묘소의 묘갈명에도 이렇게 되어 있었다고 한다.

이시보 묘갈의 기록은 앞서 살펴본 전의이씨 계보와는 큰 차이가 있다. 이언충은 이혼의 아들이 아니라 조카이기 때문이다. 청강은 문헌을 두루 조사한 끝에 이육의 기록이 잘못되었다고 판단하여 묘소에 고유하고 비석의 해당 기록을 파내었다.

만력 갑술년(1574) 2월 16일, 증손 청주 목사 이제신은 증조부 증 병조

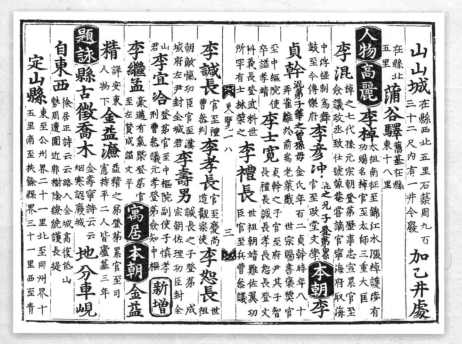

「신증동국여지승람」, 「전의현」 인물조
전의이씨 시조 이도, 고려의 이혼과 이언충, 조선의 이정간 등의 이름이 보인다. 이언충과 이정간에 대한 설명에 수정한 흔적이 보인다. 1611년 복간할 때 수정한 것으로 추정된다.

참판 부군께 감히 분명하게 고합니다. 삼가 생각건대 우리 선조 일파의 근본은 몽암 선생 이혼과 정당문학 이언충이 아닌데, 참판 이육이 비음 기를 지으면서 『여지승람』을 답습하여 잘못 써서 방친을 본계로 삼았습니다. 제가 여러 족보와 시문을 참고하니 오류가 분명하여 삼가 묘 아래에서 제사 지내는 기회에 부친에게 여쭙고 비석의 틀린 글자를 파내고 자제들에게 알립니다. 이에 그 사유를 고하니 흠향하소서.[43]

청강은 이시보 묘갈의 수정을 필두로 잘못된 계보를 바로잡기 시작했다. 『동국여지승람』에도 잘못된 계보가 그대로 실려 있었는데, 이는 훗날 다시 간행될 때 고치기로 했다. 다행인지 불행인지 임진왜란을 겪으면서 『동국여지승람』은 거의 다 사라졌다. 임진왜란 이전의 『동국여지승람』으로 지금 남아 있는 것은 일본 교토대학 소장본이 유일하다. 1611년(광해군11) 『동국여지승람』을 다시 간행할 때, 청강의 아들 이명준은 이정간의 세계를 고치도록 청하여 허락을 얻었다. 지금 우리가 볼 수 있는 『동국여지승람』에는 모두 청강이 수정한 대로 되어 있다.

이시보 묘갈명의 계보가 잘못된 것은 분명한 사실이다. 최해가 지은 이언충의 묘지명에 따르면, 이언충의 부친은 이자원(李子蒝)이며, 이혼은 이언충의 숙부이다. 최해가 지은 묘지명이 훨씬 오래된 것이므로 이육이 지은 묘갈명에 비해 신빙성이 높다. 더구나 『동문선』에 이혼이 지은 「조카 언충에게 주다」라는 시가 실려 있으니, 이혼과 이언충은 부자 관계가 아니라 숙질 관계이다. 이시보 묘갈의 기록은 명백한 오기이다.

묘갈명은 대개 후손의 가장(家狀)에 근거하여 작성된다. 계보가 틀렸다면 그것은 묘갈명을 지은 사람의 착각이 아니라 후손의 착각에서 비롯되었을 가능성이 높다. 당시 후손들이 최해가 지은 묘지명을 보지 못했기 때문에 이러한 착오가 빚어진 것으로 보인다. 이육은 잘못된 계보를 바탕으로 묘갈문을 작성하고, 후손들은 그대로 비석에 새겼던 것이다.

이시보의 묘갈명은 당시 이미 수십 년 동안 묘소에 세워져 있었으니, 여러 후손이 직접 눈으로 확인했을 것이 분명하다. 그렇다면 이시보 묘갈명에 명시된 계보는 당시까지 전의이씨 후손들 사이에 전하던 계보였다고 보는 것이 온당하다. 그러나 당시 후손들은 이 계보의 오류를 파악하지 못했던 것으로 보인다. 이러한 해프닝은 이시보가 세상을 떠난 1492년까지 전의이씨의 계보는 후손들 사이에서조차 불분명한 점이 많았다는 사실을 보여준다. 그리고 이를 정리한 사람이 바로 청강이다.

청강의 역사 만들기

전의이씨의 두 번째 족보는 명나라 만력 3년(1575, 선조8) 편찬된

'만력보'이다. '만력보' 편찬에 앞장선 인물은 이언충의 9대손으로 영의정을 역임한 이탁(李鐸)이다. 이탁은 '성화보'가 완성되지 않아 "계보가 잘못 전해지고 골육에 계통이 없어 선조를 몰라 왕왕 가까운 친척도 알아보지 못하여 길 가는 사람과 다를 바 없는" 상황을 문제로 여겼다. 이것은 전의이씨뿐만이 아닌 당시 거의 모든 집안의 실상이었으리라 짐작된다.

이탁은 마침 청강이 선조의 계보를 정리하고 있다는 이야기를 듣고서 안로(安璐)를 시켜 청강과 함께 족보를 완성하게 했다. 안로의 외조는 경원 부사를 역임한 이영희(李永禧)인데 이탁의 종조부다. 안로는 전의이씨 외후손의 자격으로 족보의 편찬에 참여한 것이다. 참고로 청강은 안로의 조부 안당(安瑭)의 행장과 묘지명을 지었다. '만력보' 서문에 청강의 초고를 근간으로 '성화보' 및 여러 문헌을 참조하여 편찬했다고 밝혔으니, 청강의 초고가 '만력보'의 근간이 되었다는 사실을 확인할 수 있다.

'만력보'를 편찬하게 된 또 다른 동기는 1512년 이인장의 손자 이계복이 편찬한 『경수집』이었다. 앞서 본 대로 『경수집』은 이정간이 모친의 수연을 기념하여 만든 책이다. 이계복은 이 책을 간행하면서 말미에 이정간의 후손 계보를 덧붙였다.

그런데 청강이 보니, 이 계보에는 이정간의 후손만 수록되어 전의이씨 전체의 족보라고 할 수 없었다. 또 앞서 본 대로 『동국여지승람』과 이육의 이시보 묘갈문 등에 이혼과 이언충이 이정간의 직계 선조로 되어 있는 오류가 답습하고 있었다. 『경수집』에는 이와 관련한 기록조차 없었다. 이에 청강은 이혼과 이언충을 포함한 선대의 계보를 확정하여 전의이씨 전체의 족보, 즉 '대동보(大同譜)'를 편찬했다. 이상의 전말은 『청강소설』에 실려 있다. 이 '대동보'가 바로 '만력보'이다.

청강이 '대동보'를 편찬하게 된 계기를 『경수집』이 제공했다는 점은 좀 더 깊이 생각해볼 여지가 있다. 이때까지만 해도 전의이씨의 계보는 제대로 정리되지 않은 상황이었다. 무엇보다 가문의 위상을 높이기 위해서는 학문과 덕행으로 명망 있는 조상[名祖]과 높은 관직을 역임한 조상[顯祖]이 필수적이다.

전의이씨는 조선 개국 이후로는 저명한 인물을 다수 배출했다. 성현이 『용재총화』에서 거론한 조선 초기 명문가 75개에도 든다. 그렇지만 고려시대의 경우는 그렇지 않았다. 고려시대의 전의이씨가 문벌귀족이었다는 점은 확실하지만, 가문의 위상을 입증할 만한 관련 자료가 극히 드문 실정이었다. 이혼과 이언충은 가문의 오랜 역사와 높은 위상을 입증할 수 있는 중요한 조상이었다. 청강이 직계 선조의 범위를 넘어 전의이씨 전체를 포괄하는 '대동보'를 편찬한 이유는 이 때문이었던 것으로 보인다.

청강은 문헌을 널리 검토하여 부정확한 선대의 계보를 정리하고, 문헌 기록 간의 차이를 고증한 '고이(考異)'도 덧붙였다. 청강은 이탁 등 문중 사람들과 함께 '대동보'를 한양에서 간행하여 전의에 있는 비암사(碑岩寺)에 보관했다.[44] 이 '대동보'가 전한다면 선대의 계보를 좀 더 자세히 확인할 수 있겠지만, 유감스럽게도 현재는 남아 있지 않다. 단지 『청강소와』에 그 편린이 남아 있을 뿐이다.

이처럼 청강은 널리 문헌을 수집하여 전의이씨 전체의 족보를 완성했다. 시조 이하의 계보가 일목요연하게 정리된 것은 청강의 노력 덕택이었다. 청강의 노력에 힘입어 1659년 이현우(李鉉宇)가 다시 간행한 『경수집』에는 바로잡힌 계보가 권두에 실려 있다.

청강이 전의이씨의 수많은 인물 가운데 중요한 이유는 그의 행적이나 저술 때문이 아니다. 전의이씨의 계보를 확립하여 문중의 역사를 만들어낸 인물이기 때문이다. 청강이 확정한 선조 이하의 세계는 청강의 「조부 흡곡현령 부군 부인 유씨 묘 합표(祖考歙谷縣令府君夫人柳氏墓合表)」에 그대로 실려 있다. 청강이 '만력보'의 계보를 그대로 정설로 삼았음을 확인할 수 있다. 청강은 이 묘표의 말미에서 이렇게 말했다.

나는 어린 시절 가장 사랑을 받았으며 문과에 급제하여 대각을 역임했다. 유훈을 받들고 선조의 뜻을 이어 이 돌을 새겨 공훈과 덕망이 있는 선조들의 유래를 자세히 서술하고, 우리 집안이 비단 삼한갑족 수준에 그치지 않는다는 사실을 알린다.[45]

'만력보'는 지금 전하지 않아 그 내용을 알 수 없다. 청강의 사남 이명준의 제자 조극선(趙克善)이 1623년 '만력보'를 열람하고 남긴 기록이 있는데, 여기에 따르면 이정간에 대한 사실과 여러 문인들의 시(詩)와 서(序)가 함께 수록되어 있다고 했다.[46] 이로 보건대 '만력보'에는 당시 전의이씨 가문의 자랑거리였던 이정간의 사적이 자세히 실려 있었던 것으로 보인다.

'성화보'와 '만력보'의 가장 큰 차이는 이성친(異姓親)의 수록 여부이다. 조선 초기 족보는 혼인관계로 연결되는 이성친도 광범위하게 수록하는 것이 관례였다. '성화보' 역시 종래의 관습에 따라 이성친을 모두 수록했다. 그러나 17세기를 전후하여 종법제(宗法制)의 확산과 더불어 이성친은 점차 배제되고 동성친(同姓親) 위주로 족보가 구성되는 경향이 나타난다. 1539년 파평윤씨 문중에서 편찬된 '종성보(宗姓譜)'가 최초의 사례이다. 이 족보는 현전하지 않으므로 구체적인 모습을 알 수 없다.

전의이씨 '만력보'는 동성친을 중시하는 주자학적 종법 질서에 따라 편찬된 족보로 상당히 이른 시기의 것이었다는 점에서 가치가 있다. 비록 족보의 내용은 동성 위주로 구성되었으나 안로(安璐), 문기(文琦) 등 외손이 족보의 편찬을 감독했다는 점에서 기존의 관습과 새로운 경향이 혼재된 양상을 보인다. '만력보'의 정식 명칭은 『전의이씨성보(全義李氏姓譜)』인데, 성보(姓譜)라는 명칭에서 종법 질서에 따라 성을 같이하는 동성 위주로 편찬한 족보임을 강조하려는 의도를 확인할 수 있다.[47] 이후 각 문중에서 '성보'의 편찬이 유행을 이루었는데, 전의이씨 문중은 이러한 유행을 선도했다고 하겠다.

『전의이씨성보』의 직접적인 영향을 받은 것이 1636년 간행된『평산신씨성보(平山申氏姓譜)』이다. 청강의 사위 신흠(申欽)과 그의 아들 신익성(申翊聖) 2대에 걸쳐 편찬된 이 책은, 동성친 중심으로 편찬된 평산신씨의 대동보이다. 신흠은 계축옥사로 정치적 생명이 위태로워지자 선대의 사적이 사라지고 가문의 전통이 계승되지 못할 수도 있다는 위기감에 이 책을 편찬했다.[48]『평산신씨성보』는 편찬 취지 및 구성 면에서『전의이씨성보』를 충실히 따르고 있는데, 신흠이 장인 청강의 족보 편찬 작업에서 받은 영향이 농후하다.

청강의 선조 가운데 고려시대 인물들은 존재 자체를 증명하기가 쉽지 않다. 계보가 분명치 않다는 점도 한계이다. 그러나 이 점은 다른 가문들도 마찬가지다. 청강을 비롯한 후손들은 선조의 행적을 찾고 불분명한 계보를 밝히기 위해 노력을 기울였다. '성화보'와『경수집』의 편찬은 모두 이러한 노력의 일환이었다. 그리고 청강에 와서 '만력보'의 편찬으로 마침내 전의이씨의 계보는 확고히 정립되었다.

청강의 선조들에 대한 묘도문자를 실록과 대조해보면 관력 및 공적 등은 큰 차이를 보이지 않는다. 묘도문자에 기록된 선조들의 행적은 믿을 만한 근거로 삼기에 충분하다. 문제가 되는 것은 계보이다. 묘도문자가 후대에 지어진 탓에 묘도문자의 계보는 청강 이후 정립된 계보를 반영하고 있다.

平山申氏姓譜序

惟我申氏出於谷城縣而受籍松乎一

山府自高麗太師壯節公始之〇麗

史以壯節公為光海州人光海州即

今之春川府也府西悲方洞有壯節

公墓壯節公微時或自谷城徙居光

海州轉入東州翊戴麗祖故其殉義

而宛也賜藝於光海州而史氏之傳

『평산신씨성보』(1636)
청강의 사위 신흠과 외손 신익성 2대에 걸쳐 편찬되었다. 이 책은 1575년 청강이 편찬한 『전의이씨성보(만력보)』에서 많은 영향을 받았다.

두 명의 할아버지

청강의 고조 이서장은 이윤수(李允粹, 1447~1514)와 이윤순(李允純, 1450~1524), 이윤정(李允正), 이윤중(李允中) 네 아들을 두었다. 이 가운데 원주 목사를 지낸 이윤순의 아들 이인손(李仁孫, 1477~1543)이 청강의 조부다.

이인손은 음직으로 벼슬길에 올라 찰방, 주부와 문경(聞慶), 흡곡(歙谷), 청양(靑陽), 고령(高靈) 등지의 현감을 역임하고 한 차례 사헌부 감찰을 지냈다. 후사가 없어 재종형 이공달(李公達, 1464~1519)의 셋째 아들 이문성(李文誠)을 후사로 삼았다. 바로 청강의 부친이다.

이문성의 생부 이공달은 이예장의 손자이자 이시보의 아들이다. 이공달은 동궁 좌익위, 충훈부 경력을 거쳐 양주 목사를 지냈다. 모두 무관직이다. 이공달의 장남 이응성(李應誠, 1497~1535)은 부친의 후광에 힘입어 황산도 찰방을 역임했다. 이응성의 아들 이의(李艤)는 무과에 급제하여 절도사에 올랐다. 가문이 점차 무반으로 기울고 있었다는 사실을 확인할 수 있다.

이공달은 청강의 부친 이문성이 겨우 17세에 세상을 떠났다. 관례도 치르기 전이었다. 청강에게 친할아버지에 대한 기억이 전혀 없었던 것은 당연하다. 이문성은 청강에게 조부 이공달의 일화를 들려주었다.

그분은 모습이 온화하고 도량이 넓었으며 마음이 너그러워 사람들이 어른으로 공경했다. 젊은 시절 학문에 뜻을 두었으나 과거에 합격하지는 못하셨다. 중종께서 즉위하기 전에 그분이 정현왕후(貞顯王后)의 외가 친척이라고 해서 몹시 후하게 예우하셨다.

반정이 일어나던 날, 삼대장(三大將)[49]이 중종의 자택을 군사로 둘러쌌다. 중종께서 처음에는 걱정스럽고 의심스러워 그분을 불러 바깥일을 물어보셨다. 그분이 아무 일 없을 것이라고 보장하니, 중종께서 보검을 하사하고 비상시에 임기응변하라고 하셨다. 난리를 평정했으나 출세하기를 원하지 않으셨기에 원종공신에만 녹훈되었다.

중종께서 수시로 불러 보시곤 하셨는데, 그분은 마음속으로는 감격했으나 관직에 나아가는 것은 위태롭고 은둔하는 것이 이롭다고 여기셨다. 그래서 시골에 살았는데, 중종께서 누차 안부를 물으시고 다시 관직에 임명하려고 하셨다. 그분은 상소를 올려 늙고 병들었다는 이유로 끝내 왕명을 받들지 않으셨다.

내가 무과에 급제하던 날, 중종께서 아버님의 이름을 알아보시고 나를 불러 물으시고는 '돌아가신 숙부[亡叔]'라고까지 하셨다. 수랏상의 음식을 늙으신 숙모께 드리라고 하셨으니, 지극한 돌보심이었다.

나는 그분이 손수 시부(詩賦)를 초록한 서축(書軸)을 보았는데 글자가 단정했다. 평소 날마다 일기를 썼는데 결코 끈기 없는 사람이 할 수 있는 일이 아니었다. 집에 기록 하나가 있는데 무인년(1518)부터 시작하여 기묘년(1519) 1월 14일에 끝났다. 아, 그분이 마지막으로 남긴 글

이었다.[50]

　청강은 부친의 술회를 바탕으로 친할아버지 이공달의 묘표를 지었다. 이공달은 성종의 계비(繼妃) 정현왕후 윤씨의 외가 친척이었기에 중종이 즉위하기 전부터 친분이 있었다. 중종이 반정으로 즉위할 때 협조한 공로로 원종공신에 임명되었다. 중종은 그에게 관직에 나오기를 권했으나 끝내 나오지 않았다. 실록을 보면 중종은 누차 탄핵을 받은 이공달을 비호했는데, 이러한 인연이 배경에 있었던 듯하다. 훗날 이문성이 무과에 급제하자 중종은 이공달과의 친분을 떠올리고 이문성을 특별히 불러서 만나보았다.

　이공달은 젊은 시절 과거 공부를 했지만 급제하지 못했다. 이 때문에 무인이면서도 문학적 소양을 갖추었다. 이처럼 문무를 겸비하는 가풍은 청강에게도 전해졌다.

아버지 이문성

　청강의 부친 이문성(李文誠, 1503~1575)은 1529년(중종24) 내금위에 보임되고 1532년 무과에 급제하여 선전관이 되었다. 선전관은 무관직의 요직으로, 재주와 문벌을 모두 갖춘 자에게 자격이 주어진다. 이후 1535년 도총부 도사, 1536년 사복시 판관, 제용감 판관, 군자감 판관, 정주 판관, 1540년 의주 판관, 1542년 이산 군수를 역임했다.

1543년, 조정에서 건주위(建州衛)의 여진족을 정벌할 계획을 세우고자 이문성에게 정찰 임무를 맡겼다. 이문성은 요충지에 복병을 배치한 뒤 여진족의 구역으로 들어갔다. 이를 눈치챈 여진족이 추격해 왔으나 복병이 있다는 사실을 알고 더는 뒤쫓지 못했다.

이문성은 1545년 창원 부사, 1550년 가덕진 수군 첨절제사에 임명되었다. 가덕진은 왜구의 침입을 방비하기 위해 경남 웅천(熊川)에 설치한 진이다. 이문성이 부임했을 때는 설치한 지 오래지 않아 모든 것이 미비했다. 이문성은 낡은 군함 30여 척에 큰 바위를 실어 포구 입구에 가라앉혀 방벽을 쌓고, 망루를 짓는 등 왜구의 침입을 대비했다.

이문성은 1553년 경상우도 수군절도사에 임명되었는데, 이듬해 을묘왜변이 일어났다. 당시 왜군이 해남으로 침입하자 이문성은 전라도 순찰사 이준경(李浚慶)의 요청을 받고 해로로 가서 왜군이 타고 온 배를 격침하고자 했다. 그러나 이문성의 직속상관이었던 경상도 순찰사 조광원(曹光遠)은 현재 위치를 고수하라고 명령했다. 나중에 알고 보니 왜군은 배를 비운 채 모두 육지에 올라 노략질을 자행했다. 이문성은 이때 왜선을 공격하지 못한 것을 한스럽게 여겼다. 대신 가배량(加背梁)과 곡포(曲浦) 등지를 침범한 왜구와 전투를 벌여 140여 급을 참수하는 공을 세웠다.

을묘왜변은 1544년 사량진(蛇梁鎭) 왜변 이후 10여 년 만의 침입이

가덕진도(加德鎭圖)

이문성이 근무한 가덕진의 지도. 왜구를 막기 위해 1544년 웅천(熊川, 진해) 앞바다에 설치했다. 『경상도지도(慶尙道地圖)』 중 〈가덕진도〉, 서울대학교 규장각한국학연구원 소장.

었다. 이 때문에 군사들은 전투에 익숙하지 않았다. 이문성은 적전 도주한 군사를 참수하여 군령을 세우는 한편, 날마다 잔치를 열어 군사들을 먹이고 군가를 지어 부르게 하여 사기를 북돋았다. 그러나 이러한 이문성의 활약은 조정에 제대로 알려지지 않았다. 오히려 사적인 감정으로 군사를 참수했다는 모함을 받아 승진이 어려워졌을 뿐이다. 그나마 자신의 공을 병마절도사 이몽린(李夢麟)의 공으로 돌렸기에, 이몽린의 추천으로 내금위장, 황주(黃州) 목사에 임명되는 정도에 그쳤다.

이문성은 1558년 양주 목사에 임명되었다. 모처럼 변방을 벗어난 임지였다. 이 해 청강이 문과에 급제했으니 이문성의 기쁨은 더했을 것이다. 그러나 평화로운 시기는 오래가지 않았다. 황해도에서 임꺽정(林巨正)의 무리가 창궐했기 때문이다. 벽초 홍명희의 소설로 유명해진 임꺽정은 원래 명종조의 도적이다. 그의 세력은 황해도를 중심으로 경기도, 평안도, 강원도에까지 미쳤다. 조선 전기 민란 가운데 가장 규모가 큰 민란이었다.

임꺽정의 난이 일어난 가장 큰 원인은 군정(軍政)의 문란이었다. 군역에 대한 부담을 견디지 못한 백성은 고향을 등지고 유랑하게 되었으며, 여기에 관원들의 가렴주구에 흉년이 겹치면서 유랑하던 백성은 도적떼로 변하고 말았다. 농민은 물론, 천민과 상인, 장인, 그리고 일부 아전들까지 가담한 결과, 임꺽정의 세력은 급속히 불어났다. 이들은 살인과 약탈, 방화를 서슴지 않았으며, 때로는 관청을 습격했다.

조정에서는 임꺽정의 난을 진압하고자 1559년부터 본격적인 토벌에 나섰다. 이문성은 토포 부사(討捕副使)에 임명되어 적의 소굴인 평산(平山)으로 진군했다. 적을 유인하여 토벌할 계획을 세웠으나 관찰사와 손발이 맞지 않아 결국 성공하지 못했다.

이문성은 1563년 경상우도 병마절도사에 임명되었다. 경상 병영은 18년 전 그가 다스렸던 창원과 멀지 않은 곳이었다. 창원의 노인들이 반가워하며 무리지어 찾아왔다. 과거 이문성이 창원을 다스릴 때 흉년이 든 적이 있었다. 그는 경내를 두루 다니며 굶주린 백성을 구휼했는데, 밀양으로 가는 길에 죽은 어미의 젖을 빨고 있는 아기를 발견했다. 측은히 여긴 이문성은 어미의 시신을 묻어주게 하고 아기를 길러줄 사람을 찾아보았다. 마침 수산현(守山縣)의 자식 없는 노인이 맡겠다고 나섰다. 이문성은 가진 것을 모두 주며 잘 길러달라고 당부했다. 18년 만에 이문성이 이곳을 다시 찾자, 그 아기는 아들딸을 둔 어머니가 되어 그를 맞이했다.

1566년 1월, 전라우도 수군절도사에 임명되었다. 이문성은 목도(牧島)라는 섬에 해골이 쌓여 있다는 이야기를 들었다. 과거 이곳의 장수가 병사들에게 토색질을 하면서 말을 듣지 않는 자를 모두 이 섬으로 보냈는데, 해골은 거기서 굶어죽은 이들의 시신이었다. 이문성이 유골을 수습하여 묻어주게 하고 제문을 지어 제사 지내자 군사와 백성이 모두 감동했다. 7월에 왜선이 침입하자 즉시 왜적을 참수하고 조정에 보고했으나 참수한 수급과 보고한 내용에 차이가 있다는 이유로 체직되었다. 겨울에 길주(吉州) 목사에 임명되었다가 이듬해 체직되었다.

이후 함경도 병마사, 충청도 병마사, 안주(安州) 목사 등에 임명되었으나 이문성은 이미 늙어 관직을 감당할 수 없다고 여겨 모두 사직했다. 1573년 청강이 전라도 군적 경차관(全羅道軍籍敬差官)을 사직할 때 올린 상소문에 부친의 병세에 대해 언급한 내용이 있는데, 왼팔에 심각한 통증이 있고 고름이 그치지 않아 위중한 상황이라고 했다.[51]

이문성은 1575년 경복궁에서 숙직하던 중 감기에 걸렸고 대궐을 나와 곧 세상을 떠났다. 당시 그의 나이 73세였으나 관직이 정확히 무엇이었는지는 알 수 없다. 청강의 행장에 따르면 이문성은 오위장(五衛將)을 여섯 차례, 내금위장과 겸사복장(兼司僕將)을 두 차례 지냈다고 하니, 세상을 떠나기 직전에도 국왕을 호위하는 부대의 장교였던 것으로 보인다.

이문성은 관직 생활을 하면서 엄격하게 아랫사람을 부렸다. "소송을 처리할 때 사사로운 정을 따르면 반드시 훗날의 재앙이 따른다"는 것이 그의 소신이었다. 하지만 다른 한편으로는 관대한 태도를 보이기도 했다.

이문성은 "내가 벼슬살이를 한 지 오래되었지만 사사로운 분노로 생명을 해친 적이 없다"라고 자부했다. 당시 고을 수령은 수사권과 사법권을 모두 가지고 있었다. 죄수의 심문과 판결은 모두 수령의 권한이었다. 무관 수령들은 가혹한 법 집행으로 원성을 사는 경우가 많았다. 그러나 이문성은 재판을 하다가 분노를 느끼면 죄수를 다시 감옥에 가두고 한참을 기다렸다. 누군가 이유를 묻자 이렇게 말했다.

"화가 치밀어 오르면 죄수를 크게 다치게 할까 걱정이 돼서 그런 것이다. 나는 선조에게서 물려받은 바가 있어, 화가 날 때조차 감히 이를 잊은 적이 없다."[52]

분노는 남을 다치게 할 뿐만 아니라 종국에는 자신까지 망하게 만드는 법이다. 선조에게 물려받은 가르침이라 했으니, 청렴과 함께 이 집안에 전해지는 미덕이라 할 만하다. 그렇다고 늘 허술했던 것은 아니었다. 왜구 방비의 직임을 수행할 때는 수자리 서다 달아난 병졸을 처형하여 군율을 세웠는데, 헐뜯는 자가 이를 모함하여 승진에서 자주 누락되었다고 하니 엄격한 면모도 볼 수 있다. 또 당시 권력을 잡은 이들이 탐욕스럽게 뇌물을 요구하자 여기에 빌붙은 이가 많았지만 이문성은 굴종하지 않았다고 한다.

청강도 부친의 묘지에서 그가 목도한 부친의 인상적인 언행을 몇 가지 기록했다. 이문성은 말수가 적은 편이었으며, 평생 말 때문에 혐의를 받은 적이 없다고 자부했다. 이문성은 남의 잘못을 말하지 않았을 뿐만 아니라 다른 사람이 남의 잘잘못을 말하는 것도 싫어했다. 심지어 근거 없는 비방을 받았을 때조차 애써 변명하려 하지 않았다. 누가 자기를 비방했는지 알려고 하지도 않았다. 이문성은 청강에게 당부했다.

"네가 만에 하나 간언을 담당하는 관원이 된다면 항상 내가 근거 없는 비방을 받은 사실을 생각하고, 떠도는 이야기로 남을 탄핵하지 마라."

청강이 남을 변호한 일은 있어도 탄핵한 일은 좀처럼 찾기 어렵다. 부친의 가르침을 충실히 따랐던 것이다.

청강은 부친이 현달하지 못한 이유를 권력자에게 줄을 대지 않았기 때문이라고 했다. 하지만 그 덕택에 권력자가 몰락한 뒤에 연루되지 않을 수 있었다고도 했다. 청강이 당파를 멀리했던 것도 부친의 교훈 덕택이었다.

고조 이예장 이후 청강의 집안에는 문과 급제자가 없었다. 청강의 증조 이시보와 조부 이인손은 음서로 관직에 진출하고, 부친 이문성 역시 음서로 내금위에 보임되었다가 이후 무과에 급제했다. 이문성은 부친이 일찍 세상을 뜨자 부득이 책 대신 칼과 활을 택했다고 하는데, 가문이 어느 정도 무반(武班)으로 굳어지고 있었던 것은 사실이다. 선전관 시절 성종의 앞에서 직접 군사를 지휘했는데 병진(兵陣)에 능하여 칭찬을 받았으니, 무인으로서의 탁월한 자질은 충분히 입증되었다고 하겠다. 가덕진 첨절제사로 있을 때 왜구가 자주 출몰하자 무기를 잘 정비하여 변경이 무사했다는 평가도 받았다.

이처럼 청강의 가까운 선대는 무인으로서 탁월한 능력을 발휘했다. 그러나 문과 배출자가 없어 점차 무반으로 기울어가는 가문의 위상을 제고한 사람이 바로 청강이었다. 무반이 가득한 집안에서 청강의 존재는 특별했다. 청강이 멀고 가까운 친척들의 묘도문자를 많이 지은 것도 이 때문이다.

외가 단양우씨

청강의 외조 우예손(禹禮孫)은 고려 때 밀직부사(密直副使)를 역임한 우팽(禹伻)의 5대손이다.[53] 우팽의 부친과 조부는 모두 고려의 최고 관직인 문하시중을 역임했다. 우팽은 유학자로 명망이 높았던 우탁(禹倬)과 사촌 간이기도 하다.

우팽의 손자이자 우예손의 조부였던 우희열(禹希烈)은 관찰사에 올랐으나 조부 우경지(禹敬之)는 의흥 현감, 부친 우효종(禹孝從)은 부사직을 지냈을 뿐이다. 우예손은 1510년 무과에 급제하여 만호(萬戶), 위원 군수, 사섬시 첨정, 부령 부사 등을 역임했다. 실록에는 군관(軍官)으로 한 차례 나온다. 사실상 무인(武人)이었던 셈이다. 가세는 다소 쇠퇴했지만 명문의 위상은 여전했다. 외조모 안동권씨는 권근(權近)의 5세손이며, 우예손과 안동권씨 사이에서 태어난 장녀가 바로 청강의 모친이다.[54]

청강의 모친 단양우씨(1508~1574)는 23세에 청강의 부친 이문성에게 시집왔다. 여기에는 재미있는 사연이 있다. 청강의 외조 우예손은 1523년 부령 부사로 여진 정벌에 참여했는데, 덕원(德源)을 지나는 길에 덕원 부사 곽한(郭翰)에게 말을 빌려달라고 부탁했다. 곽한은 이렇게 말했다.

"내 당제(堂弟)가 이번에 좋은 말을 얻었는데, 전투에 나갈 때 타고 가기에 좋습니다. 그는 기개가 비상한 사람이니 필시 아까워하지 않을 것입니다."

곽한의 당제는 다름 아닌 이문성이었다. 곽한이 이문성을 불러 자초지종을 이야기하니, 이문성은 조금도 아까워하는 기색 없이 우예손에게 말을 빌려주었다. 감탄한 우예손이 이 일을 계기로 이문성을 사위로 삼았다는 것이다.[55]

이문성은 12개 고을의 수령을 역임했고, 그중 가족을 데리고 간 곳이 5개 고을이었다. 단양우씨는 남편을 따라 이곳저곳을 전전했다. 족보에는 2남 3녀를 둔 것으로 되어 있으나, 청강과 김종(金琮, 1533~?)에게 시집간 청강의 누이를 제외한 나머지 자녀는 일찍 세상을 떠난 것으로 보인다. 1574년 봄 무렵 단양우씨가 병에 걸리자 청강은 관직을 버리고 어머니 곁으로 왔다. 어머니는 9개월 동안 앓다가 세상을 떠났다. 이상의 사실은 청강이 지은 모친의 묘지명에 간략히 기록되어 있다.

청강의 자형 김종은 본관이 순천, 자가 종지(琮之)이다. 1567년 생원시에 합격한 사실 외에는 달리 행적을 찾기가 어렵다. 1581년부터 청파동에 있는 청강의 집 옆에 불하루(不下樓)를 짓고 살았다는 사실이 확인된다.[56] 청강과 주고받은 시가 『청강소와』에 실려 있다.

김종의 부친 평양군(平陽君) 김순고(金舜皐)의 묘지명 역시 청강이 지었다. 김순고는 1515년 무과에 급제하여 선전관, 경성 판관, 군자감 판관, 이산 군수 등을 역임했다. 여연(閭延) 등 4군(郡)의 여진족과 전투를 벌여 그들의 소굴을 소탕한 적도 있다. 이후 부령 부사, 온성 군수 및 7도의 병마사를 두루 역임하고 평양군에 봉해졌다. 김순고는 1550년 경상병마사로 재직 중 관찰사 안현(安玹)의 지시를 받아 물레바퀴를 돌려 앞으로 나아가는 윤선(輪船)을 제작하고, 1562년 포도대장으로서 임꺽정을 체포하는 데 혁혁한 공을 세웠다. 김순고가 한양에 들어온 임꺽정의 일당을 체포하여 취조를 통해 실상을 알아내고, 조정이 토벌에 나선 것이었다.

김순고는 청강의 처조부 상진(尙震)에게도 인정받은 적이 있다. 상진은 압록강을 따라 장성(長城)을 축조하여 여진족의 침입을 막을 계획을 세우고 조정에서 논의에 부쳤는데, 동조하는 사람이 적었다. 그러자 상진은 김순고에게 맡긴다면 오래지 않아 완성할 것이라며 탄식했다.

이처럼 청강의 친가와 외가는 다분히 무반에 기울어 있었다. 조선 초기의 무반은 후기와 달리 상당한 위상을 지녔으나, 그래도 문반에 비해 위상이 낮은 것은 사실이다. 청강은 이러한 환경에서 태어났으니, 어찌 보면 무반으로 진출하는 것이 당연한 진로였다. 그러나 청강은 문반의 길을 택하여 가문의 향방을 바꾸어놓았다.

3

큰 강을 건너는 배

이름에 얽힌 뜻

청강은 1536년 7월 24일 서울 반석방(盤石坊) 청파동(靑坡洞)에서 태어났다. 청강의 둘째 아들 이수준(李壽俊)이 지은 청강의 행장에 따르면, 청강의 모친 우씨는 청강을 잉태하자 학이 품으로 날아드는 꿈을 꾸고 '소자(小字)'를 지었다고 한다.

그간 '소자'는 청강의 자 '몽응(夢應)'을 가리키는 것으로 이해되었다. '몽응'은 꿈이 현실로 이루어진다는 뜻이다. 학은 고귀한 신분을 상징하므로 학 꿈을 꾸고서 학처럼 고귀한 인물이 되기를 바라는 마음에서 '몽응'이라는 자를 붙였다는 이야기는 그럴 듯하다. 이 이야기는 청강의 외손 신익성의 기록에도 보인다.[1]

그러나 자는 이름과 관련된 뜻으로 짓는 것이 일반적이다. 행장의 기록을 따른다면, 청강의 이름 '제신'과 '몽응'이라는 자는 아무 관련이 없다. 더구나 자는 성인이 되어 관례(冠禮)를 할 때 짓는 것이다. 태어날 때부터 자를 지어주었다는 것은 납득하기 어렵다. 따라서 행장의 '소자'가 '몽응'을 가리킨다고 보기는 어려울 듯하다. '소자'에는 아명(兒名)이라는 뜻도 있는데, 청강의 아명이 무엇이었는지는 알 수 없으나 혹시 '학(鶴)' 자가 들어갔는지도 모를 일이다.

청강의 원래 이름은 '함(艦)'이었다. 이 점은 1565년 간행된 『문화유씨세보(文化柳氏世譜)』를 보면 알 수 있다. 이 책은 가정(嘉靖) 연간에 간행되었다고 하여 '문화유씨 가정보'라고도 한다. 1476년 명나라 성화(成化) 연간에 간행된 '안동권씨 성화보'와 함께 우리나라에서 오래된 것으로 손꼽히는 족보이다. 이 족보는 중요한 사료적 가치를 지닌다.

'문화유씨 가정보'에는 청강 일가의 계보가 수록되어 있다. 청강의 조부 이인손이 문화유씨 유계손(柳季孫)의 딸과 혼인했기 때문이다. 이 시기 편찬된 족보에는 외손의 계보까지 상세하게 기록하는 것이 관례였으므로, 청강 일가의 계보가 문화유씨의 족보에 실리게 된 것이다. '문화유씨 가정보'에는 청강의 이름이 '함'으로 되어 있다.[2]

그렇다면 청강은 언제 '제신'으로 개명했을까. 『청강집』에는 그가 1570년 울산 군수 시절 남명(南冥) 조식(曺植)에게 보낸 편지가 실려

청강 인장
'이제신인(李濟臣印)', '청강거사(淸江居士)', '몽응(夢應)'

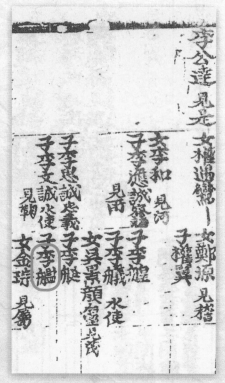

문화유씨 가정보(부분)
1565년 간행된 『문화유씨세보』. 청강의 이름이 '함'
으로 되어 있다. 개명하기 전의 이름이다.

있는데, 여기에 개명에 대한 언급이 보인다.

저는 지금 바닷가 고을의 수령이 되어 당신이 계신 곳 가까운 고을로 와서 지키게 되었습니다. 비록 지방관의 처지인지라 몸이 자유롭지 않으나 삼가 찾아뵙고 문안을 드리는 것은 오래된 소원입니다. 다만 제가 이름을 바꾸었기에 예전에 부르던 이름과는 다르니, 선생께서 만약 옛적에 만난 어린아이가 누구인지 기억하지 못하신다면 반드시 먼저 소개를 한 뒤에야 예를 행할 수 있을 것입니다. 그러므로 감히 당돌하게 나서지 못하고 주저하며 말씀드리려 하다가 도로 그만둔 지 오래입니다.[3]

·

뒤에 설명하겠지만, 청강은 1545년 창원 부사로 부임하는 부친을 따라 갔다가 남명을 만난다. 당시 청강의 나이 열 살이었다. 편지의 내용을 보면 이때는 '함'이라는 이름을 그대로 썼던 것 같다. 청강은 남명이 자신을 예전의 이름으로 기억하여 행여 떠올리지 못할까 걱정한 나머지 이렇게 편지에 개명한 사실을 밝힌 것이다. 개명의 계기는 자세히 알 수 없으나 아마도 부친 이문성이 재종숙 이인손의 후사로 입적하게 되면서 개명한 것으로 보인다.

청강의 본조부 이공달의 손자들은 모두 이름에 '주(舟)' 자가 들어간다. 이공달의 장남 이응성(李應誠)의 아들은 이황(李艎)과 이의(李艤), 이공달의 차남 이사성(李思誠)의 아들은 이정(李艇)이다. 따라서 이공달의 삼남 이문성의 아들인 청강의 처음 이름도 '주' 자가 들어간 '함'이었던 것이다. 그러나 이문성이 출계하면서 더는 이러한 일관성을 유지할 필요가 없어졌고, 그 결과 개명하게 된 것이 아닌가 한다.

청강의 새로운 이름 '제신'은 『서경(書經)』 「열명(說命)」에서 따온 것이다. 「열명」은 은(殷)나라 고종(高宗)이 재상 부열(傅說)에게 당부한 말을 기록한 것이다. 여기에 이런 말이 나온다.

> 만약 쇠가 있다면 너를 숫돌로 삼을 것이며, 만약 큰 강을 건너거든 너를 배와 노로 삼을 것이며, 만약 큰 가뭄이 든다면 너를 장맛비로 삼을 것이다.[若金, 用汝作礪, 若濟巨川, 用汝作舟楫, 若歲大旱, 用汝作霖雨]

부열에 대한 고종의 신임과 기대를 보여주는 말이다. 여기서 주목할 것은 두 번째 구절이다. "큰 강을 건너거든 너를 배와 노로 삼을 것"이라고 했다. 나라가 어려운 일을 당하면 부열에게 의지하여 국난을 헤쳐 나가겠다는 뜻이다. 강을 건너는 배처럼 임금이 의지하여 국난을 헤쳐 나갈 신하, 그것이 바로 '제신'이라는 이름의 의미이다.

그렇다면 '몽응'이라는 자는 무슨 뜻일까. '몽응'은 고종이 부열을 등용하게 된 경위와 관련이 있다. 부열은 본디 미천한 신분의 사람이었다. 그는 원래 부암(傅巖) 땅에서 성을 쌓는 한낱 일꾼에 불과했

부열 초상
부열은 은나라 고종을 보좌하여 중흥을 이룩한 명신(名臣)이다.
청강의 이름은 그와 같은 사람이 되라는 뜻에서 지은 것이다.

다. 그런데 고종이 어느 날 이상한 꿈을 꾸었다. 상제(上帝)가 나타나 훌륭한 재상감을 소개해주는 꿈이었다. 고종은 꿈에서 만난 재상감의 얼굴을 그림으로 그려서 몽타주를 만들었다. 그리고 신하들에게 그림과 똑같은 사람을 찾아오라고 명령했다.

얼마 후 신하들이 성을 쌓고 있던 부열을 데려왔다. 고종이 자세히 보니 과연 꿈에서 만난 재상감과 똑같은 얼굴이었다. 고종은 그 공사장 인부를 재상으로 임명했다. 그가 바로 부열이었다. 이처럼 부열은 꿈의 징험으로 나타난 재상이었다. 청강의 자를 '몽응'이라고 지은 이유는, 그가 은나라의 중흥을 이룩한 부열처럼 위대한 인물이 되기를 바라서이다.

이렇게 해석하면 '제신'이라는 이름과 '몽응'이라는 자는 밀접한 관련을 맺게 된다. 행장의 학 꿈 운운한 내용은 후손들에 의해 만들어진 이야기로 보이는데, 이 점은 독자의 판단에 맡긴다. 이언충의 후손으로 병조 판서를 지낸 이계맹의 묘지명에도 학이 태몽으로 등장하니, 가문에 내려오는 전설인 듯하다.[4]

남명과의 첫 만남

청강은 7세에 시구를 지어 사람들을 놀라게 했다고 한다. 행장에 그 내용이 자세하다. 어린 청강이 성세창(成世昌, 1481~1548)의 무릎에 앉아 "새가 날아 푸른 하늘로 떠오르니, 푸른 하늘의 높낮이를 알겠네[鳥飛靑天浮, 靑天高下知]"라는 시구를 지었다는 것이다. 청강이 7세 때면 1542년 무렵인데 성세창은 이듬해 대제학에 오른다. 대제학은 학문과 문장을 인정받은 최고의 문인에게 주어지는 자리이다. 당시 가장 뛰어난 문인에게 문학적 재능을 인정받았다는 사실을 강조하는 일화이다.

성세창은 청강의 조부 이인손과 친분이 있었다. 이 사실은 실록에도 나와 있다. 성세창이 이인손의 여종을 첩으로 삼았다는 것이다.[5] 실록에서는 이인손이 성세창 덕분에 관직에 올랐다고 비판적으로 기록했는데, 어쨌든 두 사람 사이에 친분이 있었던 것은 분명하니, 청강의 어릴 적 일화는 충분히 있을 법한 일이다. 더구나 청강은 성세창의 먼 친척인 성혼(成渾)과 교분이 있었다. 청강은 성혼을 '함께 먹고 자며 공부하던 친구[同榻友]'라고 일컬었다. 청강의 아들들은 성혼에게 배우기도 했다.

청강의 시구는 착상이 기발하기는 하지만, 엄밀히 따지면 형식적으로는 맞지 않는다. 한시를 지을 때는 글자의 평측(平仄)을 맞추어야 하는데, 이 시구는 평측을 전혀 고려하지 않았다. 하지만 이 점이 오히려 청강의 일화를 신빙성 있게 만들고 있다. 글을 배우기 시작한 어린이가 지을 만한 시구이니, 청강이 일찍부터 글을 배우기 시작했다는 증거로 삼을 만하다. 여기서 점차 무반으로 굳어지고 있던 청강의 가문에서 문반을 지향하는 움직임이 일었다는 사실을 엿볼 수 있다.

이듬해 조부 이인손이 세상을 떠났다. 부친 이문성은 당시 이산 군수로 변방에 나가 있었다. 여덟 살에 불과했던 청강은 부친이 돌아올 때까지 상주 노릇을 했다.

1545년 겨울, 열 살의 청강은 창원 부사로 부임하는 부친을 따라 임소로 갔다. 도중에 경치 좋은 곳을 만나면 번번이 말을 멈추고 시를 지었다. 이때 지은 시는 문집에 실려 있다. 당시 청강이 지은 시를 보면 일곱 살에 지은 시구의 수준과는 현격히 다르다. 청강은 창원에서의 생활을 회고하며 "누각과 연못, 개울에서 낚시하고 놀았다"라고 했다.[6] 창원은 그가 자유로운 어린 시절을 보낸 추억의 장소였다.

청강(선생) 연보에 따르면 청강은 이때 남명 조식(1501~1572)을 처음 만났다고 한다. 남명은 그에게 '경의(敬義)', '뇌천(雷天)'이라 쓰인 패(牌, 나무토막)를 주었다고 한다. 이 사실은 훗날 청강이 남명에게 보낸 편지에서도 확인할 수 있다.

저는 옛적 어린 시절 부친을 따라 문창(文昌, 창원의 옛 이름)에 있을 때 어르신께서 찾아오셔서 만나 뵌 적이 있습니다. 그때 후하게 칭찬하고 격려해 주시며 경의(敬義)의 부적을 주시기까지 하셨습니다. 그 뒤 서울에서 15년 넘게 멀리서 그리워하며 산처럼 우러렀습니다.

중간에 부친이 자주 경상도의 관직에 임명되었으나 저는 항상 할머

님을 모시고 있었으므로 서울을 한 발짝도 벗어나지 못했습니다. 그래서 남쪽으로 가서 어르신을 뵙고 문하에서 말씀을 듣지 못했습니다. 제가 비록 지극히 어리석으나 어릴 적부터 어르신의 고상한 풍도를 사모하며 항상 제자가 되지 못한 것을 한스럽게 여겼습니다.[7]

'경의'는 『주역』「곤괘(坤卦)」의 "군자는 경(敬)으로 안을 곧게 하고 의(義)로 밖을 방정하게 한다[敬以直內, 義以方外]"라는 말에서 따온 것으로, 남명 학문의 핵심이다. '뇌천' 역시 『주역』에 나오는 말이다. 『주역』의 「대장괘(大壯卦)」는 우레[雷]가 하늘[天] 위에 있는 모습을 형상한 것으로, 굳센 의지로 사욕(私慾)을 이기고 예(禮)를 회복하는 것을 의미한다. 이 역시 남명이 추구한 학문의 특징을 잘 드러내는 말이다.

남명은 지금 합천군에 딸려 있는 삼가(三嘉)의 토동(兎洞) 외가에서 태어나 5세에 한양으로 올라와 연화방(蓮花坊), 장의동(壯義洞) 등지에서 살다가 1526년 부친이 세상을 뜬 후 삼가로 돌아왔다. 그 후 1530년 김해 신어산(神魚山) 아래 탄동(炭洞)에 산해정(山海亭)을 짓고 1548년까지 18년 동안 학문에 몰두했다. 남명과 청강의 만남은 이때 이루어졌다. 1544년 청강과 이름이 같은 도구(陶丘) 이제신(李濟臣)이 문하에 들었고, 그 이듬해 남명이 창원에 들렀을 때 청강을 처음 만나게 된 것이다.

청강의 이 편지로 보건대, 남명과의 첫 만남은 잠깐 대면한 정도

산천재(山天齋)
1561년 남명이 지리산으로 이주하여 건립하고 강학의 장소로 삼았다. 현 경상남도 산청군 시천면 소재. 산청군청 문화관광과 제공.

에 불과했던 듯하다. 하지만 이 만남은 청강에게 강한 인상을 남겼다. 대학자 남명과 특별한 인연을 맺었다는 사실은 청강의 삶에 큰 의미를 부여했을 것이다. 훗날 남명이 세상을 떠났을 때 청강은 제문을 지어 이렇게 말했다.

> 더벅머리 시절 손수 쓰신 부적을 받았으니　　　　髫承手符
>
> 경의와 뇌천이었네.　　　　　　　　　　　　　敬義雷天[8]

어린 시절 남명과의 짧은 만남이 청강에게 강한 인상을 남겼으며, 이를 계기로 평생 존경했다는 사실을 확인할 수 있다.

청강이 남명을 다시 만나게 된 것은 남명이 명종의 부름을 받고 서울에 왔을 때이다. 조정 관원으로 근무하던 청강은 먼발치에서 남명을 보았다. 따라서 그 이전까지 청강과 남명은 만난 적이 없었다. 연보에는 청강이 1560년 남명의 문하에서 수업을 받았다고 되어 있으나, 사실로 보기 어려울 듯하다. 이 무렵 남명은 경남 합천 삼가의 토동에서 벗들과 강학하고 있었는데 청강이 왔다는 기록은 보이지 않는다.

청강 연보의 오류는 이뿐만이 아니다. 연보에는 1566년 남명이 '자전은 과부이며 전하는 고아'라는 내용의 유명한 '단성소(丹城疏)'를 올려 위기에 처했다고 되어 있다. 그렇지만 이 부분에 대한 연보의 기록은 명백한 오류이다. 단성소는 1555년 조식이 단성 현감을 사직하며 올린 상소에 나오는 구절이다.

이 상소는 명종의 심기를 건드렸다. 당시 명종의 어머니 문정왕후는 12세로 즉위한 명종을 대신하여 수렴청정을 하다가 명종이 20세가 되던 1553년 비로소 수렴청정을 거두었다. 그러나 실질적인 권력은 여전히 문정왕후에게 있었다. 조식은 '과부'에 불과한 문정왕후가 정권을 장악하여, '고아' 명종이 힘을 쓰지 못하는 조정의 상황을 에둘러 비판한 것이었다. 명종은 불만을 나타냈다.

"지금 조식의 상소를 보니, 비록 간절하고 강직한 듯하기는 하나 자전에 대해 공손하지 못한 말이 있으니, 군신의 의리를 모르는 듯하여 매우 한심스럽다."[9]

이때 위기에 처한 남명을 구원한 인물이 청강의 처조부 상진이다. 상진은 청강으로 하여금 『송사(宋史)』 「영종기(英宗紀)」에 실려 있는 "폐하는 깊은 궁궐의 한 부인이요, 신들은 대여섯 명의 서생[陛下深宮之一婦人, 臣等五六書生]"이라는 말을 찾아내게 했다. 구양수(歐陽脩)가 자성태후(慈聖太后)에게 말한 내용이었다. 상진은 조식의 발언이 단지 이 구절을 인용했을 뿐이라며 선처를 청했다. 이때 청강은 출사하기 전이다.[10]

청강 연보에는 이 사건이 1565년의 일로 기록되어 있다. 1942년 간행된 『범허정집』에서는 연보를 참조하여 이 사건을 수록했는데, 『범허정집』의 편자는 상진의 몰년이 1564년이므로 맞지 않는다고 판단하여 1557년으로 옮겨 수록했다. 그러나 청강 연보와 『범허정

집』의 연도는 모두 오류이다. 실록에는 이 사건이 1555년의 일로 기록되어 있다.[11]

> **도구 이제신(1510~1582)**
> 청강에 대해 알고자 할 때 주의할 점이 있다. 청강과 동시대 경상도 의령 지방에는 청강과 동명이인이 살고 있었다. 또 다른 이제신의 자는 언우(彦遇), 호는 도구(陶丘), 본관은 철성(鐵城, 고성)이다. 1510년 생으로 청강보다 26세 연상이다. 청강과 혼동될 일이 없을 듯하지만, 그 역시 공교롭게도 청강과 마찬가지로 남명의 제자였다. 도구 이제신은 젊은 시절부터 무려 15년 동안 남명의 문하에서 공부했다. 게다가 몰년은 청강보다 불과 2년 앞선 1582년이다. 도구 이제신은 젊은 시절 성균관에서 공부하며 정사룡(鄭士龍)을 비롯한 조정의 고위 관료들과도 교분을 맺었다. 이 때문에 그의 시문이 문헌에 종종 등장한다. 도구 이제신 관련 기록은 1907년 편찬된 『도구실기(陶丘實記)』라는 책에 정리되어 있다.

스승 용문 조욱

남명과의 만남은 청강의 일생에서 중요한 사건이기는 하지만 단 두 번의 짧은 만남이 실질적인 영향을 미쳤으리라고 생각되지는 않는다. 청강이 남명에게 깊은 인상을 받은 것은 사실이지만 남명의 문인이라고 하기는 어렵다. 청강이 스승으로 인정한 인물은 따로 있었다. 용문(龍門) 조욱(趙昱, 1498~1557)이다. 청강은 『청강소설』에서 "나는 소싯적부터 항상 용문의 문하에 있었다"라고 밝혔다. 조욱의

세심정(洗心亭)
1555년 조욱이 용문산에 은거하며 세웠다. 조욱은 이곳에서 강학하며 여생을 보냈다. 현 경기
도 양평군 용문면 소재. 양평군청 문화체육과 신하철 제공.

제자로 자처한 것이다.

조욱은 사림(士林)을 대표하는 정암(靜菴) 조광조(趙光祖, 1482~1519)
의 제자이다. 조욱은 19세에 생원시와 진사시에 모두 합격하여 명성
을 떨쳤는데, 성리학을 배우기 위해 조광조를 찾아갔다. 그는 조광
조의 제자 중에 가장 나이가 어렸지만, 조광조는 학문에 열중하는
그를 칭찬하며 이렇게 말했다.

"제자 중에 도(道)를 부지런히 찾기로는 조욱만 한 사람이 없다."[12]

그러나 조욱과 조광조의 인연은 오래가지 못했다. 조욱이 조광조
의 문하에 들어간 지 3년 만에 기묘사화가 일어났다. 조광조는 처형
당하고, 조욱 역시 그의 문인이라는 이유로 의금부에 잡혀갔다. 곧
풀려나긴 했지만 조욱은 이때부터 세상에 나갈 뜻을 버리고 은거하
여 학문과 강학에 몰두했다. 화담 서경덕, 청송 성수침, 퇴계 이황과
교류하며 사림의 존경을 받았다.

청강이 조욱의 문하에 나아간 1552년, 청강의 나이는 17세, 조욱
의 나이는 55세였다. 당시 조욱은 경기 지평(砥平) 용문산(龍門山) 아
래에서 제자들을 가르치고 있었다. 두 사람이 어떻게 해서 스승과
제자의 인연을 맺었는지는 알 수 없다. 조욱의 서울 집은 청강과 마
찬가지로 반석방 청파동에 있었는데, 이로 인해 맺어진 인연인지도
모르겠다.

청강이 조욱의 문하에 들어가던 해, 조욱은 성수침, 조식, 이희
안, 성제원 등과 함께 유일(遺逸)로 뽑혀 관직에 임명되었다. 유일은

초야에 은거한 선비로서 학문과 덕행을 인정받은 인물이다. 당시 조욱의 명성이 남명에 못지않았기에 가능한 일이었다고 하겠다. 조욱은 이때 장수 현감(長水縣監)에 임명되자 마지못해 부임했으나 오래지 않아 병을 핑계로 돌아왔다.

조욱은 조광조의 학문을 계승한 도학자였을 뿐만 아니라 뛰어난 시인이기도 하다. 『청강시화』에 조욱의 시가 두 편 인용되어 있다. 첫째는 조욱이 젊은 시절 한강에서 뱃놀이를 하다가 지었다는 시다.

청산은 면면이 섰고	靑山面面立
한강은 유유히 흐르네	漢水悠悠下
높은 산과 넓은 강 사이에	峩洋山水間
나를 알아주는 이 누구인가	誰是知音者[13]

좌중에 있던 사람들이 이 시를 보고 놀랐다. 시의 기상이 높으니 훗날 원대한 경지에 이를 것이라 여겼는데, 과연 그렇게 되었다.

또 다른 한 수는 황해도의 문헌서원(文憲書院)에서 지은 시다. 조욱이 서원을 방문하자 서원의 유생들이 방명록을 내밀며 이름을 써달라고 했다. 조욱은 이름 대신 시 한 수를 썼다.

나그네 길에 방황하며 오래 돌아가지 못하니	客路栖栖久未還
하늘이 황해도의 산을 다 보여주었네	天教看盡西海山

성명을 서원에 남길 필요 없는 것은	不須姓字留書院
미친 이름이 세상에 가득하기 때문이오	贏得狂名滿世間[14]

자기 이름이 이미 세상에 널리 알려져 있으므로 굳이 방명록을 쓸 필요가 없다는 것이다. 조욱의 자부심을 엿볼 수 있다.

청강은 조광조의 학통을 계승한 조욱을 통해 신진사류의 실천윤리적 학풍을 접했을 것으로 생각된다. 조욱의 시를 자주 언급한 점으로 미루어, 청강이 시를 배운 것도 조욱을 통해서가 아닌가 한다. 조욱은 글씨에도 뛰어났는데, 이 또한 청강에게 영향을 미쳤을 것으로 보인다.

조욱은 청강을 제자로 받아들인 지 5년 만인 1557년 청파동 자택에서 세상을 떠났다. 청강과 조욱의 인연은 오래가지 못했으나, 청강은 조욱의 문하에서 이사성(李師聖), 심수경(沈守慶), 진욱(陳旭), 신공유(慎公有) 등과 동문의 교유를 맺었다. 조욱의 아들 조공빈(趙孔賓)과는 특히 가까운 사이였다. 조공빈은 한양 청파동의 집을 '후곡(后谷)'이라 이름 붙이고 청강에게 글을 부탁했다. 『청강집』에 실려 있는 「후곡설(后谷說)」이 바로 그것이다.

상진의 손녀사위가 되다

젊은 시절의 청강에게 가장 큰 영향을 미친 인물은 아무래도 처조부 범허정 상진(尙震, 1493~1564)이라고 하겠다. 청강은 상진의 행장을 부친의 행장보다 자세히 서술했다. 업적이 남달랐기 때문이기도 하지만 그것이 전부는 아니었다. 청강은 상진의 언행을 자주 언급했다. 상진에 대한 기록은『청강소설』에도 자주 보인다.

상진은 조선 초기의 대표적인 문신 관료로서 영의정까지 오른 인물이다. 그는 무려 16년 동안이나 정승의 지위에 있었는데, 사화(士禍)가 빈발하던 시기였다는 점을 고려하면 놀라운 일이다. 실록에 따르면 상진은 남과 경쟁하려 하지 않았고, 평생 남의 잘못을 말하지도 않았다고 한다.[15] 자기주장을 내세우지 않고 대체로 남의 의견을 따르는 편이었기에 소신이 없다는 비난도 받았으나, 이 또한 넓은 도량을 가진 사람만이 가능한 일이다.

청강은 조욱의 문하에 들어간 해, 상진의 손녀 목천상씨(木川尙氏)와 혼인했다. 상진은 조욱과 절친한 사이이기도 하다. 상진의 아들 상붕남(尙鵬南, 1511~1542)과 부인 전주이씨(全州李氏, 1513~1547)가 바로 청강의 장인과 장모이다. 장모 전주이씨의 외조는 청강의 집안어른으로 경원 부사를 역임한 이영희(李永禧)이다.

청강의 아내 목천상씨는 상붕남 부부의 둘째 딸이었다. 그러나 청강은 상붕남 부부가 세상을 떠난 지 10년 뒤에 혼인했으므로 장인과 장모의 얼굴조차 본 적이 없다. 처조부 상진이 장인이나 다름없었다. 혼사를 결정한 것도 상진이었다.

상진은 청강의 외조 우예손과도 교분이 있었다. 상진이 함경도 관찰사로 있을 때 우예손은 부령 부사였는데, 상진은 우예손의 청렴하고 성실한 태도를 눈여겨보았다. 훗날 상진은 청강에게 우예손의 행적을 전해주었으며, 청강은 이를 바탕으로 우예손의 묘갈을 지었다.

상진의 아들은 상봉남 하나뿐이었다. 상봉남이 일찍 죽자 영의정까지 역임한 상진의 집안은 쇠퇴의 위기에 직면했다. 상진에게는 두 명의 손자사위가 있었다. 첫째가 정인수(鄭麟壽), 둘째가 청강이었다. 그러나 정인수는 과거에 급제하지 못하고 사도시 첨정을 역임하는 데 그쳤다. 상진의 기대는 자연히 청강에게 기울었다. 1562년 상진이 일흔의 나이로 궤장을 하사받았을 때 사은 전문(謝恩箋文)을 지은 것도 청강이었다.

상진은 청강을 처음 만났을 때 큰 그릇이라며 칭찬했다고 한다. 상진의 연보에 나오는 이야기이다. 연보가 후대에 만들어진 것이라 과연 사실인지는 알 수 없으나, 상진이 청강을 각별히 아꼈던 것은 분명하다. 청강은 중국에 사신으로 갈 때 강계 동헌에 걸려 있는 상진의 시를 보았다. 상진이 함경도 관찰사로 있을 때 들러서 지은 것이었다. 청강은 이 시에 차운했는데, 차운시의 주석에도 상진이 평소 자신을 몹시 아꼈다는 언급을 남겼다.

두 사람의 각별한 관계는 상진의 시에서도 확인할 수 있다.

병들어 힘이 없었는데	疾病須無賴
자네를 만나니 기운이 나네	逢君意氣生
국화주는 막 흥을 불러일으키고	菊觴初發興
아름다운 시구는 점점 정을 돋우네	繡句轉挑情
취하지 않아 밝은 달 보고	不醉看晴月
잠들지 않고 밤을 지새네	無眠度夜更
술동이에 좋은 술 있으니	盈樽美酒在
새벽에 닭이 울 때까지 마시리	直到五鷄鳴[16]

「이 상사에게 써주다[書示李上舍]」라는 제목의 시다. '상사'는 성균
관 유생을 뜻하니, 이 시는 1558년 청강이 생원시에 합격하여 성균
관에 들어갔을 때 지어준 것으로 보인다. 당시 상진의 나이는 66세
였다. 늙고 병든 상진의 유일한 희망은 청강이었다. 두 사람은 새벽
까지 술을 마시고 시를 지으며 격의 없이 어울렸다. 이 시는 상진의
친필로 쓰인 것을 상진의 증손 상자화(尙子華)가 찾아내어 시첩(詩帖)
으로 만든 것이다. 청강의 사위 신흠이 이 시첩을 보고 남긴 글이 전
한다.[17]

청강의 외손 신익성은 청강이 젊은 시절 문장과 서예로 동년배의
으뜸이라 인정받았다고 했다. 상진은 손녀를 각별히 사랑하여 좋은

사위를 구하려 했는데, 청강을 사위로 삼아 몹시 아꼈다고 한다.[18]

그런데 신익성의 기록에 따르면, 청강의 처조부 상진은 청강을 사위로 맞이한 날 이렇게 말했다고 한다.

"이 아이는 필시 대단한 명성을 얻을 것이다. 그러나 나이는 필시 쉰에 미치지 못할 것이다."

불행히 상진의 예언은 적중했다. 청강은 48세에 세상을 떠났다. 실록에는 상진이 평소 점술을 신봉했다고 하는데, 이러한 배경에서 나온 일화로 보인다.

청강은 젊은 시절 친구들과 함께 만리현(萬里峴)에 있는 상진의 서울 집 범허당(泛虛堂)에서 공부했다. 상진이 사위와 그의 친구들에게 집을 비워주고 공부에 전념하게 한 것이다. 그뿐 아니라 날마다 술과 안주를 넉넉히 보내주었다. 장래가 촉망되는 젊은 사위를 위한 배려였다. 그런데 다소 충격적인 사실은 당시 청강이 처가 사람들 몰래 이름난 기녀 한 사람을 데리고 지냈다는 것이다.

하루는 상진이 기별도 없이 갑자기 범허당으로 들이닥쳤다. 청강의 친구들은 당황하여 기녀를 뒤뜰에 숨겼다. 상진은 아무것도 모르는 양 술자리를 벌였다. 술이 거나해지자 상진이 말했다.

"여러분은 오랫동안 공부하느라 고생했으니, 기녀 한 사람을 데려다가 흥을 돋우고 싶네. 그런데 이미 집에 들어온 기녀가 있지 않은가?"

청강의 벗들은 너무 놀란 나머지 마주 보며 입을 다물지 못했다.

상진은 시종을 시켜 기녀를 찾아 데려오게 했다. 하지만 예상과 달리 상진은 꾸짖지 않았다. 오히려 빙그레 웃으며 이렇게 말했다.

"이 서방의 풍류가 범상치 않은 줄은 원래 알았다."

상진은 오히려 기녀에게 후한 상을 주었다. 대단한 도량이었다. 상진은 청강을 돌아보며 단지 이렇게 주의를 주었을 뿐이다.

"이 기녀는 참으로 아름다우니, 오래 두면 자네에게 누를 끼칠 것이네."

날이 저물어 상진이 돌아가자, 청강은 즉시 그 기녀와의 관계를 끊었다. 다른 사람도 아닌 외손 신익성의 기록이니, 믿지 않을 수 없는 이야기다.

아무리 조선시대라지만 아끼는 손녀의 배필이 과거 공부를 하라고 비워준 집에서 기녀와 함께 지내는 것은 쉽사리 용납하기 어려운 일이었다. 그러나 상진은 크게 나무라지 않았다. 청강이 장래 큰 성취를 거두리라는 확신이 없었다면 불가능한 일이었으리라.

상진의 자유분방한 성격도 한몫했다. 상진은 젊은 시절 성균관에서 공부는 멀리한 채 제멋대로 행동했다. 사림이 득세하면서 선비들이 몸가짐을 조심하는 풍조가 유행했으나, 그는 선비들의 위선적인 태도를 증오했다. 일부러 갓도 쓰지 않고 다리를 뻗고 앉아 말단적인 예절에 연연하는 선비들을 비웃었다.[19]

사실 상진에게도 첩이 있었다. 하지만 범상한 첩은 아니었다. 상진의 첩 김씨는 열행(烈行)으로 정려문을 받았으며, 경전과 역사에 박식했다. 이 때문에 청강은 김씨를 몹시 공경하며 딸들을 보내어 그녀에게 배우게 했다. 훗날 신흠에게 시집간 청강의 둘째 딸이 특히 영특하여 김씨의 사랑을 받았다. 김씨는 매번 그녀를 귀인(貴人)이라 부르며, 『열녀전(列女傳)』을 가르쳤다. 이 때문에 청강의 둘째 아들 이수준은 "누이는 타고난 자질이 아름다울 뿐만 아니라 김씨에게 배운 것이 많다"라고 했다.[20] 상진이 세상을 떠나자 김씨는 목숨을 걸고 상을 치렀다. 청강은 그녀의 행실을 「영부사 상진 첩 절부 김씨 행장(領府事尙震妾節婦金氏狀)」으로 남겼다.

훗날 상진이 세상을 떠나자 청강은 만사를 지어 "오랫동안 은혜 입어 아들처럼 여기셨고, 여러 번 가르침 받았으니 스승과 같았네[久荷恩情猶子視, 幾蒙諄敎當師傳]"[21]라고 했다. 상진은 청강에게 아버지와 스승 같은 존재였던 것이다.

청강의 저술에는 상진에 대한 기록은 많으나 아내에 대한 기록은 좀처럼 보이지 않는다. 이 점에서 『청강소와』에 실려 있는 「아내에게[贈妻]」는 그의 집안 사정을 엿볼 수 있는 중요한 자료이다.

높은 벼슬아치 집에서 태어나	出自巨卿家
가난한 우리 집에 시집왔네	配我寒門子
오늘 아침 홀연 내게	今朝忽向我
서글피 와서 눈물 흘리네	忧前垂涕泗
"쌀독이 텅 비어 울리니	甕盎洞鳴雷

가난해도 전에는 이런 일 없었지요	家貧昔無是
묵은 빚 오래 갚지 못했으니	宿貸久未償
친해도 잦은 부탁 부끄럽지 않겠어요?"	雖親頻奈恥
"여보 그러지 말고	君乎且毋爾
내 말을 믿으시오	吾言倘可恃
내게 돈 모으는 재주 없어	鳩謀我誠拙
당신을 이렇게 힘들게 하는구려	貽君勞至此
예나 지금이나 부귀한 사람도	古今富貴者
처음엔 가난한 선비 아니었겠소	孰非窮寒士
나의 지조를 버리기보다는	靈龜可使舍
시냇물 마시며 사는 것이 낫지 않겠소	疇如樂泌水
이렇게 아이들 타이르고	持用詫諸兒
배고파도 울지 말라 달래 보시오"	啼飢須使止

가난으로 고생하는 아내를 달래는 내용이다. 대개 시인이 시에서 가난을 말하는 것은 일종의 과시와 같다. 하지만 이 시는 남에게 보여주기 위해 지은 것도 아닌데 굳이 가난을 과시할 이유가 없다. 과연 쌀이 떨어질 정도로 가난했는지 의심스럽지만, 한때의 실상이었다고 보아도 좋을 것이다.

청강의 가장 가까운 벗이었던 이정암은 청강의 집안이 본디 부유하다고 했다. "공의 내외 친척은 세족(世族)이다. 전원과 노비가 적지

않았다"라는 것이다. "그러나 공은 일절 치지도외하여 끼니를 자주 걸러도 태연했다"라고 했다.[22]

청강의 제자 이항복은 이렇게 기록했다.

"부모가 돌아가시고 형제가 재물을 나눌 때 누이에게 따로 떼어 준 것이 자기보다 조금 적었다. 그러자 건장한 노비 10명을 따로 골라주고, 서제(庶弟)에게도 정해진 수량보다 더 주었다."

이항복은 "지위가 재신(宰臣)의 반열에 올랐는데도 처자는 늘 남에게 돈을 빌렸다"라는 언급도 남겼다.[23] 처자가 늘 돈을 빌렸다는 말은 윤근수의 애사(哀詞)에도 보이니, 살림이 쪼들렸던 것은 사실로 보인다. 청강이 세상을 떠났을 때 집안이 가난하여 상을 치르는 데 어려움을 겪자 조문하러 온 김행(金行)이 타고 온 말을 부조로 내었다는 일화도 전한다.[24]

연보에 따르면 청강은 혼인한 이듬해인 1553년, 평생의 지기가 된 사류재(四留齋) 이정암(李廷馣, 1541~1600)을 만났다고 한다. 이정암이 상진을 찾아오자 상진이 청강과 교분을 맺도록 했다는 것이다.[25] 이정암이 공무로 상진의 집을 찾아갔을 때 상진이 함께 앉아 술을 대접하며 말했다.

"내가 근래 사위를 구했는데 기개와 풍채가 자네와 잘 맞을 듯하네. 자네가 만나 보지 않겠는가?"

상진은 신랑을 불러냈다. 신랑은 바로 청강이었다. 이때 상진은 두 사람이 통성명을 하고 대화를 나누는 것을 보고 자리를 피해주었다고 한다. 이날 처음 만난 두 사람은 생사를 함께하는 벗이 되었으며, 이때부터 열흘을 넘기지 않고 한 번은 만났다고 한다.

그러나 이 기록은 다소 의심스럽다. 이정암은 청강과의 첫 만남을 이렇게 회고했다.[26]

"이제신의 자는 몽응이며 호는 청강이다. 나와 같은 해 사마시에 합격하고 갑자년(1564) 식년시에 급제했다. 내가 승정원 주서로 있을 때 몽응이 예문관 검열이었는데, 이때부터 의기로 서로 인정했다."

청강이 이정암을 만난 것은 아무리 일러도 사마시에 합격한 1558년이다. 이정암이 승정원 주서로 근무할 때 청강은 예문관 검열로 함께 근무했다. 이정암이 주서가 된 것은 1565년이니 본격적인 교유는 이때부터라고 보는 것이 온당하다.

교분을 맺은 시기는 비록 늦었으나 두 사람은 죽을 때까지 서로를 알아주는 지기(知己)였다. 두 사람이 얼마나 절친했는지 알려주는 일화가 여러 문헌에 보인다. 일례로 박양한(朴亮漢, 1677~1746)의 『강나대필(强懶代筆)』에는 다음과 같은 일화가 실려 있다.

청강이 세상을 떠난 뒤 임진왜란이 일어나자 이정암은 황해도 연안(延安)의 읍성에 주둔하고 있었는데, 왜군이 성을 포위했다. 싸우다 지친 이정암이 잠시 기댄 채로 잠이 들자, 꿈에 청강이 나타나 왜적이 남문(南門)으로 올라오고 있다고 알려주었다. 꿈에서 깬 이정암이 급히 남문으로 군사를 보내 막게 했더니, 과연 왜적이 한창 남문으로 올라오고 있었다는 것이다. 사실이라고 믿기 어려운 이야기지만, 이러한 일화가 여러 문헌에 전한다는 것은 두 사람의 각별한 교분이 널리 알려져 있었다는 증거이다.

이 밖에 이정암의 문집에도 다음과 같은 일화가 실려 있다. 이정암이 말년에 개성 남쪽 풍덕(豐德)으로 물러나 살다가 병이 위독해졌는데, 하루는 자제들에게 말했다.

"통진 현감 이수준(청강의 차남)이 문밖에 왔으니 속히 들어오라고 해라."

자제들이 밖으로 나가보았으나 아무도 없었다. 그런데도 이정암은 두 번 세 번 오지도 않은 이수준을 불러들이라고 했다. 자제들은 병이 심해 헛소리를 한다고 여겼다. 그런데 잠시 후 이수준이 정말로 찾아왔다. 이정암이 찾아온 이유를 묻자 이수준은 이렇게 대답했다.

"어제 관아에 앉아 있다가 갑자기 잠이 들었는데, 선친께서 화를 내시며 '내 친구 중훈(仲薰, 이정암의 자)의 병세가 위독한데 어찌 속히 가서 문안하지 않느냐'라고 하시기에 업무를 제쳐놓고 즉시 배를 타고 왔습니다."

그러자 이정암도 이렇게 말했다.

"내 꿈도 그러했으므로 그대가 올 줄 먼저 알았다."[27]

당시 이정암은 풍덕의 정주정사(貞洲精舍)에 병으로 누워 있었다. 임종을 앞둔 그의 머릿속에 떠오른 친구는 27년 전에 세상을 떠난 청강이었던 것이다. 이정암은 청강의 아들 이수준과 영결하고 눈을 감았다.

젊은 청강거사의 뜻

청강은 13세 되던 1548년 향시 진사 초시에 합격했다. 그러나 합격이 너무 이르다고 여긴 부친이 시관에게 청탁하여 합격자 명단에서 이름을 빼도록 했다고 한다. 연보의 기록이다.

당시 청강은 한양에 있었으니 응시한 시험은 한성시였을 것이다. 한성시 시관은 정3품 이하의 관원이 담당하는 것이 관례인데, 당시 청강의 부친은 정3품 통훈대부였다. 품계는 같지만 시관은 문관이며 청강의 부친은 무관이다. 청강의 부친이 시관에게 영향력을 행사할 위치에 있었다고 보기는 어려울 듯하다. 청강의 재주를 돋보이게 하려는 의도에서 지어낸 일화가 아닌지 의심스럽다.

청강은 1558년(명종13) 23세의 나이로 생원시에 합격한다. 생원시 성적은 3등 14위, 총 100명의 합격자 가운데 44등으로 중간 정도 성적이다. 이때의 합격자 명단인 방목(榜目)이 전한다.[28]

방목은 인물 연구에서 중요한 자료이다. 당시 시험을 감독한 시관 및 함께 급제한 동방 급제자들은 평생 가는 친분을 맺기 때문이다. 청강과 함께 생원시에 합격한 사람 중에는 명종비 인순왕후(仁順王后)의 오빠 심인겸(沈仁謙), 조식의 수제자 정인홍(鄭仁弘), 훗날 임진왜란 때 도원수로 조선군을 총지휘한 김명원(金命元), 북인의 영수 이산해(李山海) 등이 있다. 이산해는 이 해 진사시에도 함께 합격했는데, 청강의 평생 벗이었던 이정암 역시 진사시에 합격했다.

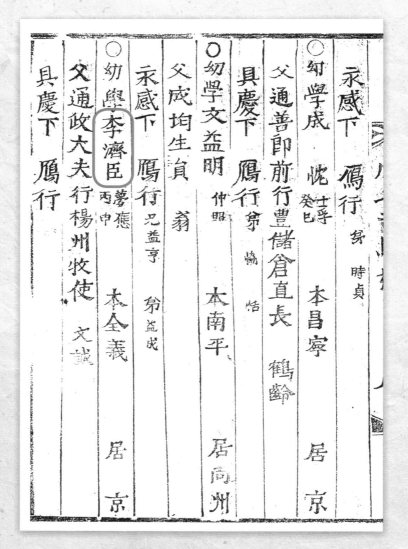

永感下 鴈行 時貞
○幼學成 晄 癸巳 本昌寧 居京
具慶下 鴈行 翁 忺 本南平 居尚州
父通善卽前行豊儲倉直長 鶴齡
○幼學文益明 仲昭
父庶均生負 翁
永感下 鴈行 兄益亨 翁益成
○幼學李濟臣 夢應 丙申 本全義 居京
父通政大夫行楊州牧使 文誠
具慶下 鴈行

청강은 1558년 생원시에 합격한 이후 성균관에 입학한 것으로 보인다. 문집에 1561년 지은 「양정시문무부(凉亭試文武賦)」, 「원춘부(元春賦)」 등이 있는데, 성균관과 사학 유생들에게 짓게 한 것이다. 「우민감조송(憂民減租頌)」 역시 1561년 성균관에서 지은 것이다. 따라서 청강은 이 무렵 성균관에 있었던 것이 분명하다.

성균관 동학들의 기록도 남아 있다. 간이 최립은 청강의 신도비 서두에 "나와 청강 이공은 성균관 유생 시절에 서로 알게 되었다"라고 했다. 최립은 1554년 생원진사시에 합격하여 1561년 문과에 급제했으니, 이 사이에 성균관에 있다가 청강을 만난 것으로 추정된다.

이 시기 청강의 심리는 1557년 22세에 지은 「청강거사의 대답[清江居士對]」에 자세하다. 이 글을 통해 청년 시절 청강의 성리학적 세계관과 인생관을 확인할 수 있다.

어떤 이가 청강거사 이 아무개에게 물었다.

"그대는 청강거사를 호로 삼았는데, 그대는 정말 지금 청강에 살고 있는가?"

내가 대답했다.

"나는 대대로 서울에 살았고 집은 남산 아래에 있다. 어떻게 청강에 살겠는가?"

"그렇다면 청강으로 호를 삼은 이유가 있는가?"

"옛 성현은 사물을 끌어다 비유한 경우가 많은데, 물처럼 쉽게 볼 수 있고 가까운 것이 없다. 그러므로 공자는 냇가에서 물을 극찬하며 '물이여, 물이여'라고 했으며, '지혜로운 사람은 물을 좋아한다'라고 했다. 맹자는 '물을 보는 데 방법이 있으니 반드시 그 물결을 보아야 한다' 했다. 주자의 「감흥시(感興詩)」에 '천 년 전 사람 마음 헤아려보니, 가을 달이 찬 물에 비치는 듯하네'라고 했으니 비단 밤낮으로 쉬지 않고 흘러 구덩이를 채운 뒤에 나아가는 점만 취한 것이 아니다. 이렇게 흘러가면 긴 강이 되고, 낮은 곳에서 그친다는 점을 취한 것이다.

또 학문을 논하는 자는 물을 거슬러 올라가는 것처럼 진보하지 않으면 퇴보한다고 했고, 명성을 논하는 자는 흐르는 물처럼 오랜 세월이 지나도 그치지 않는다고 노래했다. 오랜 옛날부터 정사를 담당하는 자는 맑은 물을 모범으로 삼았고, 가르침을 논하는 자는 담는 그릇에 따라 모양이 달라지는 물에 비유했으니, 이와 같은 예를 이루 다 기록할 수 없다.

내가 사모하는 것으로 말하자면 물결을 보라는 맹자의 뜻과 「감흥시」의 뜻이다. 강이라는 것은 모든 물줄기를 받아들여 온갖 시내의 주인이 된다. 허령한 마음은 온갖 이치를 받아들여 한 몸의 주인이 되니, 한 몸의 중대한 이치라는 점에서는 차이가 없다. 욕심이 일어나면 마음이 어지러워지고 풍파가 일어나면 강물이 탁해지니, 마음과 강이 같지 않은가. 풍파가 고요해지면 강물이 맑고, 욕심이 사라지면 마음이 밝아지니, 강과 마음이 같지 않은가. 강물의 맑고 흐림을 통해 내 마음의 밝고 어지러움을 살피니, 나는 맑은 강물에서 유추하여 내 마음을 밝게 하고

자 한다. 그러므로 내 몸은 산에 살지만 내 마음은 강에 있지 않은 적이 없다. 몸이라는 것은 외면이지 내면이 아니며, 마음은 내면이지 외면이 아니다. 몸이 있는 외면은 이름으로 삼기 부족하고, 마음이 있는 내면을 호로 삼았으므로 청강거사라고 한 것이다. 그대는 내 말을 들어보라. 내가 남산의 거사인가, 청강의 거사인가?"

어떤 이가 벌떡 일어나 말했다.

"그대는 참으로 청강의 거사로다"

이 이야기를 엮어 글을 짓는다.

조선시대 문인들의 호는 사는 곳의 지명에서 따온 것이 많다. 청강과 절친했던 율곡, 우계도 그러했다. 청강이라는 호는 선영이 있던 양근(楊根)의 강을 가리키는 듯하지만, 이 글에서는 상상의 공간임을 분명히 했다. 청강은 맑은 삶을 지향한 이념의 표상이었다.

청강은 이 글에서 청강이라는 호가 주자의 「감흥시」에서 따온 것이라고 밝혔다. 「감흥시」의 정식 명칭은 「재거감흥(齋居感興)」으로, 주자가 복건성(福建省) 건양현(建陽縣)에 은거하던 44세에 지은 작품이다. 이 시는 주자의 학문과 사상이 응축된 작품으로 평가된다. 이 시에 담긴 깊은 뜻을 이해하기 위해 후대의 학자들이 주석을 덧붙였다. 주자의 「감흥시」와 후대 학자들의 주석을 엮은 『재거감흥주해(齋居感興註解)』는 이미 1553년 이정(李楨, 1512~1571)이 청주(淸州)에서 간행했다. 청강은 이러한 책을 통해 「감흥시」의 깊은 의미를 이해하고자 했을 것이다.

청강이 인용한 "천 년 전 사람 마음 헤아려보니, 가을 달이 찬 물에 비치는 듯하네[恭惟千載心, 秋月照寒水]"라는 구절은 「감흥시」 제10수에 나오는 말이다. 옛 성현의 마음을 맑고 투명한 물에 비유한 구절이다. 송시열의 수제자 권상하의 호 한수재(寒水齋) 역시 이 구절에서 따온 것이다.

청강은 권상하와 달라 성리학자라기보다는 실무 관료에 가까운 인물이었지만, 그가 지향한 인간상은 도학자였다. 청강은 '청강' 외에도 '고동산인(古同山人)', '태평한인(太平閒人)' 등 여러 가지 호를 썼는데, 평생 사용한 것은 22세에 지은 청강이라는 호였다. 그가 마음속으로나마 도학자를 지향했다는 사실은 이로써 짐작할 수 있다.

흥미로운 것은 후세의 문인들이 청강을 거론할 때 반드시 '선생'이라는 호칭을 붙였다는 점이다. '선생'이라는 호칭이 널리 쓰인 것 같지만, 따져보면 그렇지 않다. 도학자로서의 위상이 높은 인물이 아니면 어지간해서는 선생이라는 호칭을 붙이지 않는다. 퇴계가 자신의 묘비에 벼슬 대신 선생으로만 적게 한 것도 선생이 얼마나 영예로운 이름이었는지 짐작하게 한다.

청강은 성리학에 관계된 저술을 남기지 않았다. 그런데도 후세의 문인들은 청강을 일컬을 때마다 '청강선생'이라고 했다. 사위 신흠이나 외손 신익성 등이 '청강선생'이라고 부르는 것이야 그렇다 하더라도, 그 밖의 문인들도 청강을 거론할 때는 늘 '청강선생'이라고 했다.

  (이수준의) 부친은 휘가 제신이니, 북병사를 역임하고 죽었다. 바로
세상에서 청강선생이라고 하는 분이다.[29]

  (신익성의 모친 전의이씨의) 부친은 휘가 제신이니, 세상에서 청강선생
이라고 하는 분이다.[30]

  (이명준의) 부친 제신은 함경북도 병마절도사를 역임하고 영의정에
추증되었으니, 세상에서 청강선생이라고 하는 분이다.[31]

  근세에 이제신이라는 분이 있었으니 문무전재(文武全才)로 선조조의
명신(名臣)이 되었다. 세상에서 이른바 청강선생이라고 하는 분이다.[32]

  이처럼 청강을 '선생'으로 지칭한 기록은 숱하게 발견된다. 도학
자도 아닌 인물에게 이러한 호칭이 붙은 이유는 무엇일까. 선조의
사위로서 청강의 외손 신익성과 가까운 사이였던 박미(朴瀰)의 언급
에서 단서를 찾을 수 있다.

  내가 어릴 적 어른들에게서 청강 이 선생에 대한 이야기를 들은 적이
있었다. 명종 말년에 고문사를 수련하여 널리 알려졌으며, 행실과 절개

는 더욱 뛰어나 당시 무거운 명망이 있어 학자와 관원들의 인정을 받았다고 한다. 생원시에 높은 성적으로 급제하고 천거를 받아 관각에 들어가니, 사람들이 조만간 정승이 될 것이라고 여겼다.[33]

청강은 도학자와 거리가 멀었으나 '고문사'를 단련한 문장가였다. 후술하겠지만, 그는 조선 중기 문단을 풍미한 명대(明代) 고문사파(古文辭派) 문학을 선구적으로 도입했다. 그는 엘리트 관료로 문한직을 역임했으며, 시대를 선도한 문장가임에 분명하다.

그러나 이것만으로는 '선생'이라는 호칭을 얻기 부족하다. 주목할 것은 행실과 절개가 뛰어나 명망이 있고 널리 인정을 받았다는 점이다. 청강은 훗날 청백리로 선발되었을 정도로 청렴결백했으며, 그의 일생에서는 이렇다 할 흠결을 찾아보기 어렵다. 이것이 그가 '선생'이라는 호칭을 얻게 된 이유일 것이다.

문과에 급제하다

청강은 1560년 도성에서 가까운 한 시골 마을에 잠시 머물게 되었다. 조부와 부친이 다스리던 양주로 추정된다. 청강이 보기에 제법 많은 백성이 살고 있었다. 그런데 5년 뒤 다시 찾은 그곳은 달랐다. 주민은 줄어들고, 곳곳에 빈 집이 있었다. 남아 있는 백성은 비바람도 가리지 못하는 부서진 집에서 살고 있었다. 주민에게 물어 보니, 족징(族徵)을 견디지 못한 이들이 떠났기 때문이라고 했다. 족 징이란 받아내지 못한 세금을 친족에게 추징하는 악습이다. 이 때 문에 주민이 갈수록 줄어들고, 남아 있는 주민들도 세금 독촉을 견 디지 못해 떠날 수밖에 없는 형편이었다. 청강은 한탄하며 「백성의 어려움에 대하여[民生難說]」라는 글을 지어 이 실상을 기록으로 남겨 두었다. 백성을 염려하는 따뜻한 마음은 청강이 평생 잃지 않은 소 중한 자산이었다.

1563년, 청강의 나이 28세에 조모 유씨(柳氏)가 위독해졌다. 당시 청강의 부친은 경상우도 병마절도사로 지금의 마산인 합포(合浦)에 나가 있었다. 유씨가 위독하다는 소식을 들은 청강의 부친은 급히 사직을 청했으나 조정에서는 변방 수령의 사직을 함부로 허락할 수 없다는 이유로 반려했다. 청강의 부친은 거듭 사직을 청하여 간신 히 허락을 받고 하루에 수백 리를 달려 서울로 향했다. 그러나 때는 이미 늦어 중도에 부음을 받고 말았다. 유씨는 임종을 앞두고 "더할 나위 없는 봉양을 받았으나 얼굴을 보고 영결하지 못하는 것이 한 스럽다"라는 말을 남기고 눈을 감았다.

청강의 조부는 일찍 세상을 떠났고, 청강의 부친은 관직 때문에 늘 외지를 전전했다. 조모 유씨는 이들을 대신하여 청강을 돌보았 다. 유씨의 죽음은 청강에게도 큰 상처였다.

유씨는 세상을 떠나기 몇 달 전 자신의 죽음을 예감한 듯 옷과 이

불을 모두 넣어 햇볕에 말렸다. 그리고 청강을 불러 자기가 죽거든 당황하지 말고 이것들로 염습하라고 당부했다. 청강은 유씨를 애도하는 제문에서 "곁에서 모신 세월이 짧지 않으나 선한 사람이 되지도 못했고 과거에도 급제하지 못하여 가르침을 저버렸다"라고 애통해했다. 당시 청강은 아직 문과에 급제하지 못했기 때문에 이렇게 말한 것이다.

조모 유씨가 세상을 떠난 이듬해인 1564년 청강은 29세의 나이로 문과에 급제했다. 3년에 한 번 열리는 식년시(式年試)였다. 똑같은 급제라도 정기 시험인 식년시에 급제했는지, 비정기 시험인 별시(別試)에 급제했는지에 따라 위상이 다르다. 식년시가 별시보다 높은 평가를 받는다.

조선시대 문과는 33명을 뽑는다. 성적은 갑과(甲科) 3명, 을과(乙科) 9명, 병과(丙科) 21명의 3등급으로 나뉜다. 청강의 문과 성적은 을과 4위, 총 33명의 급제자 가운데 7등에 해당한다. 비교적 높은 성적이다.[34]

『청강소설』에 따르면 청강은 이 해 과거를 보기에 앞서 맹인 점쟁이를 찾아갔다. 생원시에 합격한 지 6년이 다 되도록 문과에 급제하지 못하고 있는 상황이었으니, 조바심이 났을 것이다. 청강이 점쟁이에게 물었다.

"너는 올해 장원이 누군지 알겠느냐?"

맹인이 말했다.

출토 유물

1967년 서울 대방동에 있던 청강의 조부 이인손의 묘소에서 출토된 철릭과 직령. 이인손이 사용하던 것으로 추정된다. 문중 소장.

문과방목

조선시대 문과 합격자 명단 『국조문과방목(國朝文科榜目)』. 청강은 1564년 문과에 급제했다. 성적은 을과 4위로 33명 중 7등에 해당한다. 서울대학교 규장각한국학연구원 소장.

"병신생(1536)이고 이씨입니다."

청강은 이 말을 듣고 내심 자기가 장원을 차지할 것이라 기대했던 모양이다. 청강은 병신년에 태어난 데다 이씨였기 때문이다. 청강이 맹인에게 자기 사주(四柱)를 내어주며 말했다.

"이 사람이 병신생이고 이씨다."

그러나 사주를 살펴본 맹인은 고개를 저으며 이렇게 말했다.

"이 분은 높은 성적으로 급제하겠지만 장원은 아닙니다."

합격자가 발표되자 과연 맹인의 말대로였다. 청강은 높은 성적으로 급제했으나 장원은 아니었다.

이 시험의 장원은 다름 아닌 율곡이었다. 율곡은 1536년 병신생인 데다 이씨였으니, 맹인 점쟁이의 말이 들어맞은 셈이다. 청강은 이 이야기를 전하며 율곡이 장원을 차지한 것은 뛰어난 재주 덕택이기도 하지만 하늘이 정한 운명이라 했다.

율곡은 중간시험까지 합쳐 총 9번 장원을 차지하여 '구도장원(九度壯元)'으로 일컬어졌다. 조선 과거 역사상 전무후무한 기록이다. 율곡 외에도 명필로 이름난 김현성(金玄成, 1542~1621), 훗날 대제학을 역임한 홍성민(洪聖民, 1536~1594) 등이 청강과 함께 급제했다.

청강과 율곡의 친분을 알려주는 일화가 있다. 율곡은 문과에 장원한 뒤로 심한 고초를 겪었다. 한때 머리를 깎고 승려 노릇을 했다는 소문이 파다했기 때문이다. 실제로 율곡은 모친 사임당이 세상을 떠나자 삼년상을 치른 뒤 1554년 금강산에 들어갔다. 율곡을 공격하는 이들은 이 문제를 집요하게 물고 늘어졌다.

율곡을 변호하는 쪽에서는 절대 그런 일은 없었다고 강력히 반박했다. 이 과정에서 청강이 증인으로 거론되었다. 율곡이 과거시험장에 들어갔을 때 청강이 장난삼아 그의 두건을 벗기자 주먹만 한 상투가 드러났는데, 당시 과거시험장에 있던 수많은 선비들이 모두 목격했다는 것이다. 만약 율곡이 머리를 깎고 승려가 되었다면 상투가 남아 있을 리 없으니, 율곡이 출가했다는 소문은 거짓이라는 주장이다.[35]

이 이야기가 과연 사실인지는 알 수 없다. 그렇지만 청강은 율곡과 동년 급제자로서 평생을 함께했던 것은 분명한 사실이며, 서로 격의 없이 장난칠 정도로 절친한 사이였다는 것은 널리 알려져 있었다. 두 사람은 훗날 절도사와 병조 판서로 근무하게 되는데, 상하 관계이면서도 오랜 친분에 바탕을 둔 동지와 같은 관계였다.

4

실무 관료

출셋길이 열리다

1564년, 문과에 급제한 29세의 청강이 처음으로 임명된 관직은 승문원 권지정자(權知正字)이다. 승문원은 외교 문서 작성에 관한 업무를 담당하는 관청이며, 권지정자는 승문원의 최하급 관원으로 업무를 익히는 일종의 임시직이다.

원래 문과 급제자들은 승문원, 성균관, 교서관의 세 관청 가운데 한 곳에 배치된다. 이를 분관(分館)이라 한다. 분관을 결정하는 기준은 문과 급제 성적이다. 가문의 위상과 부친의 관직도 고려 대상이다. 이러한 요소들을 종합적으로 고찰하여 상위 그룹은 승문원, 다음은 성균관, 교서관 순으로 발령한다. 이 중 승문원은 추후 요직에 임명할 초급 관원들을 배치하는 일종의 인재풀이다. 을과로 급제한 청강은 상위권에 속했으므로 승문원에 배치된 것이다. 청강은 관직 생활의 출발부터 유리한 고지를 점한 셈이다. 승문원에 배치된 관원들은 으레 계를 맺고 관직 생활 내내 교유를 계속했는데, 청강도 이때 계를 맺은 사실이 확인된다.[1] 삼성미술관 리움이 소장하고 있는 〈괴원장방계회도(槐院長房契會圖)〉는 이 계회의 현장을 묘사한 그림이다.

이듬해인 1565년, 청강은 승문원 부정자로 승진하고 이어서 홍문관으로 자리를 옮겼다. 홍문관에 들어갔다는 사실은 중요하다. 홍문관은 대궐의 경전을 관리하고 문학을 담당하며 국왕의 자문에 응하는 기관이다. 정치와는 거리가 먼 것 같지만, 성종조 이후 경연(經筵)의 정치적 위상이 강화되면서 홍문관의 위상도 따라서 높아졌다. 홍문관은 사간원, 사헌부와 함께 삼사(三司)로 일컬어졌으며, 국왕의 모든 정치적 행위에 대한 간언을 담당했다. 홍문관 관원은 결원이 생길 때만 보충하고, 그 절차도 지극히 복잡했다.

홍문관에 들어가기 위해서는 반드시 홍문록(弘文錄)이라는 선발 과정을 거쳐야 한다. 문과 급제자 가운데 우수한 후보자들을 골라 명단을 작성하면 전현직 홍문관 관원들이 후보자의 이름 아래 동그라미(권점)를 친다. 동그라미를 많이 받은 사람이 선발되는 것이다. 문벌과 능력, 평판 등을 종합적으로 고려하는 일종의 투표이다.

홍문록이 끝이 아니다. 홍문록을 통과한 사람을 대상으로 고위 관료들이 다시 한 번 투표를 한다. 이것이 도당록(都堂錄)이다. 치열한 경쟁을 뚫고 문과에 급제한 사람들 가운데서도 장래가 촉망되는 우수한 이를 또다시 가려내는 절차이다. 이렇게 복잡한 과정을 거쳐야 비로소 홍문관 관원이 될 자격을 얻는다.

연보에 따르면, 이 해 청강은 창경궁 양화당(養和堂)에서 명종이 홍문록 선발자들을 대상으로 개최한 시험에서 시를 지어 1등을 차지해 상을 받았다고 한다. 명종이 양화당에서 홍문록에 선발된 문관들을 시험한 일은 실록에도 실려 있다.[2]

이때 출제된 시는 칠언율시와 오언율시 두 종류였다. 칠언율시는 「삼강령과 팔조목을 읊다[詠三綱八目]」, 「정일과 집중을 읊다[詠精一執中]」, 「치중화를 읊다[詠致中和]」 세 편이었다. 모두 『대학』에 나오는 개념이다. 오언율시는 「육절과 육문을 가르치다[敎六節六文]」, 「선을 쌓으면 넉넉한 경사가 있다[積善有餘慶]」 두 편이다. '육절'은 쇄(灑)·소(掃)·응(應)·대(對)·진(進)·퇴(退)로 처음 학문을 배우는 사람이 주의해야 할 여섯 가지 몸가짐이며, '육문'은 예(禮)·악(樂)·사(射)·어(御)·서(書)·수(數)로 선비의 기본 소양이다. 『청강소와』에 이 다섯 편의 시가 모두 실려 있고, 양화당에서 지은 것이라는 주석도 달려 있으니, 청강이 이때 시험에 참여한 것은 분명하다.

1566년, 청강은 예문관 검열에 임명되었다. 예문관은 국왕 문서의 작성을 담당하는 관청인데, 홍문관보다도 들어가기 힘든 곳이었다. 검열은 예문관에 들어가는 관원에게 처음 주어지는 관직인데,

원칙적으로 1년에 단 2명만 선발한다. 역시 결원이 있는 경우에 한정하여 선발한다.

예문관 검열은 한림(翰林)이라 불린다. 주요 업무는 역사 기록으로, 흔히 사관(史官)이라고도 한다. 사화로 몰락한 사림(士林)이 다시 득세하는 이 시기, 성리학적 명분에 의거하여 사필(史筆)을 잡고 국왕과 신료의 언행을 평가하는 예문관 검열은 최고의 청직(淸職)으로 손꼽혔다. 이 시기 예문관 검열 출신의 당상관 진출이 약 70퍼센트에 달했다는 연구 결과를 고려하면,[3] 승문원 분관에 홍문관, 그리고 예문관까지 거친 청강의 앞에는 탄탄대로가 펼쳐진 것이나 다름없었다.

남명과의 두 번째 만남

청강은 어릴 적 남명을 만난 이후 그를 존경하며 스승으로 여겼으나 다시 만날 기회를 얻지 못했다. 이 무렵 남명은 명종의 부름을 계속 거절하며 고향에 머물러 있었다. 1566년 명종은 종친들이 무식하다며 한탄한 나머지 훌륭한 스승을 뽑아 가르치라는 명을 내리고 남명에게 6품의 벼슬을 주어 나오게 했다. 그러나 남명은 병을 핑계 대고 나아가지 않았다. 명종은 이 해 8월 28일 내의원을 통해 조식에게 약제를 내리면서 몸조리한 뒤에 다시 올라오라고 명하고 상서원 판관의 벼슬을 내렸다. 남명은 이미 여러 차례 부름을 거절했기에 한 번은 서울에 올라와 사은숙배하지 않을 수 없는 상황이었다.

남명이 서울에 오자 조정의 관리들이 몰려와 인사를 올리고 질문을 했다. 그러나 남명은 사람들이 무엇을 물어도 모두 대답하지 않고 오로지 농담으로 응수했다. 명종이 경연에 입시하라는 명을 내리자 남명은 대궐로 나아갔다.

당시 청강은 예문관 검열로 재직 중이었는데, 이때 남명을 먼발치에서 바라보았다. 21년 만의 만남이었다. 명종이 남명을 사정전(思政殿)으로 불러들였을 때도 청강이 배석했다. 예문관 검열은 사관으로서 국왕의 언행을 기록할 책임이 있었기 때문이다.

당시 명종은 미리 질문지를 만들어 남명에게 주고는 답변을 요구했다. 하지만 남명은 질문에는 답하지 않고 이렇게 말했다.

"신은 전하께서 하문하신 것 외에 아뢰고자 하는 말이 있습니다."

명종이 말했다.

"말하라."

남명은 임금과 신하가 서로를 믿어야 한다는 점과 백성이 흩어져 마을이 텅 비었다는 사실을 아뢰었다. 명종이 다시 물었다.

"옛날에 삼고초려를 받은 신하가 있었는데, 어째서 한 번 찾아갔을 때 오지 않고 세 번이나 찾아간 다음에 나왔는가?"

남명이 거듭 부름을 어기다가 이제야 온 이유를 삼고초려에 빗대어 물은 것이었다. 남명이 대답했다.

사정전(思政殿)

경복궁의 편전(便殿)이다. 1566년 청강은 이곳에서 남명과 두 번째이자 마지막 만남을 가졌다. 경복궁 관리소 제공.

"그것은 제갈량의 일입니다. 감히 감당할 수 없다고 여겼기 때문입니다. 제갈량이 50년 가까이 나라를 다스렸으나 겨우 정족지세(鼎足之勢)를 이루었을 뿐, 한(漢)나라 왕실을 부흥시키지는 못했습니다. 그의 재주 또한 알 만합니다."

제갈량은 유비가 세 번이나 찾아간 끝에 비로소 세상에 나왔으나 끝내 한나라를 부흥시키지는 못했다. 남명은 제갈량조차도 세상에 나오기에는 역량이 부족했다고 보았다. 자기도 지금의 세상을 바로잡을 역량이 부족하니 함부로 나오지 못한 것뿐이라는 겸손의 말이었다. 명종과 남명의 대화는 『청강소설』에 기록되어 있다. 배석한 청강이 이들의 대화를 남김없이 기록했기 때문이다.

청강은 모처럼의 기회를 이용하여 남명을 따로 만나고자 했으나 예문관 규정상 함부로 대궐을 나갈 수 없었다. 머뭇거리는 사이 남명은 다시 고향으로 내려가고 말았다. 남명과의 두 번째 만남은 이렇게 허무하게 끝났다. 청강은 훗날 남명에게 보낸 편지에서 이때의 일을 이렇게 회상했다.

선왕(명종) 말년에 선생께서 특별히 임금의 부름에 응하셨습니다. 저는 예문관 검열로 붓을 들고서 관원들의 반열에 있었는데, 합문(閤門)에 모여 앉을 때 선생의 빛나는 얼굴을 기쁜 마음으로 바라보았습니다. 그러다가 어전에 나왔을 때 분명히 아뢰는 말씀을 듣고서는 마음속으로 성대한 일을 보게 되었으니 다행이라고 여겼습니다. 묵고 계신 집으로 찾아뵙고 싶은 마음 간절했으나 미관말직인 데다 예문관 규정상 숙직한 관료는 하루도 합문을 나갈 수 없어 답답해하고 있었는데, 선생께서는 이미 남쪽을 향해 길을 떠나셨습니다.[4]

이 편지는 청강이 1570년 울산 군수로 부임했을 때 남명에게 보낸 것이다. 연보에서는 청강이 어린 시절 남명을 만난 뒤 1560년 남명의 문하에서 수학하고 1569년 남명과 함께 자의(諮議) 박태수(朴台壽)의 생일잔치에 갔다고 했다. 그러나 연보의 기록은 믿기 어렵다. 이 편지를 보면 청강은 1566년 대궐에서 남명을 잠깐 대면한 뒤 한번도 만난 적이 없었다는 사실을 알 수 있다.

청강과 남명의 만남을 시사하는 책으로 『북원수회첩(北園壽會帖)』이 있다. 이 책은 1569년 3월 9일, 인왕산 자락 장동(壯洞)에서 열린 박태수의 장수를 축하하는 시를 모은 것이다. 서두에 참석자 명단이 실려 있는데 퇴계와 남명은 물론, 성혼과 우계도 보인다. 이 밖에 백인걸, 이준경, 기대승, 윤두수, 유성룡, 정철 등 쟁쟁한 인물들이 가득하다. 청강을 포함하여 총 24명이다. 시는 총 20수가 실려 있으나 청강의 시는 보이지 않는다. 권두에 퇴계와 정유길의 서문이 있는데 박태수의 효성을 칭송하고 그의 가계를 서술하는 내용이다.

그러나 『북원수회첩』은 의심스러운 데가 무척 많다. 이황과 정유길의 서문은 물론 이황, 기대승, 이이 등의 시 역시 이들의 문집에 실려 있지 않다. 『북원수회첩』의 참석자 명단은 남명뿐만 아니라 우

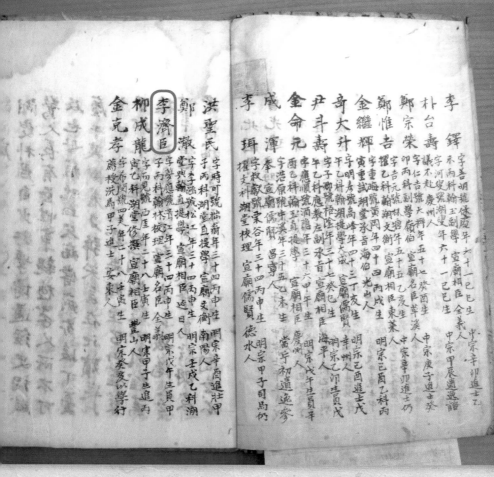

「북원수회첩」
1569년 제작한 것으로 알려진『북원수회첩』. 남명과 청강의 이름이 실려 있다. 이 책은 후대에 편찬된 것으로, 위서(僞書)로 의심된다. 국립중앙도서관 소장.

계, 율곡, 퇴계 등 당시의 유명 인사를 망라하고 있다. 만약 이들이 한자리에 모였다면 이들의 문집에 관련 기록이 있을 법한데, 아무런 기록도 찾을 수 없다.

또 책의 형태와 내용은 아무리 보아도 그 당시의 문헌으로 볼 수 없다. 명단에 실려 있는 인물들 이름 아래 '선조조 유현', '선조조 명신' 등의 기록이 보이는데, 선조라는 묘호(廟號)는 사후에 내려진 것이다. 이 책이 1569년 선조 당시의 문헌이라면 이러한 표현을 쓸 수 없다. 따라서 이 책은 후대에 만들어진 것이 분명하다. 원본을 베낀 전사본(轉寫本)으로 볼 수도 있겠지만, 수록된 시문은 문집을 비롯한 다른 문헌에서 전혀 발견되지 않는다. 박태수의 후손들이 후대에 만든 문헌으로 의심된다. 청강의 후손들이 이 책을 열람하고 연보에 수록한 듯하다.

결국 청강과 남명의 만남은 단 두 번뿐이었다. 첫 번째는 어린 시절의 만남이었고, 두 번째는 먼발치에서 바라본 것이 전부였다. 이 점을 고려하면 청강을 남명의 문인으로 보기는 어렵다. 그러나 청강이 실천을 중시하는 남명의 영향을 어느 정도 받았다는 사실만은 부정하기 어렵다. 직접 가르침을 받지는 않았지만 청강의 상무적 기질이나 학문적 경향은 남명의 제자들과 유사한 측면이 있다.

중국 땅을 밟다

1568년 청강은 율곡 이이, 동강 김우옹과 함께 제술관(製述官)에 임명되었다고 연보는 전한다. 제술관은 명나라 사신과 시문을 주고받는 일을 전담하는 직책이다. 세 사람의 문학적 재능으로 보아 충분히 가능성 있는 일이지만, 당시의 기록과는 맞지 않는다. 이 해 2월 명나라 사신이 온 것은 사실이나 율곡과 동강이 제술관이었다는 기록은 보이지 않는다. 김우옹 행장에 따르면 김우옹은 이 시기 관직에 나아가지 않았으며, 그가 명 사신의 제술관에 임명된 것은 1582년이다.

청강의 발언에서 확인할 수 있는 것은 1569년 8월 8일, 동지사(冬至使)의 서장관(書狀官)에 임명되었다는 사실이다.[5] 동지사는 동짓날을 축하한다는 명목으로 정기적으로 파견하는 사신이다. 사신단은 적게는 수십 명, 많게는 수백 명 규모였다. 정사(正使)가 총책임자로 사신단을 지휘하며, 부사(副使)는 그다음 서열로 정사를 보좌한다. 서장관의 서열은 그다음이다. 정사와 부사, 서장관을 삼사(三使)라고 하는데, 사행의 성패는 이 세 사람에게 달려 있다. 당시 정사는 유종선(柳從善, 1519~1578), 부사는 박승임(朴承任, 1517~1586)이었다. 모두 청강보다 15세 이상 연상이었으나 청강이 사행에서 지은 시에서 이들의 자(字)를 언급하곤 하는 걸 보면 청강과는 가까운 관계였던 듯하다.

유희춘(柳希春, 1513~1577)의 『미암일기(眉巖日記)』에는 이런 기록이 있다. 청강이 서장관에 임명된 날 유희춘은 사신이 가지고 가는 표문(表文)을 점검하는 배표(拜表) 의식을 거행하고, 사신 일행과 작별 인사를 나누었다고 한다. 청강이 임명된 한날에 배표를 거행했다면 청강은 갑작스레 임명된 것으로 보인다.

서장관의 첫 번째 업무는 사신단의 감찰이다. 청강이 중국으로 가던 도중에 지은 작품에서 "간사한 짓 막을 내 재주 틀렸으니, 누가 일행의 마음 진정시킬까[防奸吾術左, 疇壓一行心]"[6]라고 걱정한 것도 이 때문이다. 서장관은 원칙적으로 정사와 부사를 감시하는 입장에 놓여 있으나, 실제로 이들은 공동 운명체에 가깝다.

특히 청강은 부사였던 박승임과 절친했다. 박승임의 문집 『소고집』에는 청강과 주고받은 시가 여러 편 실려 있다. 게다가 박승임은 청강 부친의 묘갈명까지 써주었으니, 보통 사이가 아니었음은 분명하다. 박승임은 영남 남인(南人)에 속하는 인물이니, 청강이 당파를 넘어서는 교유를 맺었다는 사실을 확인할 수 있다.

서장관의 두 번째 업무는 기록이다. 이들은 출발부터 복귀에 이르기까지의 전 과정을 기록으로 남긴다. 이를 조천록(朝天錄) 또는 연행록(燕行錄)이라고 한다. 조선이 중국에 사신을 파견한 횟수가 수백 회에 이르는 만큼, 현재 남아 있는 연행록도 상당하다. 그러나 청강이 사신으로 갔을 때의 연행록은 남아 있지 않다. 이 때문에 청강의 사행 과정은 자세히 알 수 없다. 단지 청강이 연행을 다녀오는 과정에서 남긴 시를 통해 추정할 뿐이다.

사행 경로는 모든 사신단이 크게 다르지 않으므로, 청강 역시 기존의 사행 경로를 따라 다녀왔을 것이다. 청강은 여정 내내 정사 및 부사와 시를 주고받았다.

큰 의리 입어 몸을 허락했으니	許身蒙大義
명령 따라 남은 목숨 바쳐야지	奔命效殘生
그저 대궐을 그리는 꿈만 꿀 뿐	戀闕空馳夢
어버이 그리움은 토로하지 못하네	思親未吐情[7]

청강이 사행을 떠난 지 얼마 되지 않아 지은 시다. 군신의 의리를 맺었으니 임금의 명이라면 따라야 한다. 나랏일이 중하니 집에 계신 부모님을 그리워하는 마음은 토로할 처지가 못 된다고 했다. 청강은 이러한 마음으로 외교 사절로서의 임무를 수행하고자 했다.

중양절에 의주 취승정(聚勝亭)에서 지은 시가 있으므로 9월 중순에는 압록강을 건넌 것으로 보인다. 압록강을 건너면 곧 구련성(九連城)이다. 구련성은 당시 황폐해져 있었는데, 당시 사신단은 국경을 나가면 얼마 못 가 여진의 습격을 받곤 했다. 이 때문에 명나라는 조선 사신을 보호하기 위해 의주에서 30리 떨어진 구련성 옆에 성을 쌓았다. 이후로 이곳은 압록강을 건넌 조선 사신단이 처음 묵는 숙소가 되었다. 청강이 포함된 사신단이 이곳에 도착했을 당시는 공사가 다 끝나지 않아 건물이 미비한 상황이었다. 사신단은 불편을 감수하고 이곳에 하루를 묵었다.

곧이어 요동성(遼東城)에 도착한 사신단은 회원관(懷遠館)에서 귀국하는 천추사 서장관 윤탁연(尹卓然)을 만나고, 요동 경력사 도사의 아들 주종희(朱宗羲), 주종우(朱宗禹) 형제를 만났다. 이후 의무려산(醫巫閭山)의 산신을 모신 북진묘(北鎭廟)에 들렀다가 조가장(曹家莊)에 묵었다. 주필산(駐蹕山)과 연산(連山)을 지나 마침내 산해관(山海關)에 도착하여 바다의 시황도(始皇島)를 바라보고, 칠가령(七家嶺)을 넘어 진자점(榛子店)에 묵었다. 풍윤현(豊潤縣)에 당도했을 때는 성에 들어오는 것을 허락받지 못하여 한참 동안 성 밖에서 대기하기도 했다.

옥전현(玉田縣)을 거쳐 삼아현(三阿縣) 가는 길에서 눈을 맞으며 저녁에 통주(通州)에 도착했다. 이어 북경에 도착한 일행은 조선 사신단의 숙소로 제공된 옥하관(玉河館)에 머물면서 대궐에서 열리는 조회에 참가하고 예부(禮部)에서 주최하는 회동관(會同館) 연회에도 참석했다. 청강은 북경에 머무는 동안 송나라의 충신 문천상(文天祥)이 죽음을 당한 시시(柴市)를 구경하고 시를 지었다.

청강 일행은 임무를 마쳤으나 곧바로 귀국길에 오르지 못하고 한동안 북경에 머물렀다. 이때 조회의 반열(班列) 문제로 명나라 측과 마찰이 있었다. 당시 외교 사절을 관장하는 홍려시(鴻臚寺)에서는 조선 사신의 위치를 관직 없는 선비와 평상복을 입은 사람 뒤에 배치했다. 또 조회할 때도 황극문(皇極門)으로 들어가는 것을 허락하지 않

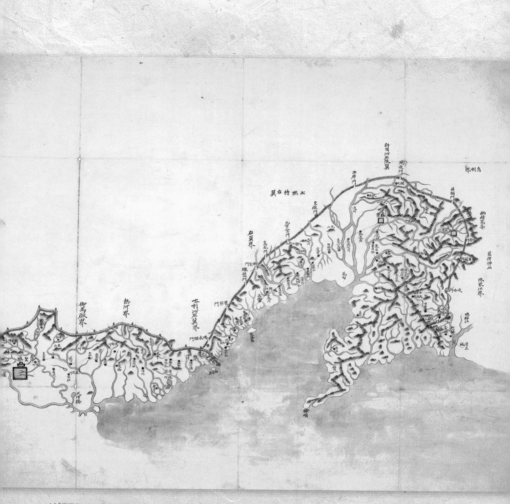

사행로(使行路)

의주에서 북경까지 가는 조선 사신의 여정을 표시한 지도. 붉은 선이 사행로이다. 출발에서
귀환까지 보통 6개월 정도가 걸린다. 『여지도(輿地圖)』 중 〈의주북경사행로(義州北京使行路)〉,
서울대학교 규장각한국학연구원 소장.

고 문밖에서 예를 거행하게 했다. 청강 일행은 예부에 글을 올려 이를 바로잡도록 요청했다. 예부에서는 요청을 받아들여 영구히 법식으로 삼았다. 『청강집』에 실려 있는 「제독 왕주사에게 올리다[上提督王主事書]」라는 글이 이것이다.

청강이 사행 때 지은 시문은 '관광록(觀光錄)'이라는 이름으로 엮은 듯하다. '동래후인(東萊後人)'이라는 인물이 청강의 관광록을 읽고 쓴 시가 『청강소와』에 실려 있다. 그러나 관광록은 지금 전하지 않는다. 관광은 문명의 빛을 본다는 뜻으로, 조선 문인들이 중국에 사신으로 가서 지은 시문을 모은 시집의 이름으로 자주 쓰였다. 청강과 동행한 박승임의 문집 『소고집(嘯皐集)』에도 「관광록」이 있다. 사행에서 지은 시를 모은 것이다. 여기에 수록된 시를 통해 당시 사행의 여정을 대략 파악할 수 있다.

한편 김명시(金命時)의 『무송소설(撫松小說)』에 이런 이야기가 있다. 청강이 사신으로 갔을 때 최경창(崔慶昌)이 질정관(質正官)으로 따라갔다. 청강 일행이 평양에서 술을 마시는데, 청강을 모시는 기생이 취하여 말에서 떨어졌다. 그러자 최경창이 직접 부축하고 차가운 참외를 구해다 먹였다. 당시 평안도 관찰사 오상(吳祥)이 화공을 시켜 이 장면을 그리게 했다. 〈취한 여인을 부축하는 그림[扶醉娥圖]〉이다. 오상은 이 그림을 병풍으로 만들고 사람들에게 시를 지어 붙이게 했다. 『청강소와』에도 이 사건을 소재로 지은 시가 실려 있다.

울산에서

중국에서 돌아온 청강은 이듬해(1570) 가을 울산 군수에 임명되었다. 최립의 신도비명에 따르면 당시 조정에서는 울산에 토호가 많아 다스리기 어려우니 재주와 명망이 있는 문신을 보내어 그들을 억눌러야 한다고 보았다. 그리하여 신임 군수를 무려 세 차례나 바꾸어 발령한 뒤에야 청강을 임명했다고 한다. 울산은 본디 무관을 수령으로 임명하는 곳인데, 청강이 임명된 것은 이 때문이다.

이처럼 무관 수령을 발령해야 하는 곳에 문관을 발령하는 일이 종종 있었다. 청강 역시 "(울산은) 남쪽 끄트머리에 있어 백성이 다스림을 받지 못하여 간사한 짓이 늘어나고 부채가 많아 세 번이나 군수를 바꾸었다"[8]라고 했다. 조정이 자신을 군수로 임명한 의도를 정확히 파악하고 있었던 것이다.

청강이 부임할 때는 이미 한겨울이었다. 온 가족을 이끌고 서울을 떠난 지 9일 만에 경상도 상주에 도착했다. 이때 다섯째 딸 종랑[從娘, 초명은 종순(從順)]이 천연두에 걸렸다. 그러나 지체할 수 없는 길인지라 종랑은 어머니의 품에 안겨 가마를 타고 울산으로 향했다. 결국 종랑은 길에서 세상을 떠났다. 겨우 네 살이었다. 청강의 행차가 신령현(新寧縣), 지금의 영천에 도착했을 때의 일이었다. 청강은 딸의 시신을 그대로 울산으로 운구하여 성 북쪽에 임시로 묻었다가 이듬해 봄 한강 남쪽 금천(衿川)에 안장했다. 청강은 피눈물을 흘리

從順全義李濟臣夢應第五女惠旦李也得毀孃鍾
慉余嘗奉使在嶺改命曰從孃隆慶庚午蔚山郡政
官居臺府特以地在南角民不見治奸滋而負逋多
為彫瘵邑口三易新除守余以春官卽受命盡室
以行皆天涯自京九日兩到尙州孃發痘疫毋南民
臥抱廬輪內至新寧縣死焉以尸赴郡殯殮城北明
春歸瘞裕川島楊原家塋　四歲夭未及殤呼何短
也昔韓文公殤女挐死於道余甞悼之今阿繠
也兩寅丁卯間余在翰林及是冬一特同徐外出者
三人晩而與女君士默鄭君弘達並有子表抑有數
者在邪又何恠也銘曰就骙也而有生一出門而
不歸從此祖與二兄牽魂骨之有依　全義李某好是

종랑 광명(從娘壙銘)

1570년 네 살로 세상을 떠난 다섯째 딸 종랑의 짧은 생애를 기록한 글. 『청강집』에도 실려 있다. 청강의 친필이다. 고려대학교 박물관 소장.

며 손수 광명(壙銘)을 지어 딸의 무덤에 넣었다.

울산에 도착한 청강은 먼저 향회(鄕會)에 통고문을 보냈다. 향회는 지방에 거주하는 사대부들의 자치 조직이다. 명목은 수령을 보좌하여 통치를 돕는 것이지만, 실상은 지역 토호를 대변하는 이익 단체로서 수령과 대립각을 세우곤 했다. 통치를 위해서는 이들의 협력이 필수적이었다.

경상도는 옛 신라의 땅으로, 역사책에서는 백성이 순박하다고 했다. 비록 세월이 오래 흘러 증거로 삼을 문헌이 없으나, 당시의 근검하고 순박한 실상은 상상할 수 있다. 우리나라(조선)에 와서는 팔도의 풍속 가운데 경상도를 으뜸으로 여기니, 도덕이 높고 문장에 뛰어난 선비가 배출되어 조정에서 활약한 자가 십중팔구였다. 그러므로 국론이 경상도를 인재의 창고라고 한다. 역대 국왕의 성덕과 예의를 지키는 문풍이 낳은 결과가 아니겠는가.

울산군은 경주와 이어져 하루 거리도 되지 않으니, 오래된 가문의 유풍이 필시 다른 고을보다 나을 것이다. 그런데 지금 보니 고을의 풍속이 좋지 않은 것은 아니지만 간혹 재물을 늘리는 토호가 있고, 글공부를 좋아하지 않는 것은 아니지만 대부분 무예를 일삼는다. 책을 읽고 과거에 응시하여 진사가 된 사람은 한 사람도 볼 수가 없고, 과거에 급제하여 조정 관원이 된 사람은 무관 서너 사람뿐이다. 그래서 요즘은 조정에서 비루하게 여기고 있다. 심지어 창고에 축난 곡식이 많으니 토호가 속였다 하고, 부귀한 백성이 많으니 나라의 곡식을 이용했다고 한다. 풍속이 불손한 고을을 손꼽는 사람은 반드시 울산이라고 한다. 또 '울산에서는 온 고을 백성을 외국 사람처럼 여긴다'라고 하니 참으로 통탄스럽다. 이 것은 지나친 말이니, 어찌 이럴 리가 있겠는가.

비록 그렇지만 똑같은 경상도의 고을인데 울산만 아름다운 풍속으로 일컬어지지 않고, 똑같은 국가의 고을인데 울산만 교화가 부족하다면 울산 사람으로서 어찌 부끄럽지 않겠는가. 얼마 전에 들으니, 언관이 심하게 논하며 때려잡아야 한다고 말했다 한다. 공자는 '열 가구가 사는 작은 고을에도 충성스럽고 신의 있는 사람이 있다'라고 했다. 울산이 비록 작으나 호구가 수천을 밑돌지 않는다. 조주(潮州)처럼 궁벽한 곳에도 조덕(趙德)처럼 어진 이가 있지 않았는가. 반드시 엄하게 다스려야 한다는 사람은 울산 사람을 너무 심하게 대하는 것이 아니겠는가.

청강은 경상도가 인재의 창고이며 풍속이 순박한 곳이라 한껏 치켜세웠다. 하지만 울산은 토호가 많아 풍속이 좋지 않다는 평가를 받고 있다는 점도 덧붙였다. 아울러 문학에 힘쓰지 않고 무예를 일삼는다는 점도 문제로 지적했다.

청강은 당나라의 문장가 한유(韓愈)가 조주 자사로 좌천되었을 때의 일을 거론했다. 한유는 그곳에 학교가 없어 조정으로 진출하는 선비가 없다는 점을 안타깝게 여겼다. 그는 수재(秀才) 조덕을 고을 선비들의 스승으로 삼고, 자기 녹봉을 덜어 비용을 충당했다. 그 뒤 조주의 선비들이 학문과 덕행을 닦아 마침내 조주가 다스리기 쉬운 고을이 되었다는 이야기이다. 청강은 울산을 제2의 조주로 만들겠다는 의지를 피력했다.

나는 능력 없는 사람으로서 고을을 다스리게 되었다. 비록 식견이 어둡고 재주가 없어 고을을 다스리는 책임을 맡기 부족하지만, 백성을 다스릴 때는 사랑을 위주로 하는 것이 실로 하늘 같은 성상께서 바라시는 바이다. 천한 이들과 어리석은 백성도 다독거릴 것인데, 하물며 대대로 선비 노릇한 사람으로 평소 온 고을의 존경을 받는 사람은 어떠하겠는가.

내가 처음 이 고을에 도착하여 부득이하게 말로 통고했는데, 귀 기울여 듣고 따르는 사람을 보지 못했다. 비록 군수가 불초하여 믿음을 사지 못한 소치이지만, 여러분이 스스로를 대하는 도 역시 박하다고 하겠다. 한 고을의 풍속이 좋은지 나쁜지는 여러분이 선택할 것이니, 군수 한 사람이 불초하다고 더러운 곳에서 만족하며 부끄러워하지 않아서야 되겠는가.

여러분은 각자 부지런히 힘쓰고 서로 경계하고 권면하여 임금에게 근심을 끼치지 말고 군수의 말을 거절하지 말라. 부형 된 자는 부지런히 가르치고, 자제 된 자는 부지런히 공부하여 머나먼 바닷가 마을을 공자와 맹자의 고향 추로(鄒魯)와 같은 지역으로 바꾸라. 속임수를 쓴다는 비난을 씻어내고 순박한 처음 풍속을 회복한다면 예전에 울산 사람을 비방한 자도 마음속으로 부끄러워하고 얼굴이 붉어져 다시는 입을 놀리지 않을 것이니, 성상이 우리 백성을 다스리는 지극한 교화가 손상되지 않을 것이요, 용렬한 나에게도 영광이리라. 삼가 고하노라.(「울산의 향회에 고하는 글[蔚山告鄕會文]」)

청강은 울산의 선비들에게 문교(文敎)를 펼치겠다는 의지를 선포하는 한편, 천하고 어리석은 백성까지 사랑으로 감싸겠다는 뜻을 밝혔다. 청강은 백성의 삶에 대한 관심이 남달랐다. 젊은 시절 「백성의 어려움에 대하여」를 지은 이래 민생은 그의 관직 생활에서 항상 우선순위였다. 청강은 지방관으로 부임하는 친지들을 전송하는 송서(送序)에서도 민생을 각별히 돌보라고 당부했는데, 이는 동 시기의 송서에서 찾아보기 어려운 내용이다. 청강은 "배우지 않고 벼슬하여 백성을 다스리는 자는 도적[未學而仕, 治民者賊]"이라고 단언했다.[9] 준비되지 않은 채로 벼슬하기에 급급하면 결국 백성이 그 피해를 입게 된다는 주장이었다.

울산 군수 당시 청강의 행적은 더 이상 자세히 알 수 없다. 묘지명에서는 1572년 파직되어 돌아왔다고 했다. 토호들과의 갈등이 빌미가 되었던 것으로 보인다. 그렇지만 청강의 기억에 울산은 경치좋은 고장으로 남았다. 청강은 진주 목사로 부임한 뒤, 고려 후기의 문인으로 이곳에 귀양 와 있던 정포(鄭誧)가 지은 「울산팔경시」에 차운하여 시를 지었다.[10]

청강이 임기를 마치고 울산을 떠나자 고을 사람들이 그의 덕을 기렸고, 훗날 학호서원(鶴湖書院)을 건립하여 청강을 제향했다. 청강이 울산을 어떻게 다스렸는지 자세한 사정은 알 수 없지만, 훗날 울산 사람들이 그의 공덕을 기렸다는 점에서 그의 선정(善政)을 대략 짐작할 뿐이다.

울산 학호서원의 설립 경위에 대해서는 강위(姜瑋)의 「산천재기(山泉齋記)」에 자세하다. 청강이 울산에 부임하자 풍속이 크게 변하여 선비의 기풍이 일어났으니, 지금 집집마다 글을 읽고 있는 것은 청강 덕택이라는 것이다.[11] 그래서 울산 지역 유림이 청강을 기리고자 자발적으로 세웠다. 강필효(姜必孝)의 「학호서원상량문(鶴湖書院上樑文)」을 보면 학호서원이 건립된 시기는 1843년(헌종9)이다.[12] 김영작(金永爵, 1802~1868)의 「학호서원기(鶴湖書院記)」에는 학호서원이 무룡산(舞龍山) 아래에 있다고 했다. 현재 울산 북구 양정동이다. 김영작은 청강과 가까웠던 김명원(金命元, 1534~1602)의 후손으로서 이 글을 지었다.[13]

토호와의 전쟁

울산에서 돌아온 청강은 1573년 군기시 첨정, 성균관 사예, 사간원 정언, 예조 정랑 등을 역임했다. 충청도 재상어사로 파견되어 돌아오는 길에 시조의 묘소를 방문하기도 했다. 이후 청주 목사(淸州牧使)에 임명되었으나 이듬해 1574년 부친의 병환을 이유로 그만두고 서울로 돌아왔다. 짧은 기간이었지만 청주에서 선정을 베푼 결과 훗날 청주 유생들이 이제신의 사당을 세우도록 청했으니, 목민관으로서의 탁월한 능력을 확인할 수 있다.[14]

청강은 이 해 9월 모친상을 당하고 이듬해 12월 연이어 부친상을 당하여 한동안 관직에 나가지 못했다. 청강이 양근과 인연을 맺게 된 것은 이 무렵으로 보인다. 부친이 세상을 떠난 이듬해 2월, 청강은 양근 서종면(西終面) 이포(梨浦) 야미곡(倻美谷)에 부친을 장사지냈다. 한 해 앞서 세상을 떠난 모친 우씨도 합장했다. 훗날 청강이 묻힌 수회리(水回里) 역시 이곳에서 멀지 않은 곳이었다. 이때부터 이 일대는 청강 가문의 선영이 되었다. 청강은 고동산인(古同山人)이라는 호를 쓰기도 했는데, 고동산은 바로 이곳에 있는 산이다. 훗날 이만웅, 이징명, 이덕수 3대가 모두 이곳에 묻혔다.

고동산이라는 명칭은 청강 이전의 문헌에는 보이지 않는다. 청강이 붙인 이름이 아닌가 한다. 그 근거는 청강이 지었다고 전하는 시조다.

천지(天地)도 당우(唐虞)쩍 천지

일월(日月)도 당우쩍 일월

천지일월은 고금(古今)에 당우로다

엇지타 세상인사는 나날 달라지ᄂ니

시조집 『청구영언(靑丘永言)』에 이제신의 작으로 실려 있는 시조
다. 시조의 작자는 대개 분명치 않다. 이름 모를 누군가가 지은 시조
가 저명한 인물의 것으로 전하는 일도 드물지 않다. 그렇지만 이 시
조는 청강이 지은 것이 분명해 보인다. '고동산인'이라는 그의 호가
지닌 뜻을 그대로 드러내고 있기 때문이다.

당우는 태곳적 성군 요임금과 순임금이 다스리던 시절을 말한다.
하늘과 땅, 해와 달은 요순시절의 '옛 모습 그대로[古同]'이다. 하지만
그 속에서 살아가는 인간의 모습은 날마다 달라진다. 청강은 극심
하게 변하는 세상사에 지쳐 이곳에서나마 요순시절과 다름없이 조
용히 살고자 했던 것이다. 청강은 이러한 뜻에서 고동산이라는 이
름을 붙인 것이 아닌가 한다.

청강은 부친상을 치르는 동안 『전의이씨성보(全義李氏姓譜)』의 편
찬 작업에 몰두했다. 선조들의 묘도문자를 지은 것도 이 무렵이다.
1578년, 상을 마친 청강은 진주 목사에 임명된다. 청강이 진주 목사
에 임명된 경위에 대해서는 『선조수정실록』에 자세하다.

이제신을 진주 목사로 삼았다. 이제신은 오랫동안 평범한 자리에 적
체되어 있었다. 이번에 사간에 제수했는데 숙배하지 않았다. 그러자 조
정에서 진주에 토호가 많아서 다스리기가 어렵다고 여겨 특별히 선발

『청구영언(靑丘永言)』
1728년 김천택(金天澤)이 편찬한 우리나라에서 가장 오래된 시조집. 청강의 시조가 실려 있다.
서울대학교 규장각한국학연구원 소장.

하여 목사로 삼은 것이다.

이제신은 엄격하고 공정하여 부역을 균등히 했으며 거리낌없이 결단을 내렸다. 그래서 아전이 그의 병부(兵符)를 훔쳐내어 그가 죄에 걸려 파면되기를 바랐는데 성상이 그 사실을 알고 몇 사람을 국문하여 다스렸다. 그러자 토호들의 기세가 꺾여 조정에 비방하니. 이제신이 마침내 관직을 떠나고 말았다. 그 이유는 진주에 선비들이 많았는데 그들이 조정의 대신과 서로 연결되어 있으므로 공론도 역시 그가 지나치게 엄하다고 비난했기 때문이었다.[15]

청강은 진주 목사에 임명되었으나 토호들의 등쌀에 못 이겨 결국 관직을 버렸다. 청강이 진주에서 올린 상소에 따르면, 진주는 경상도 지역에서도 가장 다스리기 어려운 곳이었다. "주인과 간음한 노비, 어미를 죽인 역적이 해마다 생기고 성에서 도망친 병사, 부절을 훔치는 도둑이 달마다 생긴다"는 것이 청강의 주장이었다.

특히 수령을 능멸하는 폐단이 극심하여 "신주를 밀어내고 관아의 노비를 매질하며, 잘못된 판결을 면전에서 꾸짖고, 백주대낮에 종을 치며, 그 밖에 느닷없이 받은 비방을 이루 헤아릴 수 없을 정도"였다. 그리고 "조금이라도 마음에 들지 않으면 무고를 지어내어 서울로 전파하여 의심을 사게 만드니, 이 때문에 진주에 부임한 수령 중에 이들의 계책에 넘어간 이가 한둘이 아니다"라고 했다.

청강은 상소에서 몇 가지 사례를 들었다. 전임 목사 구변(具忭)은 관청의 곡식을 백성에게 지급하여 백성이 사채를 빌려 환곡을 갚는 폐단을 제거했다. 그러자 사채놀이로 이익을 보던 토호들이 그를 미워하여 그가 국상(國喪) 기간인데도 풍악을 울렸다는 비방을 지어 냈다. 구변은 이 때문에 대간의 탄핵을 받았다.

또 전임 목사 이제민(李齊閔)은 부정을 저지른 아전들을 적발하고 문서를 만들어 밀봉하여 조정에 보고하려 했다. 그러자 토호들은 '밀봉하면 의심을 살 우려가 있으니 직접 가서 보고해야 한다'라고 했다. 수령이 고을을 비우고 한양을 오가게 만들려는 것이었다. 진주의 토호들에게 호되게 당한 이제민은 청강이 진주 목사로 부임하게 되었을 때 편지를 보내 진주의 토호들을 경계하라고 했다.

진주라는 고을은 적폐(積弊)가 몹시 많습니다. 제가 목사를 맡은 뒤로 뭇사람의 말이 더욱 많아졌습니다. 조정에서 공을 가려 뽑아 보냈으니 어찌 의도가 없겠습니까. 임지에 도착하시면 간사한 무리들이 공의 밝은 눈을 벗어나지 못할 것이니, 여기서는 누누이 이야기하지 않겠습니다.

이제민이 언급한 대로 진주의 폐단은 심각한 수준이었다. 이는 모두 토호들의 텃세 탓이었다. 토호들은 자신들의 이익을 관철시키기 위해 수령을 무시했으며, 허위 고발도 서슴지 않았다. 이제신이 목사로 부임해서도 마찬가지였다.

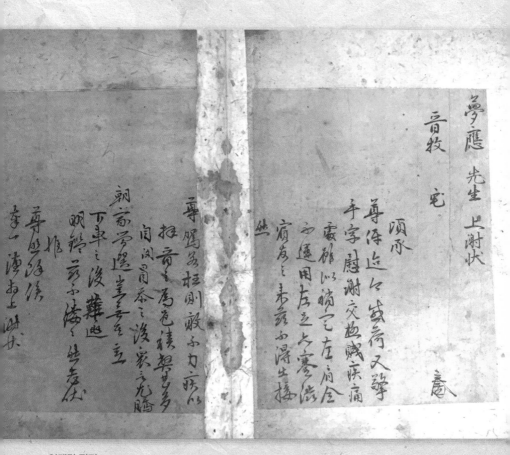

이제민 편지
이제민이 청강에게 보낸 편지. 진주 목사를 지낸 경험이 있는 이제민은 청강에게 진주의 토호를 주의하라고 당부했다. 문중 소장.

어떤 여종이 도망쳐서 고령향교(高靈鄕校)의 남종과 혼인했다. 여종의 주인이 노비문서를 들고 여종을 되찾으러 왔다. 현감은 문서의 진위를 살펴본 뒤 여종을 주인에게 돌려주려 했는데, 향교의 유생이 '향교의 노비는 남에게 줄 수 없다'라는 규정을 내세워 주인과 논쟁을 벌이는 한편, 제멋대로 여종을 감옥에 가두었다. 그런데 여종이 감옥에서 죽고 말았다. 유생은 제멋대로 여종을 가둔 죄를 현감에게 전가하고자 관찰사에게 편지를 보냈다. 뒤이어 유생 70여 명이 관찰사를 찾아가 현감을 역적이라고 고발했다.

공교롭게도 처음 문제를 일으킨 유생이 다른 죄 때문에 성주(星州)의 감옥에 갇히게 되었다. 그러자 그 유생은 현감이 사사로운 원수를 갚고자 한다며 성주의 유생들을 충동질했다. 그러자 이번에는 성주의 유생 70여 명이 연명으로 관찰사에게 글을 올렸다. 이렇게 여러 고을의 유생들이 집단 행동으로 현감을 무고하니 현감의 위신은 땅에 떨어졌다.

또 다른 사건도 있다. 양산향교(梁山鄕校)에 소속된 대장장이가 있었다. 군수가 그에게 무기 만드는 일을 시켰는데, 향교의 훈도(訓導)가 허락하지 않았다. 향교 유생이 배후에서 조종한 것이었다. 군수가 공식적으로 향교에 문서를 넣어 대장장이를 보내라고 하자, 훈도는 관찰사에게 글을 올려 호소했다. 그 훈도 역시 동래(東萊)의 토호였다. 양산의 유생들은 또 밀양의 유생들에게 도움을 청하는 한편, 군수가 군사를 동원하여 향교를 둘러쌌다는 말을 지어내어 관찰사에게 호소했다. 이처럼 토호들은 수령들과 사사건건 마찰을 일으켰다.

원칙주의자였던 청강이 이 같은 토호들의 불법 행위를 눈감아줄 리 없었다. 그러자 진주의 토호들은 온갖 방법으로 청강을 괴롭혔다. 병부를 훔쳐 청강이 처벌받도록 유도한 일도 그중 하나다. 조선 시대 형법서 『대명률(大明律)』의 규정상 병부를 유실한 죄는 장(杖) 90대에 2년간 도형(徒刑)에 처해질 수 있는 중죄였다.

병부를 훔친 자들은 품관(品官) 하만진(河萬津)과 진사 정대호(鄭大濩) 등 진주의 토호들이었다. 하만진은 관청에 바쳐야 하는 인력이 죽었다고 거짓말을 했다가 들통이 나자 유언비어를 지어냈다. 또 정대호는 군적(軍籍)을 점검하는 과정에서 뇌물을 많이 받아 온 고을의 군적을 허술하게 만들었다. 이들의 일가친척 여덟 명이 공모하여 병부를 훔쳤던 것이다.

병부를 훔쳤다는 하만진은 실록에 품관으로 기록되어 있는데, 조선 초기의 명신 하륜(河崙, 1347~1416)의 후손으로 보인다. 진주는 본디 하륜의 고향이다. 하륜은 왕자의 난이 일어났을 때 태종을 도운 공로로 정사공신에 책봉되었다. 그는 진주에 상당한 규모의 토지를 소유하고 있었다. 하륜은 정사공신에 책봉되어 사패전(賜牌田)을 하사받았다. 하지만 하륜은 여기에 만족하지 않고 땅을 계속 늘렸다.

하륜은 1414년(태종14) 통진(通津) 고양포(高陽浦)의 땅이 비옥하다는 이야기를 듣고 관의 힘을 동원하여 제방을 쌓았다. 멋대로 토지를

병부
군사 동원 명령을 전달하는 신표. 발병부(發兵符)라고도 한다. 한쪽은 국왕이 가지고 다른 한 쪽은 지방관이 가지고 있다가 유사시 맞춰보아 진위를 확인한 뒤 군사를 동원한다. 국립민속 박물관 소장.

겸병한 것이었다. 하륜은 이로 인해 탄핵을 받았으나 태종의 비호로 무사했다. 진주에 있던 하륜의 토지가 어떠한 경위로 그의 소유가 되었는지는 알 수 없다. 설령 그 토지가 사패전이라 하더라도, 과연 세습이 허용된 것이었는지는 알 수 없다. 고려 말 귀족들의 토지 세습이 국가 재정에 막대한 악영향을 끼치는 폐단을 목도한 태종은 사패전의 세습을 금지하는 쪽으로 정책을 폈기 때문이다. 어쨌든 하륜의 후손들은 이 토지를 사패전이라고 주장하며 직접 세금과 공물을 거두어 썼다.

그런데 청강이 진주 목사로 부임하면서 상황이 바뀌었다. 의령 출신으로 임진왜란 때 학봉 김성일과 함께 진주성을 지킨 이로(李魯, 1544~1598)는 진주 목사 시절의 청강에 대해 이렇게 말했다.

국초에 하륜이 태종의 공신으로서, 향소나 향교에 속리(屬里)와 사패(賜牌)를 청하여 부세와 공물을 거두어 썼다. 그리고 정양(鄭驤)은 찬성으로 이곳에 와서 좌수(座首)가 되었다. 재상과 장수가 대대로 향권(鄕權)을 잡은 탓에 비록 잔약한 후손이라도 옛날 습관은 아직도 남아 있다. 이제신이 목사가 되어 사패를 가져다가 불태우고 그 속리를 모두 빼앗은 후, 토호들을 옥에 가두었다. 거가대족(巨家大族) 10여 집을 10여 년 동안 구금하자, 그들의 재산이 탕진되어 원망하는 소리가 거리에 가득했다.[16]

청강은 부임한 뒤로 사패를 입증하는 문서를 수거하여 불태우고, 사패지를 모두 국가로 귀속시켰다. 저항하는 토호들은 감옥에 가두었다. 토호들은 극렬히 맞섰으나 방법이 없었다. 결국 청강의 정책에 불만을 품은 토호들이 그를 목사직에서 물러나게 할 방법을 찾은 끝에 병부를 훔치는 극단적 선택을 한 것으로 보인다. 의령 출신으로 영남 지역의 상황에 밝았던 이로의 증언이니, 신빙성이 있다.

병부를 도난당한 청강은 처벌을 각오하고 장계를 올려 사실대로 조정에 보고했다. 청강의 장계를 받은 선조는 진노하여 관련자들을 처벌하라고 명했는데 청강은 별다른 견책을 받지 않았다.[17] 그런데 병부를 훔친 자들이 의금부에 끌려온 뒤 병부를 훔친 죄가 사형에 해당한다는 사실을 알게 되자 말을 바꾸었다. 고문을 받아 거짓으로 자백했다고 말한 것이다. 이들은 의금부에 끌려왔을 때 상처 하나 없이 멀쩡했다. 그런데도 고문을 받다가 죽을 것 같아 거짓으로 자백했다고 말한 것이다. 청강이 분개한 것은 이들의 행태가 아니라 조정의 반응이었다. "식견이 있는 사람도 그 무리들의 유언비어에 현혹되어 나를 믿지 않고 역적을 믿으며, 역적을 의심하지 않고 나를 의심한다"라며 실망을 감추지 않았다.

진주의 토호와 조정의 관원들은 모두 청강에게 등을 돌렸으나 백성은 달랐다. 청강이 토호들에 맞서 싸우며 약한 백성을 도울 뜻이 있다는 것을 알게 된 백성들은 다투어 관아로 찾아와 호소했다. 호소한 내용은 주로 토호들이 토지를 빼앗는다는 것이었다. 청강이 토지 문서를 가져다 살펴보니 전부 위조된 문서였다. 토호들의 짓이었다. 청강은 토지를 원래 주인에게 돌려주려 했지만 입증할 문서도 없고 이미 기한이 지나 마음대로 할 수가 없었다. 청강은 가능한 대로 토호가 빼앗은 토지를 백성에게 돌려주었다. 그러자 토호들은 문서도 없이 토지를 빼앗는다며 또 청강을 모함했다.

사건이 일단락되자 선조는 병부를 훔친 자들을 의금부에서 국문하도록 하는 한편, 새로운 병부를 청강에게 보내 계속 근무하도록 했다. 그러나 청강은 다섯 가지 이유를 들어 사직을 청했다. 첫째, 이 사건으로 신뢰를 잃었다는 점, 둘째, 토호가 보복을 시도할 것이라는 점, 셋째, 진주는 왜적을 막는 요충지인데 자신의 힘으로 감당하기 어렵다는 점, 넷째, 법이 미비하여 백성의 토지를 빼앗는 토호를 막을 수 없다는 점, 다섯째, 토호의 농단으로 인구가 줄어 민심이 이반하고 있다는 점이다.

청강이 진주 목사 시절 토호들 때문에 골치를 앓은 사실은 1580년 경상도 관찰사로 부임하는 정언지(鄭彦智)를 전송하며 지은 글에서도 드러난다.

팔도 중에 경상도가 가장 다스리기 어려운 이유는 토호들이 방해하기 때문이다. 그리고 토호를 다루기 어려운 이유는 유언비어를 잘 지어내기 때문이다. 경상도에 부임하는 관원이 만약 죄 있는 이에게 죄를 주고 법을 어긴 이를 법으로 다스린다면, 기반 없이 부임한 자는 비방을 받아 버려지고, 명망 있어 부임한 자는 지쳐서 돌아올 것이다. 그 밖에 책임질 일이 없기를 바라는 자는 토호들의 말을 공손히 따를 것이다. 임금의 근심을 덜어주는 수령으로서 도리어 죄인에게 아부하고 좋은 말과 낯빛을 꾸며 조정의 칭송을 받으려는 짓이 사대부로서 할 짓이겠는가.

지금은 죄와 법을 시행할 수도 없고, 아끼는 사람에게 바라는 바도 아니다. 그저 자기 문서를 시행하면서 구차한 명령을 내리지 않고, 송사를 들으면서 거짓에 속지 않는 것뿐이다. 유언비어에 일희일비하지 말고, 아첨하고 칭찬을 바라는 짓을 하지 않으면 충분하다. 그대는 어느 쪽을 택할지 모르겠지만 평소 유념했으니 필시 정한 바가 있을 것이다. 나로 말하자면 예전에 한 고을을 맡았다가 화살에 다친 새와 같은 신세가 되었다. 감히 길을 알려주는 소경 같은 짓을 할 수 있겠는가.[18]

청강은 이 글에서 왕명을 받고 부임한 수령이 도리어 토호들의 눈치를 봐야 하는 상황을 적나라하게 폭로했다. 토호들이 지어낸 유언비어에 시달린 그로서는 절실한 조언이었다.

청강은 토호와의 전쟁에서 승리를 거두었으나 그들의 행태에 진저리가 난 탓인지 스스로 관직에서 물러났다. 그러나 청강이 토호를 엄격하게 다스린 사실은 길이 전해졌다. 청강이 진주에서 악독한 토호들을 많이 죽인 탓에 조정에서 벼슬하고 있던 그들의 친척들이 부고를 받고 산발한 채 내려왔는데, 이것이 조선 후기까지 진주의 미담(美談)으로 전하고 있었다.[19]

귀우당으로 돌아오다

청강은 진주 목사에서 물러나 한양으로 돌아와서 회현리의 공부방을 다시 찾았다. 문과에 급제하고 15년이 지난 1579년의 일이었다. 청강은 이 집에 귀우당이라는 이름을 붙였다. 당나라 문인 한유의 「추회(秋懷)」라는 시에 나오는 "길이 편안한 줄 알고 어리석음으로 돌아오고, 긴 두레박줄을 얻어 옛일을 찾네[歸愚識夷塗, 汲古得修綆]"라는 구절에서 따온 것이다. 청강은 귀우당의 기문을 지어 그 뜻을 밝혔다.

내가 성균관에 있을 때 남방(南坊) 회현리(會賢里)의 부서진 집을 얻어 작은 암자 두 칸을 짓고 대충 서당이라고 했다. 친구 길재[吉哉, 황사겸(黃士謙)]가 상량문을 지어주었다. 지금 진주 목사를 그만두고 이곳에서 살면서 귀우당이라고 이름 지었다. 어떤 이가 그 뜻을 묻자 내가 이렇게 말했다.

"이 이름은 옛사람의 시구에서 따온 것이지만 내 입장에서 말하자면 실제의 자취라고 하겠다."

어떤 이가 물었다.

"그대가 어리석은 줄은 나도 알고 있네. 집에는 약간의 쌀도 없으면서 3품 관원의 녹봉을 버리고, 절임 반찬조차 부족한데 산해진미를 포기하고, 다섯 마리 말과 덮개 있는 수레를 가볍게 여기고 나귀조차 빌리지 못하는 신세가 되었으며, 촉석루의 경치를 보기 싫어하여 머리가 부딪치는 작은 집에 살고 있네. 사람들은 모두 답답해하지만 그대는 편안하고, 사람들은 모두 혀를 차는데 그대는 아무렇지도 않게 여기네. 처자의 우는 소리도 마음에 두지 않으니, 이것이 실상이 아닌가."

내가 말했다.

"그렇지 않다. 나는 이제 태어난 지 44년이 되었으며 조정에 선 지 16년이 지났다. 이는 빠지고 머리는 세었으나 어리석은 성품은 바뀌지 않았고, 허다한 일을 겪었으나 어리석은 기운은 사라지지 않았다. 관직에 있을 적에는 어려운 일 쉬운 일을 가리지 않고 그저 일을 다하려고 했으며, 누차 고을 수령이 되어서는 스스로 탄핵하고 돌아왔다. 나는 내가 어리석은 줄 알고 있지만 사람들은 그 어리석음을 용납하지 못했기 때문이다.

그러다가 늙어서는 어리석음이 난숙해져 마치 성인이 집대성한 것처럼 더할 것이 없었다. 조정과 재야에서는 모두들 나의 어리석음을 괴이하게 여겼지만, 성상께서만은 어리석지만 충성스럽다고 용서하셨다. 아, 부모가 못난 자식을 사랑할 적에는 실로 불쌍히 여겨 어리석음을 지켜주는 법이다.

관직이라는 것은 업무를 맡았다는 명칭이고, 관청은 업무를 보는 곳이다. 총명하고 지혜로운 사람이 아니면 거처해서는 안 된다. 그러므로 나는 이름이 관원 명부에 남아 있지만 집에서 지내는 일이 많고, 높은 반열에 올랐으나 항상 선비와 같다. 밝은 시대에 자주 쫓겨나 돌아갈 곳이 없다. 달팽이도 집이 있고 뱁새도 둥지가 있으니, 오직 이 두 칸 집에서 그럭저럭 보낼 수 있다. 사방을 도서로 둘러싸고 옛일을 연구하며, 남쪽 모퉁이에서 마음껏 꽃과 대나무에 흥취를 담는다. 아침저녁의 아름다운 흥취는 저 남산에 있으니, 한유의 「추회」를 낭랑하게 읊으며 '길이 편안한 줄 알고 어리석음으로 돌아오고, 긴 두레박줄을 얻어 옛일을 찾네'라고 한다. 이것이 어리석은 사람의 실상이다."

어떤 이가 말했다.

"그렇구나. 여기에는 원래 도가 있는데 나는 미치지 못하겠다."

마침내 기문을 짓고 이어서 명(銘)을 쓴다.

어리석은 사람은 이 집이 아니면 갈 곳이 없고

이 집은 어리석은 사람 아니면 누가 살리오.

이 집이 너비는 한 길이니

어리석음을 풀어놓으면 온 나라에 가득하네.

작은 것을 쌓아 큰 것을 이루는 방법은 무엇인가

사방의 벽에는 책이 천 권이나 있네.

만력 7년(1579) 9월, 귀우주인이 쓰다.

귀우당은 서울 남방 회현리, 지금의 중구 회현동에 있었다. 이곳은 본디 청강이 성균관 유생 시절 기거하던 곳이었다. 성균관 유생들은 원칙적으로 기숙사인 서재(西齋)와 동재(東齋)에서 지내야 했지만, 이 규정은 느슨한 편이었다. 상당수의 유생들은 성균관 인근에

방을 얻었으며, 과거 시험이 얼마 남지 않았을 때만 성균관에 들어가곤 했다. 청강도 선배들의 관례에 따라 회현리에 공부방을 마련했던 것이다.

15년 만에 이곳으로 돌아온 청강은 성균관 유생 시절이 떠올라 만감이 교차했을 것이다. 온갖 풍파를 겪고 어느덧 중년에 이른 청강은 그동안 자기가 얼마나 어리석었는지 절실히 깨달았다. 과거에 급제하여 세상을 바로잡겠다는 젊은 시절의 꿈도 어리석었고, 타협을 모르고 원칙을 고수한 그간의 관직 생활도 어리석었다. 나처럼 어리석은 사람은 세상을 등진 채 책이나 읽고 꽃이나 기르며 조용히 사는 것이 마땅하다. 청강은 그간 바쁜 업무 때문에 손에서 놓았던 책을 다시 들었다.

청강은 귀우당에 상당한 도서를 보관했다. 청강의 사위 신흠은, 청강이 진주 목사를 그만둔 뒤 귀우당에 은거하면서 고문사에 몹시 힘을 기울였다고 했다. 신흠은 청강의 문장이 대부분 『좌전(左傳)』과 『한서(漢書)』에서 나왔다고 했는데, 고문사에 대한 청강의 관심은 이 시기에 고조된 것으로 보인다.[20]

청강은 귀우당에 갖가지 화초를 심어 소일거리로 삼았다. 그중에는 왜철쭉처럼 귀한 품종도 있었다. 왜철쭉은 일본에서 들어온 것이다. 『세종실록』에 1441년 2월 16일 종정성(宗貞盛)이 보낸 연사문(延沙文) 등 5인이 토산물을 바쳤다는 기록이 있으므로, 이때 대마도에서 왜철쭉이 처음 조선에 들어온 것으로 보인다. 이 품종은 홑꽃이 피는 단엽(單葉)으로, 조선에서 흔히 보던 천엽(千葉)과 비교할 수 없을 정도로 아름답고 또 꽃이 오래 피어 있었다. 이때부터 대궐과 민간에 서서히 왜철쭉이 퍼지기 시작한 것이다. 청강은 귀우당에서 왜철쭉을 재배한 경험을 기록으로 남겼다.

집에 철쭉이 있는데 일본에서 온 것으로 네 그루가 있다. 어떤 이가 나에게 말했다.

"이 꽃이 자기가 살던 땅을 떠나서 기후가 달라졌으니 초겨울이 되거든 반드시 짚이나 명석으로 싸두었다가 이듬해 한식이 되면 풀어주어야 한다."

내가 그 말대로 하고 조심스레 함부로 열지 않았다. 금년 봄, 우리 집에 일이 있었는데 쓰던 명석이 부족하여 철쭉 덮은 것을 하나 일찍 풀었다. 늦봄이 되자 세 그루는 같은 시기에 찬란하게 피었지만, 명석을 일찍 푼 것만은 봄이 저물어갈 때 서리를 맞은 탓에 나란히 활짝 꽃을 피우지 않고 차례로 꽃을 피웠다. 활짝 핀 철쭉은 보름도 채 구경하지 못하지만, 이 철쭉만은 3월부터 4월과 윤달을 지나 단오까지 피었으니 어찌 그리 오래가는가? 고운 잎과 푸른 가지는 더욱 화려하여 와서 구경하는 이들이 모두 기이하게 여기면서 의아해하지 않은 적이 없었다. 나는 이렇게 말했다.

"일찍 풀어놓았기에 서리를 맞았고, 서리를 맞았기 때문에 차례대로 핀 것이다. 차례대로 피었기 때문에 오래간 것이다. 일찍 명석을 풀지 않았다면 어찌 손상을 입었겠으며, 손상을 입지 않았다면 어찌 오래갈 수 있었겠는가? 다행히 땅에 뿌리를 붙이고 있어 참된 성품은 훼손되지 않았다. 그래서 찬 서리와 바람을 맞아도 심하게 병들지 않고 오래 버틸 수 있었던 것이다. 사물의 흥망성쇠는 알 수 없는 법이다. 자네는 어찌 생각하는가?"

의아해하던 사람이 기뻐하면서 말했다.

"자네가 또 이 나무에서 한 가지 관물(觀物)을 했네."[21]

귀우당에는 왜철쭉 네 그루가 있었다. 청강은 주위 사람이 시키는 대로 초겨울이 되자 얼지 않게 멍석으로 잘 싸두었다. 그런데 이른 봄 무렵 멍석이 필요하여 하나를 먼저 풀었다. 늦봄이 되자 철쭉이 일제히 꽃을 피웠지만, 멍석을 먼저 푼 철쭉은 한 송이 한 송이 느릿느릿 피어 거의 석 달이나 꽃이 피어 있었다. 한기를 쐬었기 때문에 늦게 피었지만 덕택에 오히려 꽃이 오래갔던 것이다.

사물의 이치는 참으로 알기 어렵다. 한기를 너무 쐬었다면 꽃이 아예 피지 않았겠지만 적당히 한기를 쐬어 기이한 볼거리를 만들어 낸 것이다. 조선 학자들의 공부 방법에 관물이라는 것이 있다. 사물을 바라보고 그 안에 내재한 진리를 깨치는 방식이다. 이제신은 왜철쭉을 통하여 관물찰리(觀物察理)의 공부를 한 셈이다.

청강은 이 무렵 밀랍으로 모란을 만들기도 했다.

목작약(木芍藥)이라는 꽃이 이름난 정원에서 명성을 날린 지 오래이다. 호사가들은 항상 쉽게 지는 것을 아쉬워했다. 피었다가 질 때까지 헤아려보면 한 송이를 감상하는 기간은 이레도 되지 않는다. 비록 차례로 피더라도 대략 10여 일이 지나지 않아 모든 나무가 텅 빈다. 옛사람이 이른바 '꽃이 피어 꽃이 질 때까지 20일'이라는 말이 아니겠는가.

나는 한가로이 살면서 할 일이 없어 날마다 꽃과 대를 보며 흥취를 풀었다. 그러다가 꽃이 전부 지자 의지할 곳이 없었다. 홀연 생각해보니, 꽃이라는 것은 아름다우면 그뿐이다. 말을 감별할 때는 잘 달리면 그만이니, 검은 말인지 누런 말인지는 따지지 않는다. 더구나 지금 감상하면서 어찌 진짜와 가짜를 따지겠는가.

장인에게 명하여 밀랍을 녹여서 옅고 짙은 홍백의 세 가지 색깔로 핀 것과 피지 않은 것을 모두 만들게 했다. 그리고 가지 세 개에 나누어 묶었다. 이날은 단오 이후 그믐날이었다. 보는 사람들은 아무런 의심 없이 상서롭다고도 하고 괴이하다고도 했는데 끝내 가짜라는 것을 알지 못했다. 아, 가짜가 사람을 속이는 것이 이처럼 심하단 말인가.[22]

꽃은 아름답지만 오래가지 못한다. 그래서 등장한 것이 조화(造花)이다. 기실 옛날에는 생화보다 조화가 널리 쓰였다. 머리 장식에 쓰이는 잠화(簪花)도, 장원 급제자의 사모에 꽂는 어사화(御賜花)도, 각종 궁중 행사의 장식도 모두 조화였다. 지금처럼 사시사철 생화를 구할 수 있는 것도 아니고, 원예 기술이 발달하지 않아 생화의 품질과 수량을 보장할 수 없었던 당시로서는 불가피한 선택이기도 하다.

청강은 귀우당에서 항상 꽃에 둘러싸여 살고 싶었지만, 겨울에는 그럴 수 없었다. 그래서 장인을 시켜 조화를 만들게 했다. 이 시기 사대부들은 혼례용 또는 감상용으로 조화를 만들곤 했는데, 청강도 이러한 유행을 따랐던 듯하다.

청강은 귀우당에서 쌓아놓은 책을 읽으며 문장을 단련하고, 꽃을 재배하며 사물의 이치를 관찰했다. 그는 더 이상 관직에 나가고 싶은 마음이 없었다. 하지만 조정이 그를 내버려두지 않았다.

5

문무전재
文武全才

변방에서

남아가 평생 지니던	男子平生在
옛 검에 별무늬 차갑네	星文古劍寒
압록강 강물에 다시 갈아서	重磨鴨綠水
백두산 봉우리에 새로 기대네	新倚白頭巒[1]

청강이 북병사 시절에 지은 것으로 추정되는 시다. 청강은 평생 소중히 간직한 검을 꺼낸다. 별무늬가 있다고 말한 점으로 미루어, 청강이 지닌 검은 사인검(四寅劍)이었던 듯하다. 사인검에는 으레 북두칠성과 28수(宿)를 새긴다. 사인검은 인년(寅年), 인월(寅月), 인일(寅

日), 인시(寅時)가 겹칠 때 제작하는 검이다. 양기(陽氣)가 가장 강한 때이므로 이때 만든 검은 신비한 힘을 지닌다는 믿음이 있다. 청강은 오랜만에 뽑아 든 검이 다소 무딘 것처럼 보이자, 압록강 물을 뿌려서 갈고 백두산 봉우리 위에서 검을 뽑겠다고 말한다. 과장된 표현이지만 어색하지 않게 시의 기세를 높이고 있다.

홍만종(洪萬宗, 1643~1725)은 『소화시평(小華詩評)』에서 이 시를 소개하며 이렇게 말했다.

청강 이제신은 내 외조모의 외조부이다. 도량이 넓고 문장이 호방하여 기세가 한 시대를 덮었다. 그가 길에서 지은 시는 다음과 같다. …… 그 기상을 상상할 수 있다.[2]

홍만종의 외조모는 청강의 사위 민유경의 딸이다. 따라서 청강은 그녀에게 외조부가 된다. 홍만종은 이러한 인연으로 청강의 시에 관심을 두었던 듯하다. 홍만종이 평가한 대로, 이 시는 호방한 기상이 돋보인다.

"남아"와 "옛 검"은 호방하고 비장한 분위기를 자아낸다. "압록강"과 "백두산"이라는 고유명사를 시어로 사용한 것도 시의 기세를 강하게 만든다. 짧은 오언절구에서 이만큼 호쾌한 기상을 드러내는 시는 흔치 않다. 청강의 대표작이라 해도 손색없는 작품이다. 문약한 문관에게는 어울리지 않는 시다. 이 시를 보면 청강의 내면에 타

철제 금은입사 사인참사검
양기가 가장 강한 인년, 인월, 인일, 인시
에 만든 검이다. 인은 호랑이를 상징하기
도 한다. 검의 표면에는 북두칠성과 28수
를 새긴다. 국립중앙박물관 소장.

고난 무인의 기질이 잠재되었음을 알 수 있다.

청강을 언급할 때 빠지지 않고 나오는 말이 바로 문무를 겸비했다는 것이다. 가장 자주 등장하는 표현은 '문무전재(文武全才)'이다. 문과 무를 모두 온전히 갖춘 인재라는 말이다. 윤근수가 지은 애사와 신흠이 지은 묘지명을 비롯하여 청강의 생애를 서술하고 그의 죽음을 애도하는 글에서는 '문무전재'라는 말이 빠지지 않는다. 청강이 문무를 모두 갖춘 인물이라는 점은 그를 아는 이들의 공통적인 평가였다. 선조(宣祖)의 사제문(賜祭文)에서도 '문과 무는 그의 재주[文武其才]'라고 했으니, '문무전재'는 청강에 대한 공인된 평가였다고 하겠다.

청강의 고조 항렬인 이예장, 이지장, 이함장, 이효장, 이서장 다섯 형제는 모두 문과에 급제하여 기염을 토했으나, 그 아랫대에서는 문과 급제자가 드물었다. 이예장의 아들 이시보, 이지장의 아들 이덕량은 모두 무과 출신이다. 이함장의 아들 이수남이 문과에 급제하여 간신히 가문의 위상을 높였으나 청강의 조부 이공달, 부친 이문성 역시 무과 출신이었다. 앞서 살펴본 바와 같이 청강의 주변 인물들도 대부분 무과 출신이었다.

청강은 점차 무반으로 고착화하는 집안에서 문과에 급제했다. 그뿐 아니라 문과 급제자 가운데 극히 일부에게만 주어지는 홍문관과 예문관의 관직을 맡았다. 대대로 문관을 역임한 집안 출신도 이루기 어려운 업적이다. 그럼에도 청강은 가문의 전통을 이어 무관직을 기피하지 않았다. 그를 '문무전재'라고 부른 까닭은 바로 여기에 있었다.

이 점에서 청강은 처조부 상진과 비슷하다. 상진은 무반 집안에서 태어나 문과에 급제하고 무반직을 역임했다. 이 때문에 상진 역시 '문무전재'라는 평가를 들었다. 사실은 상진을 '문무전재'라고 표현한 이가 다름 아닌 청강이다.[3] 이제 청강이 지닌 문무전재의 능력을 구체적으로 살펴보기로 한다.

귀우당에 은거하고 있던 청강은 1580년 강계 부사(江界府使)에 임명되었다. 강계 부사는 본디 무관이 부임하는 자리이다. 변경 방어의 요충지이기 때문이다. 강계를 비롯하여 여진의 침입 가능성이 농후한 평안도와 함경도의 고을 및 왜구를 방비해야 하는 전라도와 경상도의 해안 고을은 무관이 수령으로 부임하는 것이 일반적이다.

그러나 대개의 무관 수령들은 고을을 제대로 다스릴 능력이 없었다. 그들은 수령 자리를 이용하여 사리사욕을 채울 뿐이었다. 문관 수령 중에도 탐관오리가 적지 않았지만, 그나마 도덕성을 갖춘 문관 수령에 비하면 무관 수령은 최소한의 염치조차 없었던 것이다. 당시 강계는 무관 수령의 오랜 탐학으로 피폐한 상황이었다. 비변사에서는 문관으로서 무관의 역할을 겸임할 수 있는 인물을 강계로 보내고자 했다. 그리하여 청강이 추천을 받아 부임하게 된 것이었다.

이처럼 무관을 임명할 자리에 문관을 임명하는 것은 종종 있는 일이었다. 하지만 대개의 문관들은 멀고 험한 변방에 부임하기를 꺼려 갖가지 핑계를 대며 부임하지 않았다. 게다가 사나운 군인과 백성을 다스리는 것은 문약한 문관 수령이 감당하기 힘든 일이었다. 청강은 보통 문관이 아니라 문한직(文翰職)을 역임한 문관 중의 엘리트이다. 강계는 그가 갈 만한 자리가 아니었다. 그러나 청강은 아무런 불평 없이 부임했다. 조정은 특별히 그를 정3품의 품계로 올려주고 임지로 보냈다.

과거 청강은 여러 차례 지방관을 맡아 치적을 거두었다. 토호와의 대립은 어느 수령이나 피할 수 없는 일이었으므로 이것은 지방관으로서의 자질을 의심케 할 만한 요소가 아니다. 청강이 세상을 떠난 뒤 그가 부임했던 고을마다 사당이 세워졌다는 점을 보면, 청강은 지방관으로서 업무를 원만히 수행한 것으로 보인다. 조정이 그를 강계로 보낸 이유도 그 역량을 인정했기 때문이다. 강계가 군사적 요충지인 것은 사실이지만 최전방은 아니었다. 강계는 서북 변경 방어를 지원하는 병참 기지에 가깝다. 조정이 청강을 강계로 보낸 것은 유사시 외적과 직접 맞서라는 것이 아니라 든든히 지원할 기반을 닦으라는 의도였다.

청강은 조정의 의도를 이해하고 우선 피폐해진 백성을 소생시키는 일을 급선무로 삼았다. 강계가 변방의 요충지라고는 하지만 그다지 규모가 큰 고을은 아니다. 진주처럼 큰 고을도 능숙하게 다스렸던 청강에게는 그다지 어렵지 않은 일이었을 것이다. 어느 정도 민생을 돌본 청강은 이어서 성을 쌓고 병기를 수리하는 일에 착수했다. 몸소 바위를 날라 솔선수범하니 한 해가 지나지 않아 방비가 갖추어졌다. 어사(御史)가 청강의 치적을 보고하여 표리(表裏, 옷감)를 하사받기도 했다.

강계에 부임한 이듬해인 1581년 10월, 청강은 강계 향교에 있는 회재(晦齋) 이언적(李彦迪, 1491~1553) 사당의 기문을 지었다. 이언적은 조선 성리학의 선구적 인물로, 그의 학문은 퇴계에게 계승되었다. 이언적은 1547년 강계에 유배되어 그곳에서 세상을 떠났다. 1566년 아들 이전인(李全仁)의 상소로 복관되고, 1568년 공로를 인정받아 영의정에 추증되었으며, 이듬해 문원(文元)이라는 시호를 받고 명종의 묘정(廟庭)에 배향되었다. 본격적인 추숭 사업이 시작된 것이었다. 1573년 그의 출생지 경주에 옥산서원(玉山書院)이 설립되고, 1575년 문집도 간행되었다.

이언적의 문집이 간행된 이듬해, 김장생의 부친 김계휘(金繼輝, 1526~1582)가 평안도 관찰사로 부임하여 희천(熙川)에 김굉필과 조광조를 제향한 양현사(兩賢祠)를 세웠다. 김굉필은 연산군 때 희천에 유배되었는데, 마침 부친의 임소를 따라 희천을 방문한 조광조가 그에게 수업을 받은 일이 있었기 때문이다. 김계휘는 희천에 이들 두 사람의 사당을 세우는 한편, 강계 향교에 이언적의 사당을 세웠다. 그리고 청강에게 기문을 부탁했다. 청강이 사양하자 김계휘는 다른 사람에게 맡기려 했으나 마땅한 사람이 없어 도로 청강에게 맡겼다.[4]

김계휘가 청강에게 이언적 사당의 기문을 맡긴 이유는 단순히 그가 강계 부사였기 때문만은 아니었을 것이다. 김계휘의 외조 이광원(李光元)이 전의이씨였다는 인연도 있다. 그러나 이 정도의 인연으로 사림의 성지(聖地)의 내력을 적는 기문을 맡겼으리라고는 생각하기 어렵다. 청강이 사림과 맺은 폭넓은 교유를 고려하면, 김계휘가 청강을 사림의 일원으로 생각했기 때문이 아닌가 한다.

북병영

1582년(선조15), 청강은 47세의 나이로 함경북도 병마절도사(북병사)에 임명된다. 정확한 부임 시기는 알 수 없으나, 선조의 탄신일(11월 11일)에 북병사의 명의로 올린 축하 전문(箋文)이 『청강소와』에 실려 있으니, 이 무렵에는 이미 부임한 것으로 보인다.

절도사는 도(道)의 군사 업무를 총괄하는 관직이다. 지금의 사단장 내지 군단장에 해당한다. 청강과 같은 문관, 그것도 예문관과 홍문관을 거친 엘리트 문관이 절도사라는 군직에 임명된다는 것은 조선 후기에는 상상하기 어려운 일이다.

그러나 조선 초기만 해도 이런 일은 드물지 않았다. 세종조에 김종서(金宗瑞, 1383~1453)와 이세형(李世衡, ?~1442)은 함경도 관찰사를 역임한 뒤 다시 함경도 도절제사(都節制使)에 임명되었으며, 세조조에 허종(許琮, 1434~1494)과 이극균(李克均, 1437~1504)도 수차례 함경도와 평안도의 병사(兵使)로 임명되었다. 이들은 모두 문관 출신으로 군무를 총괄하고, 훗날 명신(名臣)으로 이름을 날렸다. 특히 허종은 문과 출신이었으나 함경도 절도사에 임명되었고, 이시애(李施愛)의 난이 일어나자 토벌에 앞장섰다. 이로부터 입상출장(入相出將, 조정에 들어오면 재상, 지방에 나가면 장군)하여 정승에까지 올랐다.

이러한 사례는 특히 평안도와 함경도 지역에서 두드러지는데, 평안도와 함경도의 절도사는 외적을 막을 책임뿐만 아니라 치안을 유지하고 내란을 방지할 책임도 있었기 때문이다.[5] 이 밖에 홍윤성(洪允成, 1425~1475), 구치관(具致寬, 1406~1470), 정난종(鄭蘭宗, 1433~1489), 이극배(李克培, 1422~1495) 등이 문과 출신으로 절도사를 역임했으며, 청강의 처조부 상진도 평안도 관찰사로 부임하면서 함경도 절도사를 겸임했다. 상진 역시 문과에 급제하고 시종신을 역임한 엘리트 문관이다. 그런데도 군직을 맡았던 것이다.

이러한 기조는 청강 당시까지 이어졌다. 청강은 함경도 절도사로 부임하는 정언신(鄭彦信)을 전송하는 글에서 허종의 사례를 거론하며 중책을 잘 수행하라고 당부했다. 허종은 청강의 선조 이정간의 생질이자 정언신의 외조부였기 때문이다. 정언신 역시 문과 출신으로 함경도 절도사에 임명되었다. 청강은 이 글에서 정언신이 허종처럼 정승의 자리에까지 오르기를 기원했는데, 과연 정언신은 훗날 우의정에 올랐다. 청강도 문과 출신으로 함경도 절도사에 임명되었으니, 이것이 예외적인 사례가 아니라는 사실을 확인할 수 있다.

절도사뿐만이 아니다. 청강은 온성 부사(穩城府使)로 부임하는 한준(韓準, 1542~1601)을 전송하는 서문을 써주었다.[6] 한준 역시 문과 출신으로 예문관을 거친 엘리트 관료이다. 조선 후기 온성 부사는 무관의 부임지로 굳어졌으나, 이때까지만 해도 문관을 보내는 일이 드물지 않았던 것으로 보인다. 청강은 당시 변방의 상황이 위태하여 조정에서 각별히 선발한 결과 한준이 부임하게 되었다고 말했다. 따라서 청강이 강계 부사 및 함경도 절도사에 임명된 것은 좌천이라기보다는 당시의 엄중한 안보 상황에서 능력을 인정받고 있었다는 증거이다. 이처럼 문관을 군직에 임명한 이유는 당시 변방의 상황이 심상치 않았기 때문이다.

함경도는 마천령을 기준으로 남관(南關)과 북관(北關)으로 나뉜다. 북관 지역은 조선 초기부터 국지전이 끊이지 않았는데, 세종의 육진 개척 이후 북관 지역은 완전히 조선의 수중에 들어왔다. 이때부터 조정에서는 남쪽 지역의 백성을 이곳으로 이주시키는 사민 정책을 실시했다. 이들의 힘으로 성을 쌓아 방비를 강화하고 병력을 충원했다.

함경도의 군사 역시 남관과 북관으로 나누어 배치되었다. 북관의 경성(鏡城)에 북병영(北兵營)을 설치하여 국경 수비를 담당케 하고, 남관의 북청(北靑)에 남병영(南兵營)을 두어 후속 지원을 담당케 했다. 경성은 국경에서 다소 거리가 있기에 신속한 대응을 위해 종성(鍾城)에 행영(行營)을 설치했다. 종성은 회령, 온성, 경원, 경흥과 연결되는 북방의 요충지로서 두만강 일대 어느 지역이든 신속한 병력 파견이 가능한 지역이었다. 종성의 행영은 최전방 사령부와 다름없었다.

북병사로 부임하는 날, 청강은 부임하는 길에 선영에 성묘하러 다녀오게 해달라고 조정에 청원했다. 허락을 받은 청강은 조정에 하직하고 길을 돌아 양근의 선영을 참배했다. 마지막 성묘였다. 청강은 분황제(焚黃祭)를 지내고 시를 지었다.

미천한 신이 무엇으로 하늘에 보답할까	微臣何物答皇天
성상의 은혜 깊어 저승까지 도달했네	聖主恩深徹九泉
묵은 풀 적시는 이슬 같은 은혜에 감격하여	宿草許從濡露感
새로 받은 교지를 술잔 앞에 펼쳐놓았네	新麻得展奠杯前
선조에게 내린 벼슬 작록 이제 여덟 번째이고	追先封爵今承八
대를 이어 다시 장군 자리에 올랐네	繼世登壇又忝聯
결초보은으로도 성은을 갚을 수 없으니	隕結未當生死報
충심을 가슴에 새겨 자손에게 전하리라	遺忠鏤與子孫傳[7]

청강이 마지막으로 선영에 들렀을 때 남긴 시다. 청강이 절도사로 승진하면서 청강의 부친과 조부도 추증을 받았는데, 이때의 감격스러운 심정을 말하는 내용이다. 8대에 걸쳐 홍패를 받은 영광에 대해 생사를 초탈하여 나라를 위해 심신을 다 바치겠다는 결연한 각오가 보인다.

「영소당의 작은 잔치에서 평사 이군에게 보이다[永嘯堂小宴晬評事李君]」
종성 행영의 영소당에서 북평사 이대진(李大震)에게 지어준 시. 청강의 친필이다. 『청강소와』
에도 실려 있다. 고려대학교 박물관 소장.

이 시기 『청강소와』에 수록된 시를 보면, 청강은 평안도 강계의 인풍루(仁風樓), 안변 고산역(高山驛)과 가학루(駕鶴樓)에서 시를 짓고, 함흥 낙민루(樂民樓), 시중대(侍中臺), 이성(利城) 호호정(浩浩亭), 단천(端川)을 거쳐 부친이 다스렸던 길주(吉州)에 도착하여 착잡한 심경을 밝혔다. 그리고 경원을 거쳐 종성에 도착했다.

절도사로 부임한 청강은 강계에서와 마찬가지로 군정(軍政)의 정비를 우선 과제로 삼았다. 『선조수정실록』에 따르면, 청강은 이때 변방의 급선무를 12조항으로 요약하여 조정에 보고했다고 한다.

> 이때 이제신이 변무(邊務) 12조(條)를 상소하여 개진했는데, 박순이 이이로 하여금 복의(覆議)하여 그 주장을 다 수용케 했다. 그러나 이 두 사람에 대해서는 본래 여론이 불쾌하게 여기고 있었기 때문에 그들이 추진하려는 계획에 대해 양사(兩司, 사헌부와 사간원)가 한결같이 공박하며 제지했다. 그러다가 성상이 이런 하교를 내리자, 여러 의논이 다투어 묘당에서 계책을 잘못 세웠다고 하면서 연달아 탄핵했다.[8]

청강이 올렸다는 '변무 12조'는 전하지 않으므로 어떤 내용인지 알 수 없다. 당시 병조 판서였던 율곡이 '복의'했다는 내용으로 보건대, 『선조수정실록』의 같은 날짜에 실려 있는 율곡이 올린 '시무 6조'에 포함되어 있을 가능성이 높다.

'복의'는 국왕이 접수한 신하의 보고를 다시 담당 관청으로 보내 해당 사안에 대한 의견을 묻는 절차이다. 다시 말해 율곡의 '시무 6조'는 청강이 올린 '변무 12조'를 요약하고 자신의 의견을 덧붙여 올린 것일 가능성이 높다. '시무 6조'는 『율곡전서』에 '육조계(六條啓)'라는 제목으로 실려 있는데, 그 내용은 1. 현명하고 능력 있는 사람을 임용할 것, 2. 군인과 백성을 기를 것, 3. 비용을 보충할 것, 4. 변방을 굳건히 할 것, 5. 군마를 준비할 것, 6. 교화를 밝힐 것이었다.

참고로 율곡은 1583년 4월 이른바 '십만양병설'을 제기했다. 율곡은 경연에 입시한 자리에서, 10년이 지나지 않아 전쟁이 일어날 것이니, 도성에 2만, 각 도에 1만의 병사를 두고 훈련시켜 전쟁에 대비해야 한다고 주장했다. 그러나 유성룡 이하 여러 신하들의 반대로 시행되지 않았다.

그런데 십만양병설은 『선조실록』에 보이지 않는다. 『율곡전서』에 실려 있는 상소 등에도 십만양병설은 찾아볼 수 없다. 십만양병설이 처음 언급된 문헌은 1597년 김장생이 편찬한 「율곡행장」이다. 이 밖에 십만양병설을 언급한 1612년 이정귀가 편찬한 「시장(諡狀)」, 1618년 이항복이 편찬한 「신도비명」, 송시열의 「율곡연보」 등은 모두 김장생의 「율곡행장」에 근거한 것으로 보인다. 행장은 고인의 평생을 정리한 글로, 모든 묘도문자 편찬의 기준이 되기 때문이다.

결국 이러한 문헌들에 힘입어 십만양병설은 1657년 편찬된 『선조수정실록』에 수록되어 공식적으로 인정받게 된다. 따라서 십만양병설이 과연 율곡의 창안인지, 아니면 율곡 사후 임진왜란이 일어나자 이를 계기로 그의 선견지명을 강조하기 위해 만들어낸 일화인지는 알 수 없다. 이 점에 대해서는 학계에서 치열한 논쟁이 벌어졌지만 뚜렷한 결론이 나지 않았다.

그런데 최근 주목할 만한 주장이 제기되었다. 십만양병설은 왜구의 침입을 대비하기 위한 것이 아니라 여진의 침입을 대비하기 위한 것이라는 주장이다. 율곡이 병조 판서가 된 것은 1582년 12월이었다. 그리고 그가 십만양병설을 제기했을 것으로 추정되는 이듬해 4월 무렵은 이탕개의 난으로 변방이 소란하던 시기였다. 당시까지만 해도 왜구가 침입할 기미는 전혀 보이지 않았다. 더구나 이때 일본은 각지의 군벌들이 각축하던 전국시대를 겨우 빠져나온 상황이었다. 조선을 넘볼 시기가 아니었던 것이다. 율곡이 왜구의 침입을 대비하여 배치된 삼남 지역의 군사들을 동북방으로 옮겨 배치한 것도 이러한 정세를 감안한 조처로 추정된다. 율곡 당시까지 왜구는 심각한 위협이 아니었던 것이다. 따라서 율곡이 십만양병설을 주장했는지가 과연 사실인지는 알 수 없으나, 만약 사실이라면 그것은 여진을 대비하기 위한 것이 분명하다는 주장이다.[9] 당시의 정세를 고려하면 설득력 있는 주장이다.

율곡이 과연 '십만양병설'을 주장했는지는 당장 결론을 내릴 수 있는 문제가 아니다. 다만 이 시기 율곡이 여러 가지 국방 개혁안을 제시한 계기는 이탕개의 난이 분명하다. 청강의 '변무 12조' 역시 이러한 상황에서 나온 것이며, '변무 12조'는 율곡이 국방 개혁안의 골자를 마련하는 데 중요한 근거가 된 것으로 추정된다. 이 점에 대해서는 율곡의 아들 이경림(李景臨)이 지은 율곡 연보의 초고를 보면 알수 있다.

계미년(1583), 북병사 이제신이 오랑캐를 막을 방책 20조를 올렸다. 성상께서는 2품 이상 신하들에게 회의하라고 명했다. 비변사의 재신(宰臣)들이 모두 모였는데, 선친(율곡)께서는 병조 판서로서 급한 업무 때문에 병조에 가서 참석하지 못했다. 당시 서애 유성룡 역시 인망이 무거워 성상께서는 두 현인(율곡과 서애)이라고 하셨다. 이때 서애 역시 도승지로 자리에 있었다.

삼정승이 서애에게 붓을 잡고 회계(回啓)의 초고를 짓게 했는데, 서애는 즉시 쓰지 못했고, 옆에 있던 사람들은 한마디도 하지 않았다. 정오가 되자 내시가 재촉하며 끊임없이 오갔다. 영의정 사암 박순이 말했다.

"시급한 일을 이렇게 지체하니 몹시 온당치 않다. 병조 판서를 불러 의논하는 것이 어떻겠는가?"

모두 좋다고 했다. 선친께서 자리에 들어와서는 서리 한 사람에게 초주지(草注紙) 1권을 이어 붙이게 하고, 또 한 사람에게는 먹을 갈게 했다. 그러고는 붓을 잡더니 좌우를 돌아보며 말씀하셨다.

"각자 생각하는 바를 말씀하시기 바랍니다. 말씀하시는 대로 쓰겠습니다."

그러자 모두 이렇게 말했다.

"우리들이 할 말이 있다면 어찌 당신을 불렀겠습니까?"

선친께서는 어쩔 수 없이 조목별로 논하며 가부를 분석했다. 금세 쓰기를 마치고 좌우를 둘러보니 아무도 말이 없었다. 삼정승이 두루 살펴보았지만 역시 한 글자도 고치지 않고 성상께 아뢰었다. 성상께서 보시고 물으셨다.

"이것은 병조 판서가 한 것이구나."

사암은 물러나서 일기에 이렇게 썼다.

"누가 율곡을 두고 뜻만 크고 재주는 부족하다 했는가. 재주를 써보지도 않고 부족하다고 해서야 되겠는가. 나는 그가 지극히 어려운 일조차 아무렇지도 않게 하는 것을 보았다. 마치 허공에 구름이 지나간 것처럼 흔적이 없으니, 참으로 세상에 드문 재주이다."[10]

지방관이 국왕에게 제안하는 사항이 있으면, 국왕은 소관 부서에 그 제안을 내려 검토하고 의견을 덧붙여 다시 보고하게 한다. 이것이 회계이다. 이경림이 작성한 율곡 연보의 초고에 따르면, 청강은 북병사로 재직 중 선조에게 변방의 방비를 위한 계책을 제안했으며, 선조는 비변사로 내려보내 청강의 제안을 검토하게 했다. 이 일은 『선조수정실록』에도 실려 있는 역사적 사실이다. 『선조수정실록』에, "이제신이 변무 12조를 상소하여 개진했는데, 박순이 이이로 하여금 복의하여 그 주장을 다 수용케 했다"라고 했다.[11] 단지 청강이 올린 계책의 조목이 20조인지 12조인지에 차이가 있을 뿐이다.

당시 병조 판서였던 율곡은 청강의 제안을 검토하고 자신의 의견을 덧붙여 선조에게 아뢰었다. 이 무렵 율곡의 상언 가운데 변방 방어와 관련된 것으로 『선조실록』에 나오는 것은 '시무 6조'가 유일하다. 따라서 율곡이 올린 '시무 6조'는 청강의 '변무 12조'에 바탕을 두었다고 할 수 있다.

이탕개의 난

여진족은 한반도 북부와 만주에 걸친 넓은 지역에 분포하고 있었다. 이들은 수십 명, 수백 명 단위로 곳곳에 부락을 형성하고, 여러 갈래로 나뉘어 때로는 싸우기도 하고, 때로는 연합하기도 했다. 원명 교체기에는 명나라와 조선이 이들을 자신의 편으로 끌어들이기 위한 외교 전쟁을 벌였다.

이들 가운데 일부는 이미 고려 말기부터 한반도 북방 지역에서 고려인과 섞여 살고 있었다. 특히 현재의 함경북도 지역에 해당하는 동북면의 여진인들은 태조 이성계의 세력 기반으로 편입되어 종군했다. 건국 후 이성계는 여진인들을 포섭하는 정책을 시행했다. 버려진 땅이나 다름없던 함경북도 지역에 군현을 설치하고 관원을 파견했다. 국경 안쪽에 거주하던 여진인들은 세금을 내고 부역에 종사하며 차츰 조선에 동화되어갔다. 국경 바깥에 거주하는 여진인들도 토산물을 바치거나 교역을 하면서 조선과 긴밀한 관계를 유지했다.

함경도 지역과 두만강 인근의 여진인들은 차차 조선의 행정 체제 하에 편입되었다. 세종조에 4군 6진을 설치한 뒤 이곳을 지키기 위해 여진의 협조는 오히려 더욱 절실해졌다. 조선은 우호적인 여진 인들이 국경 지역에 부락을 형성하여 다른 여진의 침략을 감시하고 방어하게 했다. 여진의 부락은 두만강 건너 먼 곳부터 6진의 성 바로 아래까지 곳곳에 산재해 있었다.

여진은 때로 제 발로 찾아와 조선에 복속하겠다는 의사를 밝히기도 하고, 때로는 조선 측에서 이들을 회유하기도 했다. 두만강 일대의 여진 부락은 6진을 방어하는 1차 완충 지대 역할을 톡톡히 수행해냈다. 그러나 때로는 태도를 바꾸어 소규모로 노략질을 일삼거나 대규모 군사 공격을 감행하는 일도 있었다. 따라서 조선의 입장에서 여진은 필요하면서도 경계해야 하는 존재였다.

여진 입장에서도 조선과 대립하기보다는 복속하는 쪽이 이득이었다. 여진은 조선에서 농업 기술을 이전받고, 무역을 통해 생필품을 확보했다. 농사를 망치면 조선 관청의 곡식을 꾸어 먹고 갚았다. 무엇보다 조선은 내지에 있는 여진의 침입을 막아주는 든든한 방패였다.

조선은 복속한 여진을 위해 토성을 쌓고 목책을 설치해주었으며, 때로는 군사를 동원하여 구원했다. 이렇게 각종 보호와 혜택을 받는데도 세금을 내거나 부역할 필요가 없고, 단지 가끔 물품을 진상할 뿐이었다. 따라서 여진은 스스로 내조(來朝)를 자청하기도 했다.

그 결과, 여진 부락의 규모는 갈수록 커졌다. 일부 지역에서는 조선 백성보다 여진의 인구가 더 많은 상황이었다. 반면 조선 백성은 과중한 세금과 부역으로 인해 갈수록 줄어들었다. 심지어 세금과 부역이 없는 여진으로 귀순하는 백성도 적지 않았다.

물론 조선 측에서도 여진에게 요구하는 것이 있었다. 국경 일대의 여진은 내지 여진의 동향을 보고해야 했고, 포로로 잡혀가거나 도망한 조선 백성을 송환하는 역할도 맡았다. 여진과 조선의 교류가 잦아지면서 변장과 수령은 여진을 엄격히 통제할 필요가 있었는데, 이 과정에서 과도한 형벌을 시행하는 경우도 없지 않았다. 불만을 품은 여진인은 조선과의 관계를 끊고 내지로 들어가곤 했다. 이들이 내지의 여진에게 조선의 방어 체계에 대한 정보를 제공하여 대규모 침략으로 이어지기도 했다.

조선 측에서는 여진에게 관직을 주거나 입조(入朝)를 명하여 회유하기도 하고 때로는 무력을 동원하여 강경 진압하기도 했는데, 조선에서는 이들을 번호(藩胡)라 불렀다. 울타리 노릇을 하는 오랑캐라는 뜻이다. 번호는 두만강 일대의 평야 지대에 널리 퍼져 살고 있었다. 이탕개의 난에 참전한 이일(李鎰)의 『제승방략(制勝方略)』에 따르면 두만강 일대의 번호는 8,000여 호였다. 인구는 최소 4만 명 이상이었을 것으로 추정된다. 번호의 규모는 조선 초기 이후로 계속 확대되었다. 이에 따라 충돌 가능성도 점차 커졌다.

조선에 복속하던 여진이 난을 일으킨 원인은 무엇일까? 번호의 난은 조선 측에도 책임이 있었다. 변장과 수령들이 번호를 침탈하거나 가혹한 형벌을 주어 인심을 잃은 탓이다. 번호의 거주 지역에서는 담비 가죽이나 진주 따위의 귀중품이 나왔는데, 변장과 수령들이 이를 탐내어 과도한 요구를 했다는 것이다. 무엇보다 번호가 내지의 여진으로부터 침략을 받으면 조선 측에서 이들을 보호해주어야 하는데, 제 역할을 하지 못하여 번호의 불신을 초래했다. 이탕개의 난은 조선 국경 방어의 최전선에 있던 번호가 도리어 칼날을 돌려 조선을 침략한 사건이었다.[12]

1583년 1월, 경원 아산보(阿山堡) 번호의 추장 우을지(迂乙知)는 전임 만호(萬戶) 최몽린(崔夢麟)이 번호를 침학한다는 소문을 퍼뜨리고, 인근 부락에 전통(箭通)을 보내 난을 일으켰다. 이런 사정을 알 리 없는 아산보 만호 유중영(柳重榮)은 소규모의 번호가 모여 있는 모습만 보고서 토병(土兵) 안춘(安春)과 통사(通事) 한옥(韓玉) 등을 보내 정탐하게 했다. 이들은 모두 번호에게 사로잡히고 말았다.

번호는 곧이어 아산보를 습격했다. 100여 명의 군사가 지키고 있는 작은 보루였다. 당시 아산보에는 만호 유중영 외에도 북도 우후(北道虞侯) 이인길(李仁吉)이 주둔하고 있었으나, 이들은 겁에 질린 나머지 싸울 엄두를 내지 못했다. 이들을 대신하여 나선 사람은 아산보에 와 있던 이성 현감(利城縣監) 이지시(李之詩)였다. 그는 활을 쏘아 번호 여럿을 맞혔다. 그러나 이지시 역시 화살에 맞아 상처를 입었다. 조선군의 저항에 부딪친 번호는 포위를 풀고 돌아갔다. 아산보를 습격한 번호는 비교적 소규모였던 듯하다. 그러나 순찰을 나갔다가 잡혀간 군사는 끝내 되찾지 못했다.

경원 부사 김수(金璲)와 판관 양사의(梁士毅)는 잡혀간 군사들을 되찾고자 약간의 군사만 거느리고 두만강을 건넜다. 이들은 여전히 번호들이 집단으로 난을 일으켰다는 사실을 모르고 있었다. 단지 우을지 휘하의 번호 일부가 난동을 부린 줄로만 알았다. 김수와 양사의는 곧 번호에게 포위당하고 말았다. 훈융진(訓戎鎭) 소속의 내금위 백윤형(白允衡)이 죽기로 싸워 두 사람을 구해냈다. 두 사람은 모든 무기와 군량을 버리고 간신히 포위망을 빠져나와 경원성으로 돌아왔다. 그러나 본격적인 전투는 이제부터였다.

이튿날, 무려 1만여 명의 번호가 경원성을 포위했다. 조선군은 힘껏 저항했으나 수백 명의 군사로는 당해낼 수가 없었다. 함락은 시간 문제였다. 결국 서문(西門)을 지키던 전 만호 이봉수(李鳳壽)가 달아나는 바람에 서문이 뚫리고 말았다. 번호가 물밀듯이 성 안으로 들어와 살인과 약탈을 자행했다. 이들은 백성이 기르던 가축과 관청 창고에 비축된 물건을 모조리 빼앗았다. 감옥에 갇혀 있던 여진인들은 모두 풀어주었다. 그러나 김수가 죽을힘을 다해 지킨 덕에 무기와 군량은 뺏기지 않았다. 반면 양사의는 향교에 숨어 적이 물러나기만을 기다렸다. 한 차례 노략질을 자행한 번호는 성 밖으로 물러나 본거지로 돌아갔다.

다음 날 번호가 다시 경원성으로 몰려왔다. 이들은 성 안에 있는 물건을 남김없이 쓸어가기 위해 남녀노소를 가리지 않고 소와 말을 끌고 왔다. 번호는 이미 한 차례 성 안을 도륙했으니 별다른 저항이 없을 것이라 여겼다.

그런데 예상과 달리 성 위에서 화살이 비처럼 쏟아졌다. 당황한 번호들은 우왕좌왕했다. 번호 장수 한 사람이 백마를 타고 성 앞으로 돌격했다. 성벽 위에 서 있던 조선 장수가 화살 한 대를 날렸다. 번호 장수는 그대로 화살을 맞고 말에서 떨어졌다. 이 광경을 본 번호들은 혼비백산하여 달아났다. 활을 쏜 조선 장수는 다름 아닌 온성 부사 신립이었다.

신립은 번호가 아산보를 침략했다는 소식을 듣자마자 군사를 이끌고 달려갔다. 아산보로 가던 그는 도중에 조선 병사 한 사람을 만났다. 그는 아산보에서 50리 떨어진 안원보(安原堡)를 지키던 병사로, 번호의 침입 소식을 듣고 달아난 탈영병이었다. 신립은 안원보로 들어가 탈영병의 목을 베어 장대에 매달았다. 동요하던 군사들이 진정되었다. 신립은 군사들을 성 위에 배치하고 북을 쳐서 사기를 돋우었다. 안원보를 노리던 번호들은 감히 다가가지 못했다. 그러나 군사가 얼마 되지 않았기에 신립은 안원보를 포기하기로 했다. 때마침 경원성이 함락되었다는 소식을 들은 신립은 모든 군사를 이끌고 달려왔다. 신립은 번호가 잠시 물러난 틈을 타서 성 위에 군사를 배치해두었다. 번호는 그것도 모르고 노략질한 물건을 실어가려고 왔다가 뜻밖의 저항을 만났던 것이다.

신립의 활약에도 불구하고 번호의 침입은 점차 확대되어 각 처에서 충돌이 일어났다. 이때 침입한 여진의 규모는 최소 1만에서 2만 사이였는데, 당시 6진을 지키던 조선군은 모두 합해 5,000명도 되지 않았다.

여기서 짚고 넘어가야 할 것이 있다. 1월부터 2월까지 조선의 변방을 침범한 번호의 주도자는 우을지였다. 이탕개가 침입한 것은 3월의 일이었다. 이탕개의 침입 규모가 가장 컸기 때문에 이때의 침입을 '이탕개의 난'이라고 명명하긴 했지만, 엄밀히 말하면 청강이 북변을 지킬 당시 침입한 여진의 추장은 우을지다.

청강의 보고가 처음 조정에 들어온 것은 2월 7일이었다. 이때의 보고는 "경원의 번호가 난을 일으켜 경원과 아산보를 포위했다"라는 내용이었다. 경원이 함락되기 이전에 올린 보고였던 듯하다.

선조는 급히 대책을 논의하고 오운(吳澐)과 박선(朴宣)을 조방장(助防將)으로 임명하여 군사 8,000명을 거느리고 먼저 가게 했다. 아울러 경기 감사 정언신(鄭彦信)을 우참찬 겸 도순찰사로, 방어사 이용(李戭)을 남병사로, 남병사 김우서(金禹瑞)를 방어사로 임명했다. 정언신에게 총책을 맡긴 이유는 그가 과거 함경도 관찰사로 상당한 치적이 있었기 때문이다. 김우서는 무인 출신으로 이미 북병사를 역임한 적이 있었고, 이용 역시 변방에서 잔뼈가 굵은 무인이었다. 이때 이용은 당시 훈련원에 소속되어 있던 이순신을 군관으로 데리고 갔다. 나중에 이순신은 경원 침략의 우두머리였던 우을지를 유인, 참수하여 명성을 떨쳤다.

9일, 경원부와 안원보가 함락되었다는 보고가 조정에 올라왔다. 선조는 경원 부사 김수와 판관 양사의에게 책임을 물어 참수하고 군중에 효수(梟首)하라고 명했다. 다만 참수는 순찰사가 변방에 도착한 뒤에 시행하라고 했다.

이 무렵 율곡이 청강에게 보낸 편지를 보면 청강은 당시 병조 판서였던 율곡에게 따로 편지를 보내 원군을 요청했던 듯하다.

봄 날씨가 추운데 편안히 지내고 계십니까. 그리운 마음 간절합니다. 변방의 보고가 몹시 급한데 저처럼 썩은 선비가 병권을 맡고 있어 계책을 내지 못하니 한탄스럽습니다. 길에서 전하는 말을 들으니 공이 너무 엄격하여 장수와 사졸들이 두려워할 줄은 알아도 사랑할 줄은 모른다고 하는데 정말 그렇습니까. 장수가 병사들의 환심을 사야 그들의 힘을 얻을 수 있습니다. 공께서는 위엄을 지키되 너그러움과 어짊으로 보완하시기 바랍니다. 서울의 병사를 징발하는 것은 일의 형세상 지극히 어렵습니다. 도내의 잡색군을 뽑아 적에게 대응하시기 바랍니다.[13]

번호의 난이 발발한 초기에 율곡이 청강에게 보낸 편지이다. 청강의 군율이 지나치게 엄하다는 소문을 듣고서 부하를 너그럽게 대하라고 충고하는 내용이다. 율곡은 서울의 병사를 징발하는 문제에 대해 난색을 표하며 도내의 남은 군사를 긁어모아 적과 싸우라고 했다.

10일, 선조는 대신들에게 이번 기회에 여진을 소탕하겠다는 의지를 피력했다. 비변사에서는 선조의 주장에 동조하면서도, 우선 병력과 물자를 점검하여 상황을 살핀 뒤에 소탕을 실시하도록 건의했다. 아울러 "북병사 이제신은 재략이 있다 하나 사실은 서생(書生)이어서 혼자에게 중임을 맡기기에는 어려운 점이 있습니다"라고 하며 김우서를 즉시 현장으로 보내 청강을 대신해 군사를 지휘하게 하도록 건의했다.

12일, 선조는 새로 임명된 순찰사 정언신과 구원병에게 격려차 잔치를 베풀어주었다. 정언신이 이끄는 구원병은 15일이 되어서야 비로소 변방을 향해 출발했다. 선조는 이날 김수를 참수하라고 독촉했다. 처음에는 순찰사가 변방에 도착하는 대로 형을 집행할 예정이었으나, 이날 선전관 이극선(李克善)을 따로 보내 김수를 참수하라고 명한 것이었다.

13일, 청강의 승전보가 처음으로 도착했다. 훈융진 첨사 신상절(申尙節)과 온성 부사 신립이 훈융진을 포위한 적을 격퇴하고 50여 급을 참수했다는 보고였다. 훈융진은 경원 북쪽 25리에 위치한 비교적 큰 진이었는데, 번호 1만여 명에게 포위 공격을 당했다. 첨사 신상절은 죽기로 싸웠으나 화살이 떨어지고 힘이 다하여 더 이상 버틸

수가 없었다.

때마침 신립이 이끄는 구원병이 도착했다. 신립은 곧장 번호에게 돌격했다. 힘을 얻은 신상절도 성문을 열고 나와 싸웠다. 번호는 포위를 풀고 달아나기 시작했다. 신상절과 신립은 두만강 건너까지 추격하여 번호의 부락을 소탕했다. 전황을 바꾼 승리였다. 『북관유적도첩』에 실려 있는 〈일전해위도〉는 이때 화살 한 발로 훈융진을 포위한 여진을 물리친 신립의 활약을 묘사한 그림이다.

조선군이 훈융진에서 승리를 거둔 것은 1월 28일이었는데, 보고가 조정에 도착한 것은 2월 13일이었다. 이때 김수도 패전의 과오를 씻고자 고군분투하여 40여 급을 베었다. 비변사에서 이를 이유로 김수의 형 집행을 중지하도록 청했으나 선조는 윤허하지 않았다.

한편, 비변사는 이제신의 파직을 청했다. "이제신은 서생으로서 이번에 변방 침입을 당하여 조처와 전략에 소루한 점이 없지 않았다"는 이유였다. 그러나 선조는 윤허하지 않았다. 선조는 이제신의 파직을 윤허하지 않은 이유를 이렇게 말했다.

"이제신이 비록 군대 일에 익숙하지 못하다고 하더라도 김우서와 협력하여 기각(掎角, 서로 의지함)의 형세를 이루고 있으니 도움이 없다고는 못할 것이다. 그런데 그러한 뜬소문에 흔들려 경솔하게 파직을 들고 나오니, 설령 이제신에게 죄를 가하더라도 지금이 어찌 적당한 때이겠는가."

20일, 청강의 두 번째 승전보가 올라왔다. 2월 9일 훈융진을 침입한 번호를 다시 격퇴했다는 소식이었다. 승세는 점차 조선 쪽으로 기울고 있었다. 그러나 사헌부와 사간원은 이제신에게 책임을 지우고 잡아들여 국문하기를 청했다.

북병사 이제신은 사납고 모진 데다 처사까지 앞뒤가 맞지 않아 북변을 지키면서 학정을 일삼아 여러 보(堡)에서는 마음을 돌리고, 번호들을 원망하고 배반하게 만들었으니 오늘에 이러한 변란이 있게 된 것도 실은 이제신 때문입니다. 변란이 일어나자 겁에 질려서는 얼마 안 되는 거리에 있는 외로운 성이 함몰되어 가는 것을 보면서도 속수무책으로 달려가 구원하지 못했습니다. 그리하여 장수와 병사들의 생사와 사람과 가축이 얼마나 죽었는지도 전혀 알지 못하고, 또 무엇을 지적한 것인지조차도 모를 정도로 앞뒤가 맞지 않는 장계를 올렸던 것입니다. 군율을 그르쳐 성을 함몰시키고 나라를 욕되게 한 죄가 크니, 잡아들여 추국한 다음 법대로 죄를 정하소서.[14]

선조는 결국 사헌부와 사간원의 청을 윤허했다. 그런데 다음 날인 21일, 청강의 세 번째 승전보가 올라왔다. 이번에는 대승이었다. 2월 16일 번호의 부락을 소탕하여 150여 급을 보낸다는 것이었다.

당시 청강은 온성 부사 신립, 부령 부사 장의현(張義賢), 첨사 신상절과 군관 김우추, 이종인(李宗仁), 김준민(金俊民) 등을 세 부대로 편성하여 금득탄(金得灘), 안두리(安豆里), 자중도(者中島), 마전오(麻田塢),

상가암(向加巖), 우을기(于乙其), 거여읍(車汝邑), 포다통(浦多通), 개동(介洞) 등 여진의 부락을 동시에 공격하여 대승을 거두었다. 이전부터 조선 측은 번호의 침입을 받을 때마다 해당 번호의 부락에 보복 공격을 가했는데, 이 공격이 성공한 것이었다. 임진왜란 이전에 행해진 번호에 대한 보복 공격 가운데 가장 큰 성과였다.

승전보를 받은 선조는 청강을 신뢰한 자신이 옳았다는 점을 강조하며 비변사에 의견을 전달했다.

나는 이미 이제신이 그렇게 하리라는 것을 알고 있었다. 그러나 여러 사람들이 모두 아니라고 하므로 나 역시 혼자 고집할 수 없었던 것이다. 지금 이미 이렇게 공을 세웠는데 잡아온다는 것은 온당치 못하니 논의하여 아뢰라.[15]

그러나 청강을 잡아들여 국문하라는 명은 중지되지 않았다. 이미 금부 도사가 출발했으니 명령을 중지할 수 없다는 것이었다. 비변사에서는 청강이 서울로 압송되면 그때 최종적으로 판결을 내리도록 청했다.

30일, 또다시 청강의 승전보가 도착했다. 군관 김우추가 번호의 부락을 소탕하고 수급 65개를 올려 보낸다는 것이었다. 비변사는 청강의 전략이 옳았다는 것이 증명되었다며 오판을 인정했다. 율곡도 청강에게 편지를 보내 이러한 소식을 전했다.

오랑캐가 난동을 부려 성상을 근심하게 했으니, 분통한 심정을 이루 말할 수 있겠습니까. 병사를 징발해도 오지 않는 것이 가장 큰 걱정입니다. 백성이 흩어진 지 오래이니 당연한 형세입니다. 한탄스럽습니다.

다행히 종묘사직이 보우하고 장수들이 힘껏 싸워 적의 소굴을 소탕하여 물러나게 했으니, 그대의 공도 작지 않습니다. 도성의 유언비어는 차마 들을 수 없을 정도인데, 성상께서도 동요하지 않을 수 없어 처음에는 잡아오라고 명했으나 곧 깊이 후회하셨으니, 그대는 안심하고 올라와도 됩니다.

활은 수량을 살펴보고 처리하겠습니다. 병기고에 보관한 것은 몹시 부족하다고 합니다. 저는 썩은 선비로 때마침 병권을 잡고 있다가 이 같은 난리를 만났는데 사직하려 해도 할 수가 없으니 그저 부끄러울 뿐입니다. 나머지는 조만간 만날 것이니 길게 말하지 않겠습니다.[16]

잇따른 승전보로 변방은 안정을 찾아가는 것처럼 보였다. 청강은 비록 소환 명령을 받았으나 그의 판단이 틀리지 않았다는 사실이 이미 입증되었으므로 별일 없을 것처럼 보였다. 그러나 며칠 뒤 상황이 갑자기 달라졌다.

유배의 길

윤2월 5일, 김수를 참수하러 간 선전관 이극선이 도성으로 돌아와 선조에게 보고했다. 2월 24일 행영에 도착하여 청강에게 김수를 참수하라는 전지(傳旨, 국왕의 명령서)를 보였더니, 청강이 사형을 집행할 때는 반드시 사흘을 기다려야 한다며 집행을 거부했다는 것이다. 선전관은 어쩔 수 없이 사흘을 기다린 뒤 26일에 형을 집행했다. 선조는 왕명을 즉시 집행하지 않았다는 이유로 이극선을 처벌하고, 이제신의 죄에 이를 추가했다.[17] 김수는 학봉(鶴峰) 김성일(金誠一)이 천거한 인물이었는데, 이때 김성일은 부적절한 인물을 천거했다는 이유로 나주 목사로 좌천되었다.

청강이 왕명에도 불구하고 사형을 지체한 것은 『대명률』의 규정 때문이었다. 『대명률』의 규정상 사형을 집행할 때는 조정에 보고하고 회답을 받은 사흘 뒤에 비로소 집행할 수 있다.[18] 지방관이 자의적으로 사형을 집행하는 것을 막기 위한 규정이다. 만약 회답을 기다리지 않고 사형을 집행하면 곤장 80대, 회답을 받았더라도 사흘이 지나기 전에 집행하거나 사흘이 지났는데도 집행하지 않으면 곤장 60대의 처벌을 받는다. 청강은 이 규정에 따라 집행을 미루었던 것이다.

다만 청강의 조치는 논란의 여지가 있다. 『대명률』에 있는 '십악 (十惡)의 죄를 범하여 죽어야 하는 자 및 강도의 경우는 때를 기다리지 않고 집행한다'라는 조항 때문이다. 급박한 전시 상황임을 감안한다면 청강의 조치는 다소 미온적이라는 비판을 받을 수도 있다.

청강이 일방적으로 사형 집행을 늦춘 것이 아니라는 주장도 있다. 『승정원일기』에 따르면, 김수가 경원진을 잃었을 때 청강이 먼저 장계를 올려 참수를 청했다고 한다. 그러나 청강은 곧 생각을 바꾸어 백의종군(白衣從軍)을 명했고, 김수는 이로 인해 더욱 분발하여 마침내 공을 세웠다. 그런데 조정에서는 청강이 즉시 참수를 집행하지 않았다는 이유로 유배를 보냈다는 것이다.[19] 여러 문헌에 나오는 기록인 만큼, 제법 신빙성 있는 주장이다.

그러나 이 사건에서 가장 큰 문제는 선조의 개입이었다. 선조가 청강에게서 여진 침입의 보고를 받고 가장 먼저 내린 명령은 김수와 양사의를 처형하라는 것이었다. 훗날 임진왜란이 일어났을 때도 선조는 패전한 장수를 처형하라고 명했는데, 이러한 성급한 조치는 개전 초기의 혼란한 상황을 가중시켰다.

더구나 선조의 조치는 용병의 일반론에 비추어보아도 적절치 못한 것이었다. 『손자병법(孫子兵法)』에 "장수가 밖에 있으면 군주의 명도 받지 않는다"라는 말이 있다. 예로부터 군주가 일단 장군을 임명하여 전장으로 내보내면, 전적으로 그의 판단을 따르는 것이 원칙이었다. 대궐에 머물러 있는 군주로서는 전장의 상황을 알 수 없기 때문이다. 군주가 작전에 개입하는 바람에 패배한 예는 지난 역사에서 얼마든지 찾아볼 수 있다. 이는 임진왜란이 일어났을 때 선조가 자기 입으로 언급한 사실이기도 하다. 그럼에도 청강에게 죄를 물은 이유는 청강이 사형을 지체했다는 선전관의 보고를 받은 선조가 순간적으로 분노를 참지 못한 탓으로 보인다. 율곡도 청강에게 보낸 편지에서 이렇게 말했다.

> 요즘 승전보가 잇달아 도착하여 장수와 병사의 논공행상을 하고 있는데, 주장이 잡혀 오게 되었으니 경중이 맞지 않아 몹시 한탄스럽습니다. 저는 전투에 임하여 장수를 바꾸면 안 된다고 강력히 주장했으나, 여론이 비등하여 모두가 한입으로 말하므로 반박할 수가 없었으니 어찌하겠습니까. 성상께서 곧 깨달으시고 끝내 아무 일 없을 것이니 안심하고 올라오십시오.[20]

사헌부와 사간원에서는 청강을 사형에 처해야 한다고 주장했으나, 뒤늦게 자신의 조치가 지나쳤다는 사실을 깨달은 선조는 '감사조율(減死照律)'을 명했다.[21] 사형에서 한 등급 감등하여 처벌하라는 것이었다.

사태의 책임을 물어야 하는 사헌부와 사간원의 입장에서는 북방방어의 총책임자인 청강에게 책임을 묻는 것도 당연하다. 그러나 이들의 비판이 과연 온당한 것인지는 따져볼 필요가 있다.

번호의 반발은 청강 이전부터 이미 표면화되었으므로 사태의 원인을 청강에게서 찾는 것은 부당한 처사이다. 초기에 적극적으로 대응하지 않았다는 점을 문제 삼을 수는 있겠으나, 이후 반격에 나서 번호의 부락을 초토화했으니, 결과적으로 대응에 문제가 있었다고 하기도 어렵다. 번호의 침입을 받으면 그들의 부락에 보복 공격을 가하는 것이 오랜 대응 방법이었기 때문이다.

이 시기 청강의 행적에 대한 『선조실록』과 『선조수정실록』의 기록은 사뭇 다르다. 『선조실록』은 청강이 획득한 수급이 150여 급이라고 했지만 『선조수정실록』에서는 300여 급이라고 했다. 김수의 형 집행을 지체한 일에 대해서도 『선조실록』은 별다른 설명을 하지 않았으나 『선조수정실록』에는 양사의와 김수를 똑같이 처벌하는 것이 부당하다고 여긴 청강이 조정에 보고하고 명령을 기다렸기 때문이라고 적고 있다. 『선조수정실록』을 편찬한 서인 측에서 청강을 좀 더 우호적으로 보았던 것은 분명하다. 다만 『선조실록』과 『선조수정실록』이 모두 일치하는 부분이 있다. 청강이 청렴결백하여 집에 저축이 없었으며, 군율이 엄격하여 군사들이 명령을 잘 따랐다는 점이다.

여진은 조선 초기부터 자주 변방에서 소요를 일으켰다. 따라서 이탕개의 난 역시 여진 침입의 연장선에서 볼 수 있다. 그런데 윤근수는 독특한 주장을 펴 눈길을 끈다. 그의 주장에 따르면, 번호의 침입은 청강이 북병사로 부임한 일과 관련이 있다. 당시 함경북도의 군정은 해이해진 지 오래였는데, 청강이 부임하여 군정을 정비하고 나태한 여러 진을 엄격한 군율로 단속했다. 그러자 불만을 품은 각진의 장수들이 번호를 충동질하여 경원을 공격하게 했다는 것이다. 청강이 의금부로 압송될 당시, 윤근수가 찾아가자 청강은 이렇게 말했다.

"내가 여러 진을 순시하니, 밤에도 성문을 닫지 않는 곳이 있었다. 이런데도 벌을 내리지 않는다면 앞으로 어떻게 북병사 노릇을 하겠는가?"

이 말로 보건대 수하 장수들이 불만을 품고 있었다는 점은 청강도 알고 있었던 듯하다. 당시 청강의 휘하에 있던 신립은 "공은 호령이 분명하고 상벌이 확실하며 그 마음이 공정하여 애증에 현혹되지 않았다"라고 평했다. 그러나 이처럼 원칙적인 태도는 오히려 수하 장수들의 반발을 초래했다.

윤근수는 청강이 부임하여 원칙을 엄격히 적용하자 변방의 장수들이 심하게 반발했으며, 이로 인해 비방이 나오게 되었다고 했다. 이탕개의 침입은 청강에게 불만을 품은 변방 장수들이 번호를 충동질하여 일어난 사건이라는 것이 윤근수의 주장이었다.

경원의 번호들은 청강의 지휘 아래 토벌되었으나 북병사가 청강에서 김우서로 바뀐 뒤 번호의 반란은 오히려 확대되었다. 1583년 3월 10여 명의 번호가 온성진의 영건보(永建堡)를 침범한 일을 시작으로, 5월에는 종성의 번호 율보리(栗甫里)와 회령의 번호 이탕개가 종성 일대를 침략했다. 이들의 규모는 적게는 1만 명, 많게는 3만 명에 달했다. 이들은 과거의 무식한 도적떼가 아니었다. 대장의 지휘와

전략에 따라 움직이는 군대였다. 번호뿐만 아니라 내지의 여진족도 합세했다. 『선조실록』에서는 "싸우다가 죽은 사람, 노략질당한 사람과 가축이 헤아릴 수 없을 정도였고, 종성과 회령 인근의 번호들이 사람과 물건을 닥치는 대로 훔쳐가지 않는 날이 없을 정도"[22]라고 했다.

청강이 국경 방어에서 손을 뗀 뒤 번호의 침략은 13차례나 이어졌으나 다행히 추가로 함락된 곳은 없었다. 청강이 번호의 부락을 소탕하고, 조선 측이 전열을 재정비한 덕택이었다. 번호의 반란은 차츰 기세가 꺾였다. 율보리와 이탕개가 내지로 도망하면서 변방은 다시 안정을 되찾았다. 이때부터 임진왜란 이후까지 번호의 난은 간헐적으로 이어졌지만 이 시기와 같은 대규모의 침입은 없었다.

조헌(趙憲)의 상소에 따르면, 청강을 대신하여 북병사에 임명된 김우서는 청강의 만류를 듣지 않고 공격에 나섰다가 큰 손실을 입었다. 게다가 그는 허위 보고로 패배를 숨기려 했다.[23] 과연 청강을 파직하고 김우서를 임명한 것이 온당한 조치였는지 생각해볼 일이다.

청강이 의금부로 압송될 당시의 상황은 심각했다. 여론은 왕명을 어긴 그가 살아남기 어려울 것이라고 했다. 이때 이항복은 청강과 마지막 인사를 나누기 위해 길에서 기다렸다. 그가 당시의 상황을 자세히 기록했다. 청강의 친척과 자제들은 눈물을 흘리며 의금부로 압송되는 청강을 따라갔다. 청강은 이항복을 보고 손을 잡고 웃으며 농담까지 건넸다. 그리고 이항복에게 『강목』을 몇 편이나 읽었는

216

지 묻고, 역사책 읽는 법에 대해 이야기를 나누었다. 그러더니 관리에게 말했다.

"이곳은 내가 오래 머물 곳이 아니니 속히 의금부에 가서 갇혀야겠다."

그러고는 웃는 얼굴로 친지들과 작별했다. 1584년 3월 이항복이 남긴 기록이다.[24]

청강을 의금부로 압송한 당시 의금부 도사는 이계(李啟)라는 인물이었다. 이계는 이정귀(李廷龜)의 부친으로, 그는 평소 청강과 친분이 있는 인물이었다. 당시 청강을 한양으로 압송하도록 결정했을 때 그는 이렇게 말했다.

"이공은 강직하여 남에게 굽히지 않는 사람으로 근심하고 분개하여 병이 날까 염려스럽다. 내가 아니면 그 마음을 풀어주지 못한다."[25]

이계는 자기가 종성 행영으로 가서 청강을 압송해 오겠다고 자청했다. 그는 서울로 오면서 청강과 침식을 함께하며 편의를 봐주었고, 청강이 강계로 귀양 갈 때도 함께했다.

윤2월 23일, 선조는 청강에게 경원 함락의 책임을 묻지 말고, 형 집행을 늦춘 죄만 묻도록 했다. 사간원은 사형에 처해야 한다고 주장했지만 선조는 그럴 생각이 없었다.

논의한 뜻은 나도 이미 알고 있다. 다만 이제신이 성을 함락당하고 나라를 욕되게 했다고 한다면 그것은 지나친 주장이다. 창졸간의 변란을 당하여 주선하고 대응한 공훈도 있으니 지금 그것을 다스릴 수는 없는 일이다. 다만 표신을 계류시켜 3일 후에 형 집행을 하게 한 일은 매우 중대한 관계가 있는 일로서 그 죄만으로도 참으로 죽을죄에 해당한다. 그러나 그 정상을 헤아려보면 생각을 잘못한 것에 불과하다. 윤허하지 않는다.[26]

의금부는 청강을 훈융진에 충군(充軍)하도록 건의했다. 무거운 처벌이었다. 그러나 선조는 그곳이 청강이 지휘하던 곳이므로 적절치 않다고 하며 의주 인산진(麟山鎭)에 충군시켰다. 압록강을 사이에 두고 중국을 마주한 곳이었다.

청강은 유배된 지 몇 달 뒤 맏아들 기준이 죽었다는 소식을 전해들었다. 집안사람들에게 부친의 억울함을 토로하다가 갑자기 피를 토하더니 이튿날 6월 8일 세상을 떠났다는 것이다. 비극은 여기서 그치지 않았다. 9일 뒤 둘째 며느리가 죽었다. 청강은 그로부터 90일이 지나지 않아 세상을 떠났다.

청강은 임종을 앞두고 '출정하여 승리하기 전에 몸이 먼저 죽으니[出師未捷身先死]'라는 구절을 외웠다. 당나라 시인 두보(杜甫)의 「촉나라 승상[蜀相]」에 나오는 구절이다. 청강의 죽음을 애도한 수많은 만시와 제문에 보이는 내용이다.

인산진 지도
인산진은 압록강 서쪽 끝의 진(鎭)이다. 인산진 건너편으로 조선 태조
가 군사를 돌린 위화도(威化島)가 보인다. 『팔도지도』 중 〈평안도〉, 서울
대학교 규장각한국학연구원 소장.

승상의 사당을 어디에서 찾을까	丞相祠堂何處尋
금관성 밖 측백나무 무성한 곳이지	錦官城外柏森森
섬돌에 비치는 푸른 풀은 절로 봄빛이요	映階碧草自春色
나뭇잎 속에서 꾀꼬리 울음 공연히 곱네	隔葉黃鸝空好音
삼고초려 받고서 천하통일의 계책 세우고	三顧頻煩天下計
한 마음으로 두 황제 섬긴 늙은 신하라네	兩朝開濟老臣心
출정하여 승리하기 전에 몸이 먼저 죽으니	出師未捷身先死
길이 영웅으로 하여금 눈물로 옷깃 적시게 하네	長使英雄淚滿襟

이 시의 제목 「촉나라 승상」은 『삼국지』에 등장하는 제갈량을 말한다. 널리 알려져 있다시피 제갈량은 유비를 도와 촉나라를 세우고, 유비가 죽은 뒤에는 후주(後主) 유선(劉禪)을 보좌하는 한편, 중원(中原) 회복을 도모하며 여섯 차례에 걸쳐 출정했다. 출정을 앞두고 후주에게 올린 「출사표」는 유명하다. 그러나 제갈량은 끝내 중원의 회복을 보지 못하고 전장에서 세상을 떠났다.

청강은 이 시의 "출정하여 승리하기 전에 몸이 먼저 죽으니"라는 구절이 당시 자신의 처지와 같다고 여겼던 듯하다. 전투에서 승리하고도 유배된 처지에 불만을 품거나 한탄하는 모습은 보이지 않는다. 오직 여진과의 전쟁이 완전히 끝나지 않았는데 생명이 다해간다는 사실을 안타까워했을 뿐이다.

청강과 절친했던 이정암의 아우 이정형이 편찬한 『동각잡기』에서는 이렇게 기록했다.

　　만력 계미년(1583) 봄, 육진의 번호가 경원을 공격하여 함락시켰다. 창고에 있는 것을 모두 실어가는 한편 백성을 죽이고 노략질한 뒤 떠났다. 부사 김수와 판관 양사의는 수비하지 못했다는 이유로 참형에 처해지고 병사 이제신은 잡혀가 국문을 받고 유배되었다.

　　이제신이 죄를 얻게 된 것은 비단 패배했기 때문만은 아니다. 선전관이 표신을 가지고 가서 김수 등에게 형을 집행하려 했는데, 마침 김수가 번호를 뒤쫓아 참수한 공을 세우고 그 사유를 보고했다. 이제신은 조정에 형벌을 가볍게 해달라고 요청했는데, 사형에 처해야 하는 자의 재심을 논하는 경우는 사흘이 지나서야 형벌을 집행한다는 법조문을 근거로 선전관에게 사흘 동안 머무르도록 권유하고 명령이 오기를 기다렸는데 끝내 오지 않아서 형을 집행했다.

　　양사는 이제신이 제멋대로 임금의 명령을 중지시켰다는 이유로 사형에 처해야 한다고 주장했지만 성상이 특별히 사형을 면하게 해주었다. 그러나 사람들은 그 실정을 따져보면 죄가 걸맞지 않는다고 했다.[27]

1585년 2월 28일, 선조는 예조 좌랑 홍의필(洪義弼)을 시켜 청강의 묘에 제사를 지내게 했다. 이때 선조가 내린 글이 사제문(賜祭文)이다. 사제문은 신하의 죽음을 애도하는 글로, 지제교(知製教)가 짓는 것이지만 국왕의 입장에서 말하는 내용이다. 청강의 사제문은 당시 지제교였던 윤선각(尹先覺)이 지었는데, 여기에 청강에 대한 선조의 최종 입장이 나타나 있다.

국왕은 신하 예조 좌랑 홍의필을 보내어 작고한 병사 이제신의 영령에 제사를 지낸다.

영령은 문무의 재주를 갖추고 청렴하고 검소한 절개를 지녀
나의 충직한 신하로서 마음을 다해 직분을 수행했다.
북방에 적임자를 구하기 어려워 경을 선발하여 권한을 주었는데
마침 장수들이 안일하여 소홀히 여기다 화란이 일어났다.
오랑캐가 교화를 거스르고 우리 변방 고을을 침범하여
방자하게 날뛰며 사람을 죽이고 가축을 잡아갔다.
여러 성이 연달아 함락되니 변란이 몹시 심각하여
왕실의 고향이 오랑캐에게 더럽혀졌다.
누가 내 걱정을 덜어주고 이 나라의 치욕을 씻을 수 있으랴.
경이 이때 계책을 내어 장졸들과 협력했다.
몰래 군사를 강 건너로 보내 그들의 소굴에 불을 지르니
소문이 들리는 곳마다 위엄을 떨치기에 충분했다.
경의 노고에 보답하기도 전에 유배지에서 부고가 전해졌다.
이제 3년이 지나도록 오랑캐를 소탕하지 못하고
군사는 국경에서 늙어가며 조정은 여전히 바쁘다.
경을 생각할 때마다 내 마음 더욱 슬프구나.

이에 담당 관사에 명하여 관직을 돌려주고

다시 이렇게 제사를 지내 저승의 혼령을 위로하노라.

영령이여 지각이 있다면 와서 흠향하라.[28]

청강이 세상을 떠나자 수많은 이들이 애도의 뜻을 담아 제문과 만사를 지었다. 그중에 백미는 이항복의 만시가 아닌가 한다. 이항복은 청강의 문인으로 자처한 만큼, 청강을 누구보다 잘 아는 인물이었다.

희기는 흰 물새처럼 희고	白若白鷺白
맑기는 맑은 물처럼 맑았네	淸如淸水淸
천 권의 책을 읽고 활까지 쏘아	讀書千卷更彎弧
임금의 은총 입어 장성이 되었네	荷君恩寵作長城
옥 부절과 황금 인장은 변방 구름에 잠기고	玉節金章沉塞雲
세상 떠난 뒤 처자는 굶주린 기색 있네	身後妻孥有飢色
임금이 글을 내려 땅속에 묻힌 이를 표창했지만	天書獨襃地中身
그 사람 이미 죽었으니 탄식한들 어이하리!	其人已死何嗟及
아아	噫吁嚱
그 사람 이미 죽었으니 탄식한들 어이하리!	其人已死何嗟及[29]

6

청강과 그의 시대

당쟁의 와중에 홀로 서다

조선시대 인물을 이야기하면서 빼놓을 수 없는 것이 당파이다. 당파는 단순히 정치적 입장을 같이하는 이들이 아니다. 조선시대의 당파는 혈통과 학맥으로 이어진다. 같은 당파에서 사제관계가 형성되며, 혼인도 같은 당파끼리 하는 것이 일반적이다. 따라서 당파는 단순한 정치 집단이 아닌 운명 공동체이다. 청강의 당파적 입장은 어떠했을까?

조선시대 당파의 기원으로 흔히 언급되는 것은 1575년 이조정랑의 천거 문제를 둘러싼 동인과 서인의 대립이다. 그러나 당파는 그 이전에도 존재했다. 개국 초에는 조선 건국을 주도한 개국공신 세력과 비교적 건국에 미온적이었던 세력이 대립하고, 이후 태조의 여러 왕자를 중심으로 당파가 나뉘었다. 단종 즉위 이후로는 단종의 친위 세력과 세조를 중심으로 한 새로운 세력이 등장했고, 중종 반정 이후로는 반정 개국공신 세력과 이들에 맞서는 사림 세력으로 갈라졌다. 이 밖에 외척 세력 등이 개입하여 조선시대의 당파는 복잡다단했다.

청강의 조부가 중종반정을 도왔다는 기록이 사실이라면, 청강의 집안은 반정공신 세력에 가까웠다고 보는 것이 온당하다. 그러나 청강과 남명의 인연을 보면, 청강은 사림 세력과도 가까운 관계를 유지한 것으로 보인다. 청강이 조광조의 제자 조욱을 스승으로 삼았다는 점, 안로가 편찬한 『기묘제현전(己卯諸賢傳)』의 감수를 맡았다는 점에서도 청강이 사림에게 대단히 우호적이었다는 사실을 확인할 수 있다.[1] 최근 훈구와 사림을 도식적으로 구분하는 것이 불합리하다는 주장이 제기되고 있는데, 청강은 훈구와 사림의 성격을 공유한 인물로서 이 주장을 뒷받침한다.

『선조수정실록』의 졸기(卒記)에 따르면 청강은 홀로 서서 당파에 속하지 않았으므로 당시 여론이 도외시했다고 한다. 하지만 당파에 속하지 않았다는 말을 액면 그대로 받아들이면 곤란하다. 당(黨)은 부정적인 의미를 지닌다. 정당 정치를 표방하는 지금과 달리 당시에는 자기 당의 존재를 결코 인정하지 않았다. 그러나 상대 당은 당파로 지목하며 비난하는 것이 일반적이었다. 당시 조정은 이미 동서로 나뉘어 갈등이 수면 위로 드러났다. 누구나 조정에 들어간 이상, 어느 당과도 무관할 수는 없다.

청강과 가까운 이들을 살펴보면 대체로 서인에 속한다. 율곡이 그렇고, 우계가 그러하다. 그렇지만 청강은 동인과도 상당한 친분이 있었다. 청강은 심인겸(沈仁謙)의 묘갈을 지었는데, 심인겸은 심의겸(沈義謙)의 형이다.[2] 심의겸은 다름 아닌 동서분당을 초래한 동인의 핵심 인물이다. 심의겸이 청강에게 직접 묘갈을 부탁했으니, 청강이 동인과도 밀접한 관계를 유지했다는 사실을 알 수 있다.

동인에 속하는 박승임과도 교분이 두터웠다. 이제신은 승문원에 있을 때 그의 하급 관원으로 인연을 맺었으며, 중국에 갈 적에는 정사와 부사로 함께 연행했다. 박승임은 청강을 '이웃집 아이[隣兒]'로 여겼다고 한다.[3]

청강은 스승 조욱의 아들 조공빈(趙孔賓, 1528~?)에게 지어준 글 「후곡설(后谷說)」에서 자신의 당파적 입장을 밝혔다. 조공빈의 청파동 집은 두 집 사이에 끼어 있었는데, 사람들은 조공빈의 집을 가운뎃집이라 하지 않고 뒷집이라 불렀다. 조공빈은 그 말을 받아들여 자기 집을 후곡(后谷)이라 이름 지었다. 뒤쪽 골짜기라는 뜻이다. 청강은 「후곡설」에서 조공빈이 중도를 지키느라 뒷자리에 있는 점이 이 집과 비슷하다고 했는데, "나 또한 양쪽의 가운데에 있으므로 이쪽저쪽에서 뒤로 취급한다"라고 밝혔다.[4] 청강은 서인에 속했으나 가급적 중립을 지키고자 했던 것으로 보인다. 이 점에서 청강의 당파적 입장은 서인에 속하면서도 당쟁의 중재자를 자임한 율곡과 비슷하다.

당시 청강과 같은 평가를 받은 이들이 없지 않았다. 예컨대 이제신의 후배 세대에 속하는 상촌 신흠과 택당 이식이 대표적이다. 이들은 특정 당파로 지목되는 것을 거부했으며, 자손들도 이 점을 강조했다.

청강과 우호적이었던 인물들이 대부분 서인에 속하는 반면, 청강에게 부정적이었던 인물들은 대체로 동인에 속한다. 먼저 김우옹이다. 김우옹은 청강이 진주 목사로 재직 중이었을 때 이렇게 말한 적이 있다.

"이제신이 성상의 뜻에 부응할 수 있을지는 모르겠습니다."[5]

청강이 직무를 제대로 수행할 수 있을지 의심스럽다는 것이다. 김우옹은 동인이다. 김우옹이 남명의 사위이자 수제자였다는 점을 고려하면 의외의 발언이지만, 아무래도 당론에 치우쳤다는 혐의를 피하기 어렵다.

청강이 이탕개의 침입으로 분전하던 중, 청강의 처벌을 강력히 주장한 사헌부와 사간원을 장악한 이들도 동인이었다. 당시 사헌부 대사헌은 퇴계의 문인이었던 이양원(李陽元), 사간원 대사간은 동인의 강경파 이발(李潑)이었다. 사헌부와 사간원은 조정의 여론을 주도하는 곳이다. 이들이 앞장서서 청강을 탄핵한 결과, 청강은 북병사에서 파직되어 유배 길을 떠나게 된 것이었다.

청강이 세상을 떠난 뒤 청강의 추증을 반대한 노수신(盧守愼) 역시 당시 동인의 우두머리였다.[6] 선조는 "조정이 잃은 경원을 이제신이 되찾았다"라며 2품 이상 관원들에게 추증 여부를 논의하게 했다. 그러나 노수신을 위시한 이들이 반대한 결과, 추증은 이루어지지 않았다. 선조는 하는 수 없이 따로 예관을 보내어 청강의 묘에 제사를 지내게 했다.

청강의 최종 관직은 북병사로 품계는 종2품이다. 이 때문에 청강에게는 시호(諡號)가 내리지 않았다. 정2품 실직(實職)을 역임해야 비로소 시호를 받을 수 있는 자격이 생기기 때문이다. 이로 인해 1695년 조대수(趙大壽)가 이제신에게 시호를 내리도록 요청한 적이 있다. 숙종은 허락하려 했으나 영의정 남구만(南九萬)이 전례가 없다며 반대한 결과 성사되지 못했다.[7]

청강의 자취를 더듬다

청강이 세상을 떠난 지 10년도 못 되어 임진왜란이 일어났다. 청강이 남긴 수많은 저술은 상당수가 전화에 휩쓸려 사라졌다. 남은 것은 시 1권, 문 8권, 『후정쇄어』 1권뿐이었다.

1608년 충남의 덕산 현감(德山縣監)으로 부임한 청강의 사남 이명준은 청강이 남긴 저술을 문집으로 엮어 간행하기로 결심했다. 당시에는 지방관이 관아의 힘을 빌려 자기 선조의 문집을 간행하는 것이 관례였다. 이명준은 자형 신흠을 통해 청강의 제자 백사 이항복에게 편집을 부탁했다. 이항복은 청강이 생전에 아끼던 인물이었다. 덕산 인근의 홍주 목사(洪州牧使)로 재직 중이던 지봉(芝峯) 이수광(李睟光)도 힘을 보탰다. 마침내 1610년 목판본(木版本)『청강집』이 간행되었다. 이 책은 부록 2권, 시 1권, 문 3권, 도합 6권으로 구성되어 있다.『청강집』은 당대 최고의 문인이었던 이항복, 이수광, 신흠의 손을 거쳐 선발된 청강 저술의 정수이다.

지금은 비교적 적은 비용으로 손쉽게 책을 만들 수 있지만, 조선 시대에는 책을 만드는 데 상당한 시간과 비용이 들었다. 이 때문에 생전에 남긴 저술 모두를 책으로 간행하는 일은 드물고, 엄격한 선별 과정을 거쳐 일부만 간행하는 것이 일반적이었다. 청강의 경우도 마찬가지였다. 당시 남아 있던 청강의 저술 가운데 문집으로 간행된 것은 절반도 되지 않았다. 간행하지 못하고 남은 시문은 후손 집안에 보관했다. 그것이 빛을 보게 된 것은 20세기에 들어선 이후의 일이다.

청강의 남은 저술을 간행한 것은 종중이었다. 종중은 청강의 11대손 학로(學魯), 원로(元魯), 12대손 정세(正世), 능세(能世), 경세(慶世)를 담당자로 임명하여 속집의 편찬에 착수했다. 그리고 1927년 원래의 『청강선생집』에『청강선생속집』6권을 더하여 석인본(石印本)으로 간행했다. 그러나 이때도 남은 저술이 모두 간행된 것은 아니었다.

그런데 속집 간행 이후 반세기 만에 또 다른 청강의 저술이 발견되었다. 『청강소와(淸江笑咼)』라는 제목의 필사본 5책이었다. 이 책은 고서 전문서점으로 유명한 통문관(通文館)이 소장하고 있다. 종중은 통문관의 허락을 받아 1979년 원문을 영인(影印) 간행했다.[8]

소와(笑咼)는 '웃음거리'라는 뜻으로 당시 널리 쓰이던 말이다. '청강소와'는 청강의 웃음거리라는 뜻으로, 자기가 지은 글을 겸양하여 붙인 이름이다. 본인이 아니고서는 붙일 수 없는 이름이다. 따라서 『청강소와』는 청강이 스스로 정리한 저술일 가능성이 높다.

다만 『청강소와』는 편차가 다소 뒤섞여 있다. 특히 시(詩)의 편차는 뒤죽박죽이다. 제대로 정리하지 못한 것으로 보인다. 또 『청강소와』의 뒷부분에는 청강을 비롯하여 청강 자손들의 묘도문자가 수록되어 있으므로 이 부분은 후손이 덧붙인 것으로 보인다. 『청강소와』권6에는 1596년 이제신의 묘소를 이장할 때 지은 여러 문인들의 만사(輓詞)가 실려 있다. 여기에 '대부(大父, 조부)를 천장할 때'의 것이라고 적혀 있다. 따라서 필사자는 이제신의 손자이다. 또 신흠이 지은 이수준(李壽俊)의 묘지명이 '부주묘지(父主墓誌)'라는 제목으로 실려 있다. 『청강소와』를 필사한 사람은 이수준의 아들 이석기(李碩基)일 가능성이 높다.

이 밖에 청강의 증손 이행우(李行遇)는 청강이 사관(史官)으로 재직 시 기록한 일기가 집에 보관되어 있는데, 명종의 상례 절차가 자세하게 기록되어 있다고 증언했다.[9] 또 청강이 북병사로 재직 시 기록한 『진중일기(陣中日記)』라는 문헌이 남아 있다는 전언도 있다. 청강의 후손 이덕수(李德壽)는 청강이 북병사로 재직하면서 일기를 남겼는데, 신립이 전투를 벌인 일을 자세히 기록했다고 언급했다.[10] 따라서 조선 후기까지 청강의 일기가 남아 있었던 것은 분명하나, 현재까지 남아 있는지는 알 수 없다.

진부한 말은 짓지 않는다 ─ 고문사의 선구자

청강이 세상을 떠나기 7, 8년 전 윤근수를 찾아온 적이 있었다. 청강은 윤근수에게 그동안 지은 시문을 보여주었다. 그제야 윤근수는 청강이 '고문사(古文辭)'를 선호한다는 사실을 알게 되었다. "말을 만드는 것이 웅장하고 기이하여 세상 사람들의 진부한 말을 짓지 않는다[造語雄奇, 不作世人陳言]"는 것이 청강의 문장에 대한 윤근수의 평가였다.[11] 그제야 두 사람은 뜻이 맞다는 사실을 깨닫고 친하게 지냈다는 것이다.

'고문사'는 단순히 옛글을 의미하는 말이 아니다. 고문사는 당시 문단에 소개되기 시작한 명나라 고문사파(古文辭派)의 문장을 말한다. 고문사파는 왕세정(王世貞), 이몽양(李夢陽), 하경명(何景明), 이반룡(李攀龍) 등 복고적 문풍을 선도한 이들을 말하는데, 우리나라에서는 허균(許筠), 최립(崔岦) 등이 일찌감치 그 영향을 받았으며, 윤근수는 그중 대표적인 인물이었다. 학계에서는 이들을 '진한고문파'로 통칭한다. 청강 또한 진한고문파의 일원으로 볼 수 있다.

청강은 젊은 시절부터 최립, 윤근수와 가까운 사이였다. 청강은 1562년 최립이 황해도 장연 현감으로 부임할 때 시를 지어 전송했다. 훗날 청강의 신도비명을 지은 사람이 바로 최립이다. 윤근수와의 관계는 더욱 각별했다. 청강이 강계로 떠날 때 윤근수가 작별하며 물었다.

"이번에 가면서 무슨 책을 가지고 가는가?"

청강이 말했다.

"『강목(綱目)』뿐일세."

윤근수가 물었다.

"그대가 평생 좋아한 것은 『춘추좌씨전(春秋左氏傳)』 아닌가? 어째서 그걸 버리는가?"

청강이 자랑스레 대답했다.

"『춘추좌씨전』은 이미 내 뱃속에 있네."[12]

두 사람은 한바탕 웃고 헤어졌다. 진(秦), 한(漢)의 문장을 추구한 고문사파는 제자백가 및 『사기』, 『한서』 등의 고전을 전범으로 삼아 반복 학습했는데, 『춘추좌씨전(좌전)』 역시 고문사파의 전범서 중 하나이다. 『강목』은 고문사파의 전범과는 거리가 멀지만, 주자가 편찬한 역사서로 성리학자의 필독서이다. 『춘추좌씨전』을 이미 뱃속에 넣었으니 『강목』을 읽는다는 말은, 그동안 진한고문의 학습에 열중했으니 이제부터는 이제 주자학을 깊이 공부하겠다는 뜻이다. 청강은 강계로 부임하여 업무를 보는 여가에 『강목』을 읽었다. 일과를 정하여 하루에 반드시 한 권을 읽었는데, 밤이 늦어도 그만두지 않았다.

윤근수와 그의 형 윤두수(尹斗壽)는 강계에 있는 청강과 교유를 이어갔던 듯하다. 청강이 그들에게 보낸 시가 남아 있다.

친한 벗들은 편지 한 장 보내지 않는데	親朋一字渺無傳
연안과 개성의 두 분께 감사드리네	延海松京荷兩賢
예전부터 내가 책벌레인 줄 알았으니	久識從前耽紙札
늙어서 변방에 있는 나를 불쌍히 여기리라	應憐垂老事干鋌[13]

청강이 강계에 부임한 뒤, 서울의 친구들과는 아무래도 연락이 뜸해진 듯하다. 그러나 당시 개성 유수로 있던 윤근수와 연안 부사로 있던 윤두수 형제는 청강을 잊지 않았다. 이들은 청강이 책을 좋아했다는 사실을 알았기에 책을 보내준 모양이다. 이 밖에도 1583년 윤근수는 황해도 관찰사로 부임하여 청강에게 『명문초(明文鈔)』와 먹을 보내주기도 했다. 고문사파에 대한 이들의 관심을 확인할 수 있다. 고문사의 창도자로 알려진 윤근수에게 인정을 받은 만큼, 청강 역시 '진한고문파'의 일원으로 간주해도 손색이 없을 것이다. 청강의 사위 신흠은 『청강집』 발문에서 청강의 문학사적 위상을 이렇게

평가했다.

오직 고문사를 깊이 연구하고 날마다 양한(兩漢, 전한과 후한)의 글을 익히며 스스로 즐겼다. …… 그의 문장은 좌구명(左丘明)과 반고(班固)에게 나온 것이 더욱 많았기 때문에 기운이 두텁고 문사가 웅장했다. 힘찬 기운은 화살이 돌에 박히듯 하고, 심오한 뜻은 옥이 옥돌 원석 속에 든 것과 같았다. 뜻을 얻고 정신이 모이면 철철 넘쳐서 막을 수가 없고 휘날려 소리를 낼 정도였다. 공이 오래 살았더라면 어찌 변화하여 지극한 경지에 이르지 않았겠는가. 월정(月汀) 윤공(尹公, 윤근수)이 '나약한 문장을 탈피하여 심오한 경지를 열었다'라며 자주 칭찬했으니, 참으로 옳은 말이다.[14]

양한의 문장은 고문사파가 추구한 최고의 경지이다. 좌구명의 『춘추좌씨전』과 반고의 『한서』 역시 고문사파의 전범이다. 신흠은 청강이 이러한 고문사파의 전범을 추구했다는 사실을 밝혔다. 아울러 윤근수의 인정을 받았다는 사실을 다시 한 번 강조하여, 청강이 고문사파의 영향을 받았다는 점을 분명히 했다.

과거 청강의 증조 이시보는 진주 목사로 부임하여 1483년 『도연명집』을 간행했다. 이 판본은 송나라 유진옹(劉辰翁)이 교정한 중국의 방각본을 바탕으로 간행한 것이다. 청강은 진주 목사로 부임하여 증조가 간행한 『도연명집』의 판본에 결락이 많다는 점을 문제로 여기고, 1579년 다시 간행했다. 이 판본은 당시 상주 목사로 재직 중이던 정곤수(鄭崑壽, 1538~1602)가 제공한 중국본을 저본으로 삼고, 명필로 이름난 송계(松溪) 권응인(權應仁)의 글씨로 판각한 것이다. 아울러 도종의(陶宗儀)의 『남촌철경록(南村輟耕錄)』에 실려 있는 도연명의 연보 「율리연보(栗里年譜)」를 서두에 수록했다. 현재 계명대학교 동산도서관과 한국국학진흥원에 1책씩 남아 있다.

청강의 『도연명집』 간행은 본디 증조의 유업을 계승하겠다는 취지에서 비롯된 것이다. 그렇지만 당시 시단(詩壇)은 고문사파의 유행 초기로서 문선체(文選體) 한시에 대한 관심이 고조되었으며, 도연명의 시는 문선체의 대표라 할 수 있다. 청강은 이러한 시단의 동향을 고려하여 『도연명집』을 간행한 것으로 보인다.

문인의 삶을 살다

예로부터 시(詩), 서(書), 화(畵)는 문인의 교양 수준을 가늠하는 척도였다. 문인들에 대한 기록을 보면 으레 시, 서, 화에 모두 뛰어나 삼절(三絶)이라 불렸다는 언급이 있는데, 대부분은 후손이 선조를 칭송하기 위해 과장한 것으로 믿을 수 없는 기록이다. 한 가지도 능하기 어려운데 세 가지 모두 보통 수준을 넘어서기는 지극히 어려운 일이다.

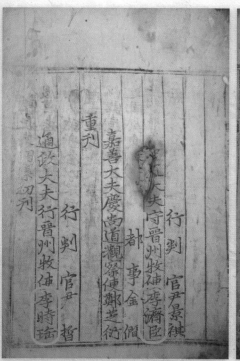
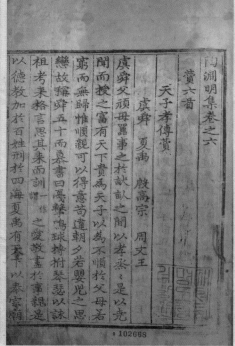

도연명집

1579년 청강이 진주에서 간행한 『도연명집』. '목사 이제신이 간행했다[牧使李濟臣刊]'라는 간기
(刊記)가 있다. 이 책을 처음 간행한 청강의 증조 이시보의 이름도 보인다. 계명대학교 동산도
서관 소장.

공정함을 생명으로 삼는 평전에서 청강의 예술적 성취를 과장할 의도는 전혀 없다. 그러나 청강이 이 세 방면에서 이룬 성취는 결코 예사롭지 않다.

첫째는 시다. 『청강소와』에는 900수에 가까운 시가 실려 있는데, 이 정도 분량의 시를 남긴 문인은 조선 전기를 통틀어도 많지 않다. 이쯤 되면 일상적으로 시를 지었다고 하겠다. 그러나 『청강집』에 수록된 것은 겨우 50여 수뿐이다. 『청강소와』는 집안에 보관된 채로 널리 읽히지 않았으니, 청강의 후대 문인들이 접할 수 있는 청강의 시는 50여 수가 전부였을 것이다. 50여 수는 시적 성취를 논하기에 부족한 분량이다. 청강의 시에 대한 평가를 찾아보기 어려운 것은 이 때문이다.

그럼에도 청강은 조선 한시사에서 중요한 위상을 차지한다. 바로 『청강시화(淸江詩話)』 때문이다. 시화는 시와 거기에 얽힌 이야기를 서술한 일종의 비평이다. 중국과 조선 문인들의 시를 소개하고 그 미적 성취를 논한 『청강시화』는 당시까지 드물었던 전문 비평서로 상당한 자료적 가치를 지닌다. 청강의 시적 성취는 창작보다 비평에서 찾아야 할 것이다.

둘째는 글씨다. 청강의 증손 이행진(李行進)은 "사람들이 말하길 청강의 필적은 웅혼하고 호방하여 일가를 이루었다 한다[人道淸江筆, 雄豪自一家]"라고 자랑했다.[15] 현재 남아 있는 청강의 필적은 적지 않다. 특히 당시(唐詩)를 행서(行書)와 초서(草書)로 쓴 것은 상당한 달필임을 한눈에 알 수 있다.

달필이라는 것은 주관적인 칭송이 아니다. 청강의 글씨는『대동서법(大東書法)』에 실려 있다.『대동서법』은 명필 이지정(李志定, 1588~1650)이 편찬했다고 전하는 책으로, 신라의 김생(金生)과 최치원(崔致遠)부터 17세기 중반에 이르기까지 명필 51인의 필적을 엮은 책이다. 이 책에 수록된 51인은 글씨로 일가를 이룬 명필로 인정하기에 전혀 부족함이 없다. 청강의 글씨도 여기에 포함되어 있으니, 청강이 서예 방면에서 이룬 성취를 가늠할 수 있다. 이 밖에 조선시대에 편찬된 우리나라 역대 서예가들의 인명사전『필화합보(筆畫合譜)』에도 청강의 이름이 실려 있다.

청강의 필적은 오세창(吳世昌, 1864~1953)이 편찬한『근묵(槿墨)』에도 실려 있다.『근묵』은 고려 말부터 조선 말까지 우리나라 인물 1,306인의 친필을 엮은 책이다. 여기에 실린 청강의 필적은 아들에게 보낸 짧은 편지이다.

요즘은 무슨 책을 읽고 있느냐? 김형(金兄)은 이미 상여를 모시고 길을 떠났을 것이니 가련하구나. 나는 지금 별 탈 없다. 신랑도 무사하니 기쁘구나. 이만 줄인다.

김형은 청강의 자형 김종(金琮)을 말하는 듯하다. 상여를 모시고 길을 떠났다는 말은 김종이 부친 김순고(金舜皐)의 상여를 모시고 상주(尙州)로 간 일을 말하는 듯하다. 김순고는 1574년 한양에서 세상을 떠났는데, 아들들이 상주 백원산(百源山) 선영으로 상여를 모시고 가서 장사지냈다.

이 밖에 청강의 필적은 곳곳에 남아 있다. 청강의 처조부 상진의 신도비 상단에 전서(篆書)로 쓴 '성안공신도비명(成安公神道碑銘)' 역시 청강의 필적이다. 이 신도비는 홍섬(洪暹)이 짓고, 본문은 여성군(礪城君) 송인(宋寅)이 썼다. 홍섬은 대제학을 역임한 당대 최고의 문장가였으며, 송인은 해서체(楷書體)에 특히 뛰어났던 명필 중의 명필이다. 이러한 인물들이 짓고 쓴 상진의 신도비에 청강이 두전(頭篆)을 썼다는 것은, 단순히 손녀사위라는 관계 때문이라고 보기 어렵다. 청강이 글씨로 상당한 평가를 받지 않고서는 어려운 일이다.

청강의 필적이 어느 정도의 평가를 받았는지에 대해서는 후손 이덕수가 재미있는 일화를 남기고 있다. 이덕수가 지경연(知經筵)을 맡고 있을 때의 일이다. 이덕수는 경연에서 강의할 책을 준비하기 위해 왕실 도서를 보관한 홍문관에 갔다가 원래 청강의 책이었던『주자어류(朱子語類)』를 발견했다. 이덕수는 "이 책은 원래 우리 집 책이니 내가 찾아가겠다"라고 하며 가져가려 했다. 홍문관 부수찬 이성중(李成中)이 급히 영조에게 달려가 일러바쳤다. 영조가 말했다.

"아직 가져가지 않았거든 이덕수에게 책을 가지고 들어오라고 하라."

승지 이기언(李箕彦)이 나가서 이덕수를 데리고 들어왔다. 영조가

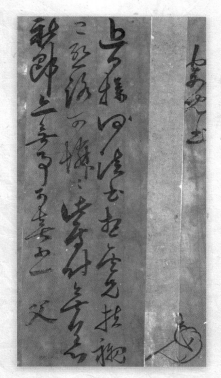

근묵
오세창의 『근묵』에 실려 있는 청강의 편지. 청
강은 글씨로 일가를 이루었으며, 그의 필적은
각종 서첩(書帖)에 실려 있다. 『근묵』(성균관대학
교 박물관, 2009)에서 발췌.

상진 신도비 탁본
서울 상문고등학교 경내에 있는 상진 신도비의 탁본. 상단의 전서가 청강의 필적이다. 문중
소장.

물었다.

"경이 홍문관의 책을 가져가려 했다는데, 그러면 일의 체모가 어떻게 되겠는가?"

그러자 이덕수가 대답했다.

"홍문관의 책이라면 신이 어찌 감히 가져가겠습니까? 그렇지만 이것은 본디 신의 집안에 있던 책으로 6대조(청강)가 친필로 제목을 쓴 것입니다. 이것은 신의 집안 보물이므로 찾아가려는 것입니다."

"이 책의 제목을 경의 선조가 쓴 것이 분명한가?"

"의심 없습니다."

"경의 선조가 남긴 필적이 경의 집에 많이 있어서 쉽게 분간할 수 있는 것인가?"

"오성부원군 이항복이 어려서부터 신의 선조의 필법을 모방했습니다. 그래서 서체가 비슷하여 사람들이 분간하기 어려워하는데, 신은 분명히 분간할 수 있습니다."

"어떻게 분간하는가?"

"비단 획에 살찌고 마른 차이가 있을 뿐만 아니라 눈에 들어오면 마음으로 알 수 있으니, 말로는 설명할 수 없습니다."

"이 책도 경의 선조의 책인가?"

"이 책은 신의 선조의 책이 분명합니다. 위에는 별호 '청강거사'를 썼고, 아래에는 성명을 썼습니다."

"이 밖에 다른 필적도 있는가?"

"집안에 8폭 병풍이 있는데 2폭은 영안위(永安尉) 홍주원(洪柱元, 1606~1672)이 가져가고 6폭만 남아 있습니다. 한 글자 크기가 거의 손바닥만 합니다."

그제야 영조가 이성중을 돌아보며 물었다.

"유신(儒臣, 이성중)도 보았는가?"

이성중이 대답했다.

"이제신은 글씨를 잘 쓰기로 세상에 이름났습니다. 그의 글씨는 『해동서첩(海東書帖)』에도 실려 있습니다."

이덕수가 말했다.

"신의 선조는 예문관 출신으로 홍문관을 거쳐 장수로 천거되었습니다. 북병사로 재직 시 일기를 남겼는데, 신립이 싸울 때의 일을 소상히 기록했습니다. 어려서부터 글씨를 잘 썼는데, 대체로 촉체(蜀體)[16]에 가깝습니다."

이덕수는 이어서 청강에 대한 자랑을 늘어놓았다.

"신의 선조는 글씨를 잘 썼을 뿐만 아니라 평소 사람을 알아보는 안목이 있다고 일컬어졌습니다. 이항복은 젊은 시절 과부의 자식으로서 법도를 따르지 않고 제멋대로였습니다. 길가에서 축국(蹴踘) 놀이를 즐겨했는데, 신의 선조가 보고서 꾸짖었습니다. 이항복의 모친은 어진 부인이었는데, 듣고서 기뻐하며 '너를 가르치지 못해 걱정이었는데 이 사간(李司諫, 청강)께서 가르쳐주려 하시니 몹시 다행이다' 하고, 마침내 이튿날 이항복을 보내어 배우기를 청했는데 마침내 명재상이 되었습니다.

또 신의 선조의 사위는 신흠입니다. 정혼하려 할 때 자제들이 '신랑이 병약하니 오래 살지 못할 것 같다'라고 했는데, 신의 선조가 말하기를, '나는 너희 누이의 복록이 신흠만 못할까 걱정이다'라고 하고, 끝내 혼인을 강행했습니다. 사람을 보는 안목이 이와 같았습니다."[17]

위의 이야기는 『승정원일기』에 기록된 실제 대화이다. 이덕수는 청강의 후손이니 청강의 글씨를 칭찬하는 것이 당연하다지만, 청강과 무관한 이성중마저 청강의 글씨가 높은 평가를 받았다는 사실을 인정했다는 점에서 이덕수의 칭찬이 근거 없지 않다는 사실을 확인할 수 있다.

청강의 글씨는 청강이 살았을 때부터 높은 평가를 받았다. 최립은 청강의 신도비에서 "행서와 초서, 전서와 예서에 모두 뛰어났다"[18] 했고, 청강의 문인 이항복도 청강이 당대에 초서와 예서로 명성이 높았다는 언급을 남겼다.[19]

이들은 청강과 교분이 있던 인물이니 다소 과장된 평가가 있다고 의심할 수도 있겠지만, 조선 후기의 명필이자 동국진체(東國眞體)의 완성자 원교(圓嶠) 이광사(李匡師, 1705~1777)까지도 청강의 필적을 높이 평가했다는 점은 주목할 필요가 있다. 1754년, 청강의 후손 이덕윤(李德胤)은 청강이 친필로 쓴 「강계이문원공묘기(江界李文元公廟記)」와 우계 성혼에게 보낸 편지를 엮어 서첩으로 만들어 이광사에게 보여주었다. 이광사는 "선생의 훌륭한 문장과 필법을 삼가 존경했는데, 여기서도 그 일면을 볼 수 있다"[20]라고 했다. 청강이 서예 방면에서 이룬 성취는 이것으로 충분히 증명된다고 하겠다.

셋째는 그림이다. 청강이 남긴 그림은 전하지 않고, 청강이 그림에 뛰어났다는 언급도 찾아볼 수 없다. 청강이 그림을 그린 사실조차 확인할 수 없다. 그러나 신흠이 이수준을 대신하여 지은 「청강시문첩발(淸江詩文帖跋)」에 "글씨와 그림은 선친께서 유난히 좋아하시던 것"[21]이라고 했다.

청강이 그림에 상당한 조예를 갖추고 있었다는 사실은 『청강소와』에 수록된 다수의 제화시(題畫詩)에서 확인할 수 있다. 「비파를 타는 미인 그림에 쓰다[題琵琶美人圖]」, 「이포의 작은 집 그림에 쓰다[題梨浦小築圖]」, 「침상에 누운 미인 그림에 쓰다[題臥床美人圖]」, 「유자심의 충주정사 그림[柳子深忠州精舍圖]」, 「향산구로회의 그림[香山九老圖]」, 「의금부 낭관 계회의 그림[金吾郞契會同圖]」, 「사헌부 어사가 평양 가는 길에 술에 취한 여인을 부축하는 그림에 쓰다[題霜臺御史於箕城道中扶醉娥圖]」, 「칸막이 그림을 보고 짓다[見障畫而作]」 등의 시는 모두 그림에 대한 감상을 시로 지은 것이다. 이 밖에 「백아와 종자기의 화상에 쓰다[伯牙鍾子期畫贊]」는 지음(知音)의 고사로 유명한 백아와 종자기의 그림을 감상하고 쓴 글이다.

특히 문집에 실려 있는 「왕마힐이 그린 황매출산도의 발문[王摩詰寫黃梅出山圖跋]」은 그림에 대한 청강의 조예를 보여주는 글이다. 청강이 본 그림은 당나라 왕유(王維)가 그린 〈황매조계출산도(黃梅曹溪出山圖)〉였다. 황매와 조계는 중국 선종(禪宗)의 5대 조사 홍인(弘忍)과 6대 조사 혜능(慧能)이다. 두 사람이 산을 나오는 모습을 그린 그림이다. 이 그림은 본디 안평대군(安平大君) 소장본이었는데, 당시에는 완계령(完溪令) 이귀(李龜)의 소유였다. 청강은 발문에서 이 그림이 본디 송나라 부마 왕선(王詵)의 소장본이었으며, 여기에 송나라 왕흠신(王欽臣), 원나라 유관(柳貫), 우집(虞集) 등이 친필로 글을 남겼다는 사실을 소상히 고증했다.[22] 미술사에 대한 깊은 이해가 없으면 쓸 수 없는 글이다.

그림에 대한 청강의 관심은 아들들에게도 이어졌다. 청강의 둘째 아들 이수준은 작은 재능이라도 있는 사람은 적극적으로 도와주었는데, 그 수혜를 입은 사람 중 하나가 바로 이정(李楨, 1578~1607)이다. 이정은 명나라 사신 주지번(朱之蕃)에게 칭찬을 받은 조선 중기의 대표적인 화가이다. 허균에 따르면 청강의 서자 이경준 역시 이정과 절친하여 형제와 같은 사이였다고 한다.[23]

시대를 기록하다 — 『청강소설』

청강은 문집과 별도로 시화잡록(詩話雜錄)에 해당하는 책 하나를 남겼다. 이 책은 '청강쇄어(清江瑣語)', '청강시화(清江詩話)', '청강잡저

(淸江雜著)’, ‘청강소설(淸江小說)’ 등 다양한 명칭으로 전하고 있다. 그러나 엄밀히 말해 ‘청강쇄어’와 ‘청강시화’는 서명(書名)이 아니라 편명(篇名)으로, 이 책의 일부를 가리키는 명칭이다. 또 ‘청강잡저’라는 명칭은 당시 문인들 사이에서는 널리 쓰이지 않았다. 이 책을 인용한 조선시대 문인들은 ‘청강소설’이라는 명칭을 즐겨 썼다. 뿐만 아니라 이 책의 판심제(版心題, 책장 중간에 있는 책이름)가 ‘청강소설’이므로, 이 책은 ‘청강소설’이라고 지칭하는 것이 타당하다.[24]

『청강소설』은 청강이 남긴 일종의 수필이다. 여기서 ‘소설’은 지금의 뜻과는 다르다. 옛날에는 일정한 체계 없이 잡다하게 쓴 글을 소설이라고 불렀다. 『청강소설』은 문집과 별도로 간행, 유통되었다. 청강의 사남 이명준은 청강의 문집을 간행할 때 이 책의 내용을 수록하지 못한 것이 한스러워 1629년 그가 강릉 부사로 재직 중 간행했다고 밝혔다. 이것이 초간본(初刊本)이며, 1662년 삼남 이구준의 차남 이성기(李聖基)가 상주에서 다시 간행했다. 상당한 분량을 간행했던 듯, 지금까지도 국내 각지에 전하고 있다.

『청강소설』은 크게 「후정쇄어(侯鯖瑣語)」, 「사제록(思齋錄)」, 「시화(詩話)」, 「소총(笑叢)」의 네 부분으로 구성되어 있다. ‘후정쇄어’라는 책이름은 무슨 뜻일까. ‘정(鯖)’은 청어(青魚)라는 뜻으로 쓰이기도 하지만 어육(魚肉)을 통칭하기도 한다. 『서경잡기(西京雜記)』에 오후정(五侯鯖)이라는 음식이 생긴 유래가 실려 있다. 한나라 성제(成帝) 때 평아후(平阿侯), 성도후(成都侯), 홍양후(紅陽侯), 곡양후(曲陽侯), 고평후(高平侯)

『청강소설』 초고

「후정쇄어」 첫머리에 실린 기사의 초고로 청강의 친필이
다. 고려대학교 박물관 소장.

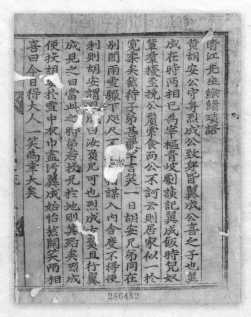

『청강소설』

1629년 강릉에서 간행된 『청강소설』. 조선 중기 사회상
을 가감 없이 기록하여 높은 사료적 가치를 지닌다. 서
울대학교 규장각한국학연구원 소장.

다섯 제후는 사이가 좋지 않았다. 손님들도 한 곳에 가면 다른 곳에는 갈 수가 없었다. 그런데 누호(婁護)라는 사람만은 다섯 제후의 집을 모두 드나들었다. 그는 다섯 집에서 가져온 음식을 한데 넣고 끓여 잡탕을 만들었다. 이것이 오후정이다. 이로 인해 후정은 잡다한 재료를 섞어 만든 음식을 뜻하게 되었다.

잡다한 이야기를 엮어 만든 책에도 후정이라는 이름이 붙곤 했다. 송나라 조영치(趙令時, 1061~1134)의 잡록 이름이 바로 『후정록(侯鯖錄)』이다. 조선 영조 때 조천경(趙天經, 1695~1776)이 편찬한 80여 권의 잡록 역시 『오후정』이다. 청강의 「후정쇄어」 역시 잡다하고 자잘한 이야기를 엮은 책이라는 뜻이다.

「후정쇄어」의 내용은 대부분 선조의 일화와 자신의 경험으로 채워져 있다. 6대조 이정간과 처조부 상진의 이야기가 가장 많다. 세종이 이정간에게 궤장을 하사한 경위, 『경수집』의 편찬 과정과 그 오류를 바로잡은 사연, 그리고 처조부 상진의 평소 언행 등이다. 청강이 존경했던 남명과 스승 조욱의 일화도 있다. 특히 중요한 내용은 조선 중기 사회에 주자학적 이념이 정착되는 과정을 보여주는 일화들이다.

먼저 상제(喪制)의 변화를 들 수 있다. 과거에는 부모의 상에만 최복(衰服)을 입었는데, 이준경(李浚慶, 1499~1572)이 형 이윤경(李潤慶, 1498~1562)의 상에 최복을 입은 뒤로 조부모와 형제, 백숙부와 백숙모의 상에 최복을 입는 풍조가 비로소 유행했다.

가묘(家廟)의 설립이 유행했다는 기록도 주자학적 예법의 전파 과정을 보여준다. 정몽주(鄭夢周)가 묘소 옆에 가묘를 건립한 뒤로 사대부 가문에서 가묘를 건립하는 풍조가 시작되었는데, 조선 초기에는 그다지 널리 퍼지지 않았다고 한다. 그러나 기묘제현 이후로는 가묘를 세우지 않는 집이 없었다는 것이다.

친영(親迎) 제도의 시행 과정을 보여주는 기록도 흥미롭다. 조선 초기만 해도 혼례를 치르는 집에서는 신랑과 신부가 동침한 이튿날 신랑의 친지들을 신부 집에 초대해 잔치를 열고, 셋째 날 비로소 혼례를 올렸다. 1518년 처음으로 주자의 예법에 근거하여 친영을 시행했으나 기묘사화로 사림이 몰락하면서 폐지되었다. 그러나 청강은 차츰 친영이 다시 유행하는 상황이라고 증언했다.

청강은 이러한 사회 변화를 기록으로 남겼을 뿐만 아니라 스스로 변화에 앞장섰다. 이 점은 복제(服制)의 변화를 기록한 부분에서 확인할 수 있다. 조선 초기의 사모(紗帽)와 이엄(耳掩)은 몹시 크고 무거웠는데, 1567년 우의정 민기(閔箕)가 중국의 제도를 따라 고치도록 청했다. 또 조선 초기에는 양사모(涼紗帽)가 없었는데, 1566년 중국에 사신으로 갔던 박계현(朴啓賢)이 구입해 와서 비로소 널리 사용하게 되었다. 청강도 복제를 바로잡는 데 일조했다. 청강이 중국에 갔을 때 충정관(冲正冠)을 썼는데, 서반(序班) 허계유(許繼儒)가 이를 보더니 "이것은 충정관이 아니라 충정건(冲正巾)입니다"라고 했다. 청강은 충정관의 제도를 자세히 묻고 구입해 와서 장인에게 만들게 했다. 조선 사대부들이 충정관을 쓰게 된 것은 청강에게서 유래했다.

또 명종 이전의 사대부들은 왜달피(倭獺皮)로 만든 이엄을 착용했는데, 1561년 청강이 처음으로 누런 살쾡이 가죽으로 작은 이엄을 만들었다. 한번은 청강의 벗 김행(金行)이 청강의 이엄을 빌려 쓰고 나갔다가 웃음거리가 되었다. 사람들의 눈에는 이상하게 보였던 것이다. 그러나 사치를 우려한 남명이 왜달피 사용을 금지하도록 청하여 사용이 금지된 뒤로는 모두 청강이 만든 이엄을 착용했다. 청강이 조선 중기 복제의 변화를 주도했다는 사실을 확인할 수 있다.

사실로 믿기 어려운 이야기들도 있다. 예컨대 이수경(李首慶)이 온성(穩城)에 유배될 적에 향(香)을 받는 꿈을 꾸고 1,800일 만에 돌아왔는데, 향을 파자(破字)하면 천팔일(千八日)이 되므로 그렇게 되었다는 것이다. 이름이 운명을 암시한 일화도 있다. 김홍도(金弘度)의 아명이 귀갑(歸甲)이었는데 그는 갑산(甲山)에 유배되어 죽었으며, 김규(金虯)의 아명은 의경(宜慶)이었는데 경원(慶源)으로 유배되었다는 것이다. 이경(李璥)은 자를 숙헌(叔獻)으로 지었는데, 꿈에 신인이 나타나 존경스러운 분의 자이니 고치라고 했다. 훗날 율곡이 과거에 급제했는데, 그의 자가 숙헌이었다. 청강이 만난 소경이 점을 쳐서 율곡과 윤기(尹箕)가 장원급제할 것을 예상했다는 이야기도 흥미롭다. 인간의 운명은 하늘에 의해 이미 정해져 있다는 믿음을 보여준다. 이 밖에 신주의 영험을 강조한 이야기 등은 선조에 대한 경외를 보여준다.

「사제록」은 위인들의 일화이다. 사제록의 내용은 정옥형(丁玉亨,

1486~1549), 조원기(趙元紀, 1457~1533), 이인장(李獜長), 유흥종(柳興宗), 심연원(沈連源, 1491~1558), 성수침(成守琛, 1493~1564), 송세형(宋世珩, ?~1553), 이수경(1516~1562) 등의 일화이다. 이들의 넓은 도량과 청렴 검소한 성품, 효성, 우애, 애민 등을 보여주는 일화를 수록했다. 「후정쇄어」가 선조들의 일화라면, 「사제록」은 선배들의 일화라고 하겠다. 「사제록」이라는 제목이 같아지기를[齊] 생각하는[思] 기록[錄]인 만큼, 청강은 모범적인 인물들의 일화를 기록으로 남겨 본받고자 했던 것으로 보인다. 「사제록」은 10여 조목에 불과하지만, 다른 사람의 십수 권 분량 책보다 낫다는 평가를 받았다.[25]

「시화」는 시에 대한 품평이다. 「시화」에 등장하는 인물들 가운데 김시습(金時習), 김인후(金麟厚), 신광한(申光漢), 소세양(蘇世讓), 이행(李荇), 박순(朴淳), 김안국(金安國), 박상(朴祥), 임억령(林億齡) 등은 모두 15~16세기 조선 시단의 주요 인물들이다. 이 밖에 스승이었던 용문 조욱과 남명 조식, 처조부 상진과 상진의 매부 성몽정(成夢井), 벗 고경명 등 자신과 관련 있는 인물들도 비중 있게 다루었다. 당시 사림의 공적(公敵)이었던 김안로(金安老), 동인의 영수로 청강과 대립했던 노수신의 시도 차별을 두지 않고 수록했으며, 심지어 자신의 시까지 실었다. 「시화」는 15~16세기 조선 시단의 동향을 가감 없이 보여주고 있다. 청강은 이 가운데 신광한과 박순의 시를 높이 평가했는데, 당시풍(唐詩風)을 추종하는 시단의 추세를 반영하고 있다. 일정한 체계 없이 나열된 듯하지만, 유사한 내용의 기사를 가급적 한데 모

아 기술하려 애쓴 흔적이 보인다.[26]

「소화」의 내용은 「후정쇄어」의 다른 편들이 보여주는 엄숙주의와
는 거리가 멀다. 신체적 장애를 웃음거리로 삼는 것이야 당시의 보
편적인 풍조였으니 문제 삼기 어렵지만, 옷에 소변을 보아 망신당
한 사람 이야기, 여종과 바람을 피우다 아내에게 들킨 사람 이야기,
성병에 걸린 사람을 놀리는 이야기 등 「소화」의 내용은 적나라하기
그지없다. 게다가 「소화」의 인물들은 모두 실명으로 등장한다. 『청
강소설』은 청강의 시대에 대한 솔직하고 자세한 기록이다.

『청강소설』은 자료적 가치를 인정받아 『시화총림(詩話叢林)』, 『대동
야승(大東野乘)』 등 조선 후기에 편찬된 수많은 시화 및 야담총서(野談
叢書)에 수록되었다. 서유구(徐有榘, 1764~1845)가 우리나라의 주요 문
헌을 망라한 『소화총서(小華叢書)』에 수록하기 위해 '자연경실장(自然
經室藏)'이라고 명기된 사고지(私稿紙)에 필사한 본도 전하고 있다. 이
점을 고려하면 『청강소설』은 청강의 문집보다 더 널리 읽혔다고 하

후청쇄어? 후정쇄어!

「후정쇄어(侯鯖瑣語)」는 『청강소설』 4부작 가운데 첫 번째이다. 흔히 '후청쇄
어'로 알려져 있으나 이는 잘못이다. '鯖'은 청어를 의미할 때는 청(qīng)으로
읽고, 어육을 의미할 때는 정(zhēng)으로 읽는다. 후청은 어육을 넣은 잡탕
을 의미하므로 '후정쇄어'라고 읽는 것이 옳다. 운서(韻書)를 보아도 '鯖'은
평성(平聲) 청운(靑韻)과 청운(淸韻) 두 군데에 실려 있는데, 전자가 청어, 후
자가 어육을 의미한다. 학계에서도 '후청쇄어'로 통칭되고 있으나 바로잡아
야 한다.

겠다. 특히 우리나라 야사를 집대성한 70책 분량의 야사총서『한고
관외사(寒皐觀外史)』를 편찬한 김려(金鑢, 1766~1821)는『청강소설』을 수
록하면서 "진정 우리나라 야사의 명품[眞海東野史中珍品]"이라고 극찬
했다.[27]

청강의 정신을 잇는다

제신(濟臣) ── 기준(耆俊)
            ── 수준(壽俊)
            ── 구준(耈俊)
            ── 명준(命俊)
            ── 사위 민유경(閔有慶)
            ── 사위 신흠(申欽)
            ── 서자 팔준(八俊)
            ── 서자 경준(耕俊)
            ── 서자 원준(遠俊)

　　청강은 4남 2녀를 두었다. 아들은 이기준(李耆俊), 이수준(李壽俊),
이구준(李耈俊), 이명준(李命俊) 넷이고, 딸 둘은 민유경(閔有慶)과 신흠
(申欽)에게 시집갔다. 그리고 측실 소생으로 이팔준(李八俊), 이경준(李
耕俊), 이늑준(李仂俊) 3남과 딸 하나를 두었다.
　　장남 이기준은 청강보다 먼저 세상을 떠났다. 그의 나이 겨우 29

세였다. 삼남 이구준은 족숙 이숭경(李崇慶)의 양자가 되었고, 오랜 유배 생활 때문인지 본가와의 교류가 드물었다. 실질적으로 가문을 계승한 사람은 차남 이수준과 사남 이명준이었다. 측실 소생 가운데 이팔준은 일찍 죽었고, 이늑준은 별다른 기록이 없으며, 이경준은 계축옥사로 억울하게 세상을 떠났다. 이경준의 연루로 청강 집안은 다시 한 번 위기를 맞았으나 인조반정으로 위기를 넘긴다.

이기준(李耆俊, 1555~1583)

이기준은 자가 부선(孚先), 호는 부훤(負暄)이다. 기준이라는 이름 은 『서경』「문후지명(文侯之命)」의 '노련한 인물[耆壽俊]'에서 따온 것으로 보인다. 청강의 차남 이수준의 이름 역시 여기서 따온 듯하다. 부선이라는 자도 『서경』에서 따온 것이다. 주공(周公)이 수도를 옮긴 뒤 이렇게 맹세했다.

"나는 여러 관원들과 함께 선조가 이룩한 업적을 계승하여 백성에게 보답하고, 먼저 성실함으로 주나라의 솔선수범이 되겠다.[作周孚先]"

『서경』「낙고(洛誥)」에 나오는 내용이다. 다시 말해 '부선'은 성실하게 선조의 업적을 계승하고 더욱 빛내라는 뜻이다. 결국 청강과 아들들의 이름과 자는 모두 『서경』에서 따온 것임을 알 수 있다.

'부훤'이라는 호는 군주를 위한 정성을 의미한다. 중국 전국시대 송나라의 농부가 등에 따뜻한 햇볕을 쬐자, 임금에게 그 햇볕을 바치려 했다는 『열자(列子)』의 고사에서 나온 말이다. 결국 이기준의 자호는 모두 충효를 의미한다.

이기준은 1579년 진사시에 합격하고 1580년 문과에 급제했다. 이때 그의 나이 26세였다. 문과에 급제한 이기준은 승문원 부정자에 임명되었으나 그것이 마지막 관직이 되고 말았다. 청강에게 시련이 닥쳤기 때문이다.

청강이 의금부 감옥에 갇히자, 이기준은 감옥 근처의 집을 빌려 살았다. 하루에 한 끼만 먹으면서 감옥에 갇힌 부친과 고생을 함께 했다. 청강의 벗 홍성민, 이정암 등이 그 집을 방문하고 안타까워하는 한편 그의 효성에 감탄하여 마지않았다. 청강이 유배되자 이기준은 아무도 만나지 않고 두문불출했다. 하루는 집안사람들과 청강이 유배 가게 된 전말을 이야기하다가 피를 토하며 쓰러졌는데, 이튿날 갑자기 세상을 떠났다. 1583년 6월 8일, 그의 나이 겨우 29세였다.[28] "재주는 있었으나 수명이 짧았다[有才無年]"는 송시열의 평가가 정확하다고 하겠다.[29]

이기준이 세상을 떠났을 때 두 아들 중기(重基)와 후기(厚基)는 아직 어린아이였다. 이들은 36년이 지나서야 비로소 신흠에게 부친의 묘갈명을 부탁했다. 중기는 현령에 그쳤지만 후기는 정3품의 장악원정을 역임했고, 중기의 아들 행건(行健)이 동지중추부사를 역임하면서 청강 이하 4대가 모두 추증을 받았다. 행건의 아들 만웅(萬雄)은 황해도 관찰사를 지냈고, 만웅의 아들 징명(徵明)은 경기 관찰사를 지냈다. 그리고 징명의 아들이 대제학을 역임한 서당(西堂) 이덕수(李德壽)이다.

이수준(李壽俊, 1559~1607)

이수준의 자는 태징(台徵), 호는 지범(志范), 용계(龍溪)이다. 지범이라는 호는 송나라 재상 범중엄(范仲淹)을 사모한다는 뜻을 나타낸 것이다.[30] 문헌에 따라서는 '지범(志範)'으로 표기된 곳도 있으나 오기이다.

그런데 이수준은 범중엄의 관직이나 업적을 사모한 것이 아니라 그가 의전(義田)을 마련하여 친척들을 도운 일을 따르고자 했다. 범중엄은 참지정사에 오르자 넓은 전답을 사서 의전이라 이름하고 친척들의 관혼상제 비용을 대주었다. 이수준은 범중엄의 고사를 따라 친척들을 도왔는데, 그 밑천이 된 것은 청강의 초상 때 받은 부의였다.

이수준은 1579년 생원시에 합격했다. 이탕개가 침입하자, 이수준은 상소하여 부친을 도와 싸우겠다는 뜻을 밝혔다. 선조는 그의 뜻을 가상히 여겨 군복을 하사하고 역마로 북병영까지 가도록 편의를 봐주었다. 청강이 의금부에 갇히자 형과 함께 의금부 인근의 집에서 지냈으며, 청강이 유배지로 떠나자 따라가서 모셨다.

1588년, 선조가 청강의 공훈을 기려 그의 아들에게 벼슬을 주라고 명했다. 이로 인해 이수준은 문과에 급제하기 전에 동부 참봉, 사축서 별좌 등의 관직을 지냈다. 이수준은 임진왜란 때 활약한 결과

호성원종공신에 책록되었는데, 청강이 영의정에 추증된 것은 이 덕택이었다.

이수준은 1590년 문과에 급제하여 부친과 마찬가지로 승문원 권지부정자에 보임되었으며, 이후 사헌부 감찰, 호조 좌랑 등을 지냈다. 1591년 통진 현감으로 재직 중 임진왜란이 일어나자 강화도로 들어가 인근에 격문을 띄워 의병의 봉기를 촉구했다. 당시 서울의 사대부들 중 상당수가 강화도로 피난해 있었는데, 이들은 이수준의 보호 덕택에 목숨을 보전했다. 이후 1595년 영해 부사, 1599년 강화 부사, 1603년 공주 목사, 1605년 길주 목사, 영흥 부사를 역임했다. 이정귀가 묘갈명에서 언급한 대로 늘 외직을 떠돌았다. 1606년 동지 부사로 명나라에 사신으로 갔다가 이듬해 3월 8일 돌아오는 길에 황해도 봉산(鳳山)에서 세상을 떠났다. 중국에 파견된 사신들이 오랜 여독에 시달린 끝에 본국으로 돌아와 세상을 떠나는 일은 드물지 않았다. 당시 그의 나이 49세였다.

이수준이 봉산에서 세상을 떠났을 때 봉산 군수는 공교롭게도 신흠의 아우 신감(申鑑, 1570~1631)이었다. 신감은 정성을 다해 이수준의 상을 치르도록 도와주었다. 이수준의 셋째 부인 허씨는 자신의 머리카락을 잘라 가체를 만들어 신감의 부인에게 사례했다.[31] 1670년(현종11) 효행으로 정려를 받았다.

이수준의 아들 석기(碩基)가 26년 만에 신흠에게 부친의 묘지명을 부탁했다. 석기는 형조 정랑, 손자 행일(行逸)은 의금부 도사로 그다지 현달하지 못했으나 증손 정겸(廷謙)이 이조 참판에 오르면서 가세가 진작되었다.

이수준은 부친을 이어 친교를 넓혔다. 신흠은 그가 약관의 나이에 이미 당세의 명사들과 두루 교유했다고 밝혔다. 이수준이 이항복, 이정귀, 김상헌 등 서인 정권의 핵심 인사들과 절친했던 것은 사실이다. 이수광을 비롯한 남인계 인사 및 허균, 유몽인 등 북인 정권의 인사들과 주고받은 글도 있으므로, 당파를 넘어서는 교유를 맺었던 것으로 보인다. 이수준은 일찍 세상을 떠난 형을 대신하여 가문의 위상을 유지한 인물이라고 하겠다.

문중에는 이수준의 초상화 한 점이 전하고 있다. 초상화의 작자와 제작 시기는 알 수 없다. 1606년 명나라에 사신으로 갔을 때 중국에서 그려 온 것이라는 설도 있으나 믿기 어렵다. 공신 초상의 전형적인 형태에 가까우므로 공신에 책록된 45세 무렵의 것으로 추정된다. 일반적으로 공신 초상은 정공신(正功臣)에게 내려지는 것인데, 이수준은 원종공신(原從功臣)이다. 더구나 손으로 수염을 만지고 있는 것은 일반적인 공신 초상과는 사뭇 다른 모습이다. 궁중 화원이 아닌 민간 화사가 그렸거나 후대에 수정되었을 가능성이 높다.

신흠이 이수준을 애도하며 지은 애사에 따르면, 청강이 세상을 떠난 지 8년 만에 이수준이 과거에 급제하여 관복을 입고 조정에 나아가자, 보는 사람들이 모두 "어쩌면 저리도 청강을 닮았는가"라고 감탄했다고 한다. 신흠은 그의 외모를 구체적으로 묘사하며 "외모

지범 이수준 영정
청강의 둘째 아들 이수준의 초상. 1603년 공신에 책록된 이후의 것으로 추정된
다. 이수준은 청강의 모습을 빼닮았다고 한다. 문중 소장.

가 훤칠하고 얼굴이 환했다. 뺨이 넓고 턱이 두터우며 수염이 길게 나부끼고 피부가 희었다"라고 했다. 당시 사람들이 이수준의 모습을 보며 청강을 몹시 닮았다고 했다는 말도 덧붙였다. 이수준의 초상화를 보면 신흠의 묘사가 대단히 사실적이라는 점을 확인할 수 있다. 청강의 초상은 지금 전하지 않으나, 이수준의 초상화를 통해 청강의 모습을 충분히 상상할 수 있을 것이다.

이구준(李耉俊, 1569~1642)

이구준의 자는 계천(稽天)이다. 계천은『서경』「소고(召誥)」의 "천명을 살펴 순종하다[面稽天若]"에서 따온 말이다. 이구준은 어려서부터 귓병을 앓아 학문에 힘쓰지 못했다고 한다. 이것이 부끄러워 호를 치재(恥齋)라고 지었다.[32]

이구준은 일찌감치 이숭경(李崇慶, 1510~1588)의 양자가 되었다. 촌수로 13촌이나 되는 먼 친척 숙부였다. 이숭경은 30세에 진사시에 합격했으나 관직에 나갈 생각을 버리고 이천(利川) 양악산(陽岳山)에 은거했다. 인근에 대규모로 농사를 지어 재산이 넉넉했으며, 시와 초서에 능했다. 호는 풍담도로(楓潭道老), 단구한민(丹丘閑民)이다.

이구준은 아우 명준과 함께 '숭정보'의 편찬에 관여했으며, 따로 『선세연파보(先世聯派譜)』를 편찬하여 선조들의 처가를 상세히 기록했다. 신흠의 서문을 보면, 우리나라 족보는 본계(本系, 본가)는 자세하나 외씨(外氏, 외가)와 연파(聯派, 처가)는 자세하지 않아 문제인데, 이구준과 이명준이 50여 종의 족보를 수집하여 선대의 연파를 정리하고 관직, 명자, 본관, 행적을 자세히 기록하여 이 책을 편찬했다고 한다. 동성친 위주로 편찬된 '만력보'의 한계를 극복하려는 의도로 보인다.

이구준은 광해군 때 집안의 화에 연루되어 홍원(洪原)에서 9년간 귀양살이했다. 기록이 자세하지 않아 어떠한 화에 연루되었는지는 알 수 없으나, 계축옥사에 연루되었다고 보는 것이 온당하다.

청강의 묘소를 이장할 때, 이구준은 홍원에 유배 중이었다. 빈소로 달려갈 수 없는 몸이었기에 사찰에 들어가 몇 달간 소식했다. 1621년, 광해군은 유배된 이들 가운데 일부를 속전(贖錢)을 받고 풀어주었는데, 이구준은 이때 은 250냥을 바치고 풀려났다.[33] 그러나 양부의 장원은 이미 폐허가 되어 있었다.

이구준은 인조반정 이후 사산 감역, 상의원 주부, 의빈부 도사 등을 역임했다. 정묘호란이 일어나자 전주에 있던 세자에게 달려갔으나 때를 놓쳤다는 이유로 파직되었다. 그 뒤 자식을 연달아 잃고 10년간 우울하게 살다가 이천의 풍담에서 세상을 떠났다. 유기(裕基), 성기(聖基), 덕기(德基) 세 아들을 두었는데, 장남 유기가 원종공신에 책록된 덕택에 좌참찬에 추증되었다. 차남 성기는 지방관의 소송 판결 지침서 『청송지남(聽訟指南)』의 저자이다.

이명준(李命俊, 1572~1630)

이명준은 자가 창기(昌期), 호는 잠와(潛窩), 퇴사재(退思齋)이다. 이 명준은 어린 시절 부친 청강의 임소를 따라 청주, 진주, 강계 등지를 전전했다. 청강이 북병사에 임명되자 가족을 데리고 갈 수 없는 법규 때문에 한양으로 돌아왔다. 청강이 세상을 떠났을 때 이명준의 나이는 겨우 12세였다.

이명준은 둘째 형 이수준을 아버지처럼 받들며 자랐다. 부친의 벗이었던 이항복과 이정암, 그리고 매부 신흠에게 수학했다. 임진 왜란이 일어나자 이수준을 따라 어머니를 모시고 강화도로 피난했다. 24세에 성혼의 문하에 들어가 공부하고, 전쟁이 끝날 때까지 양근, 양양, 강화, 양천 등지를 전전했다.

이명준은 1601년 생원시에 장원급제하고 1603년 문과에 역시 장원급제했다. 연속으로 장원을 차지했으니 출세는 보장된 것이나 다름없었다. 이명준은 곧바로 성균관 전적에 임명되고, 사헌부 감찰, 병조 좌랑 등을 역임하고 이듬해 곧바로 서장관에 차출되어 북경으로 갔다. 이후 고산도 찰방, 덕산 현감, 서원 현감 등을 지냈다.

지방관으로서 명성이 자자했다는 점은 실록이 인정한 사실이다.[34] 고산도 찰방으로 있을 때 원칙을 엄격히 지켜 상관인 관찰사에게도 마패(馬牌)에 기록된 수량만큼만 말을 빌려주었다는 일화가 정약용의 『목민심서(牧民心書)』에 실려 있다.[35] 『목민심서』에는 이명준이 서원 현감 시절 물새가 모이는 광경을 보고 수재에 대비하라고 지시한 덕택에 백성이 재해를 면했다는 일화도 소개했다.[36] 훗날 유학자로 명성이 높았던 조극선(趙克善)은 그가 덕산 현감 시절 가르친 학생이었다.[37]

이명준은 1612년 평양 서윤이 되었으나, 이듬해 계축옥사에 서제 이경준이 연루되는 바람에 영덕으로 유배되었다. 그는 인조가 반정으로 즉위할 때까지 10년 가까이 조정에 나아가지 못했다. 그러나 인조반정 이후 상황이 바뀌었다. 이명준은 사헌부 장령, 충청도 관찰사, 형조 참판 등을 역임하며 승승장구했다.

1630년, 이명준은 아홉 가지 조목의 상소를 올려 당대의 폐단을 극력 진달했다. 그런데 이 가운데에는 인조가 감추고 싶은 일을 들추어내는 내용이 있었다. 조기(趙琦)와 김두남(金斗南)의 딸을 궁녀로 들인 일이었다. 이명준은 정해진 절차를 거치지 않고 궁녀를 선발한 것은 심각한 문제라고 지적했다. 아픈 곳을 찔린 인조는 진노했으나, 신하들이 모두 이명준을 편들었다. 인조는 잘못을 깨닫고 결국 이명준을 대사간에 임명했다.[38]

이명준은 1610년 덕산 현감으로 재직하면서 부친의 문집을 간행하고, 1629년에는 강릉 부사로 재직 중 『청강소설』을 간행했다. 청강의 저술은 이명준에 의해 널리 전해지게 된 것이다. 뿐만 아니라 이명준은 충청도 관찰사로 재직 중 형 이구준과 함께 새로운 족보를 편찬했다. 1634년 숭정 7년에 편찬되었으므로 '숭정보'라 한다. 이 책은 이기준의 아들 이후기(李厚基)에 의해 간행되었다. 청강이 '만력

全義李氏姓譜序

吾李氏之爲世家也尚矣自吾
太師佐

厥祖統一三韓子姓簪纓羽縠綿迤不絕者
迨且七百有五十餘橫矣雄其子孫莫篤
家風何莫非祖先之遺敎餘慶之所賜
也然而譜牒之行于世者不厭勝覽是訛文

義伯爲文莊公延子孝靖公文蒙佰之六世孫

숭정보
1634년 간행된 『전의이씨성보』. '숭정보'라고도 한다. 현전하는 전의이씨의 족보 중 가장 오래
된 것이다. 청강의 사남 이명준이 편찬하고 서문을 썼다. 문중 소장.

보'를 편찬한 지 60년 만의 일이었다.

청강의 엄밀한 편찬 태도는 이명준에게도 이어졌다. 이명준은 기존의 '만력보'와 새로 편찬한 '숭정보'를 대조하여 차이점을 주석으로 부기하여 훗날의 판단에 맡겼다.

형제들의 묘지명도 이명준이 『청강집』을 간행한 시기를 즈음하여 완성되었다. 이명준은 『청강집』의 간행을 계기로 가문의 위상을 회복하고자 했다. 이수준이 청강 사후 침체된 가문의 위상을 회복했다면, 이명준은 이를 후세에 전달하는 역할을 했다고 평가할 수 있다.

이경준(李耕俊, 1579~1613)

이경준은 청강의 서자이지만 계축옥사에 연루되어 파란을 일으킨 인물이라는 점에서 중요하다. 이경준은 서양갑(徐羊甲), 박응서(朴應犀), 심우영(沈友英), 박치인(朴致仁), 박치의(朴致毅), 김경손(金慶孫) 등과 절친했다. 이들은 모두 명문가의 서자로서 이경준과 같은 처지였다. 서양갑은 의주 목사를 역임한 서익(徐益)의 서자, 박응서는 영의정 박순(朴淳)의 서자, 심우영은 승지 심전(沈詮)의 서자, 박치인과 박충의는 판서 박충간(朴忠侃)의 서자로 형제간이었다. 이들은 모두 학문과 문학에 뛰어났으나 서자라는 신분 탓에 재주를 펼 기회를 얻지 못했다. 이들은 함께 여주(驪州)에 은거하여 시와 술로 세월을 보냈다.

이들은 공부는 하지 않고 장사에 몰두했으며, 재산을 모두 합하여 사치한 생활을 했다고 실록에 전한다.[39] 박응서의 진술에 따르면 서양갑은 해주에서 소금 장사를 했다고 하며, 심우영은 서양갑과 함께 여주의 버려진 방죽을 보수하여 농사를 짓는 한편 어염(魚鹽)의 이익을 챙겼다고 한다.[40] 또 춘천에 가서는 관곽(棺槨)을 팔아 생계를 꾸렸다고 했다. 이들이 상업에 종사했다는 말은 사실로 보인다. 그러나 당시 사람들은 이들을 강변칠우(江邊七友), 죽림칠현(竹林七賢)으로 일컬으며 곱지 않은 시선으로 바라보았다.

1613년(광해군5) 4월, 일곱 사람 가운데 박응서가 몇몇 사람과 함께 상인을 살해하고 은 수백 냥을 빼앗은 혐의로 체포되었다. 꼼짝없이 처형당할 위기에 처한 이들은 대북파(大北派)의 이이첨(李爾瞻)과 정인홍(鄭仁弘)의 회유를 받고, 영창대군을 옹립하려 했다고 거짓으로 자백했다. 일곱 사람은 모두 연좌되어 고문을 받다가 죽거나 처형당했다. 이 사건으로 영창대군은 강화도에 위리안치 되었으며 영창대군의 외조 김제남(金悌男)은 사약을 받았다. 이것이 계축옥사이다.[41]

당시 이경준은 반란을 선동하는 격문을 지었다는 혐의를 받았다. 이경준은 배후를 자백하라는 심문을 받으며 압슬형(壓膝刑, 무릎을 누르는 고문)과 낙형(烙刑, 불로 지지는 고문)을 당했으나 시종일관 역모를 인정하지 않았다. 이경준은 원래 허약하여 곤장조차 감당하지 못했는데, 혹독한 심문을 받으면서도 끝내 말을 바꾸지 않았다.[42] 결국 이경준은 고문을 받다가 죽었다. 청강의 사위 민유경도 이경준에 연루되어 관직에서 물러나야 했다. 이명준도 이 사건으로 인해 유배되었으며, 이기준의 장남 이중기는 모친을 모시고 경기 지평으로 낙향했다.

과연 이 사건의 진실은 무엇인가? 박응서 등이 체포되어 감옥에 갇혔을 때 여론은 이들의 편이었다. 이들이 서자이기는 하지만 모두 명문가의 자제들이니 역모를 기도할 리 없다는 것이 중론이었다. 게다가 먼저 역모를 자백한 박응서를 다른 이들과 대질 심문했는데, 박응서의 진술은 맞는 것이 하나도 없었다. 상황이 이러한데도 조정에서는 서둘러 역모로 결론지었다. 실록에서도 이 사건이 조작된 것이라고 공식 논평했다. 이경준은 억울하게 죽었다고 할 수밖에 없다. 인조는 반정한 이후 교서를 반포하여 이경준이 지었다는 격문이 실상 허균의 사주를 받은 허균의 얼족(孼族) 현응민(玄應旻)이 지은 것이었다는 점을 밝혀 억울함을 풀어주었다.

이원준(李遠俊, 1582~1635)

이원준의 자는 낙서(洛瑞), 호는 자암(自岩)이다. 초명은 늑준(仂俊)인데, 최립이 지은 청강 신도비명과 『청강집』에 수록된 「자손보」에 나오지만 이 밖의 다른 기록에는 보이지 않는다. 단지 문중의 전승을 통해 대략의 생애를 파악할 수 있을 뿐이다.

이원준은 1582년에 출생했다고 하니, 청강이 북병사로 재직하던 시기이다. 1613년 계축옥사가 일어나자 죽령(竹嶺)으로 피신했다가 언제부터인가 영천(榮川)에 눌러 살게 되었다고 한다. 낙향 경위는 자세히 알 수 없으나, 앞서 언급했듯이 계축옥사로 청강의 후손들은 대부분 화를 입었다. 청강의 삼남 이구준은 함경도 홍원으로 유배되고 사남 이명준은 경상도 영덕으로 유배되었다. 장남 이기준은 이미 세상을 떠났으나, 이기준의 아들 이중기는 계축옥사가 일어나자 어머니를 모시고 10년 가까이 시골을 전전하며 몸소 고기 잡고 사냥하여 봉양했다.[43] 이 밖에 청강의 증손들까지도 과거 응시가 금지되어 인조반정이 일어날 때까지 침체된 신세를 면치 못했다는 기록이 적지 않다. 그렇다면 이원준이 계축옥사를 계기로 낙향했다는 전언도 충분히 개연성이 있다. 하필 영천으로 낙향한 이유는 알 수 없으나, 이기준의 아들 이후기(李厚基)가 1633년 영천 군수에 임명된 사실이 있으니, 이와 관련이 있는지도 모르겠다.

문중의 전언으로는 이원준이 음직으로 조정에 진출하여 몇몇 관직을 역임했다고 한다. 그러나 공식적인 기록에서는 확인되지 않는다. 그 후손이 면면히 이어져 지금까지 분파(分派)를 형성하고 있으므로 간략히 언급한다.

민유경(閔有慶, 1565~1632)

청강이 일찍 부모를 여의고 처조부 상진에게 의지한 것처럼, 공교롭게도 청강의 두 사위 모두 일찍 부모를 여의었다. 첫째 사위 민유경은 열 살도 되기 전에 부모를 모두 잃고 외조 영천군(永川君) 이미수(李眉壽)에게 양육받았으며,[44] 둘째 사위 신흠은 7세에 부모를 모두 잃고 외조 송기수(宋麒壽)에게 의지했다.[45]

민유경의 본관은 여흥(驪興), 자는 이길(頤吉), 호는 풍돈(楓墩)이다. 아버지 민용(閔溶)은 생원에 그쳤으나 할아버지 민기문(閔起文)은 황해도 관찰사를 지냈다. 게다가 어머니는 영천군 이미수의 딸이니, 왕실과도 연계가 있다. 민유경의 부모가 모두 세상을 떠나자, 이미수는 민유경을 돌보는 한편, 훗날 자기 제사를 모시라고 명했다. 이른바 외손봉사(外孫奉祀)이다.[46]

민유경은 15세에 청강의 딸과 혼인하여 청강에게 배웠고, 1590년 생원시에 합격, 1594년 문과에 차석으로 급제했다. 민유경은 청강과 똑같이 승문원 권지정자에 보임되고, 예문관 검열에 선발되었다. 시작은 좋았으나 벼슬길은 순탄하지 않았다. 이후 평안 평사, 어천 찰방, 함경 도사, 황해 도사 등 외직을 전전하다가 조정으로 돌아와 사간원 정언, 홍문관 수찬, 사헌부 지평 등 요직을 역임했다. 그러나 1602년 성혼을 비호하다가 황해도 봉산에서 6년간 귀양살이를 했다. 사면을 받은 뒤 다시 수찬, 교리, 헌납 등을 거쳐 돈녕부 도정을 역임했다.

민유경은 문과 차석으로 화려하게 관직에 올랐으나 그다지 현달하지 못했다. 이것은 인목대비 폐위를 반대하는 데 앞장선 결과이다. 광해군이 인목대비 폐위에 걸림돌이 된다는 이유로 민유경을 가장 먼저 축출했다는 이야기가 있다.[47] 이 때문에 광해조에는 좀처럼 관직에 오르지 못했다. 인조반정을 주도한 김류(金瑬)와는 젊은 시절 함께 숙식을 해결하며 과거를 준비하던 사이였다.[48]

장남 민성청(閔聖淸)은 민유경보다 먼저 죽었고, 차남 민성임(閔聖任)은 찰방에 그쳐 그다지 현달하지 못했다. 민유경은 일찍 아버지를 잃은 육촌 조카를 집으로 데려와 자식처럼 길렀는데, 그가 바로 훗날 판서를 역임한 민성휘(閔聖徽, 1582~1647)이다.[49]

신흠(申欽, 1566~1628)

신흠의 본관은 평산(平山), 자는 경숙(敬叔), 호는 상촌(象村), 현헌(玄軒)이다. 영의정을 역임했으며, 조선 중기 한문 사대가의 한 사람으로 일컬어질 정도로 문장에 뛰어났다. 특히 상수학(象數學)에 밝았다고 알려져 있는데, 상수학은 『주역』을 근간으로 숫자를 통해 인간의 운명을 예측하는 학문이다. 신흠은 청강에게 『주역』을 배웠는데, 어느 정도 진도가 나가자 청강은 신흠이 자기보다 뛰어나다고 인정했다.[50]

사실 신흠의 선대는 그다지 현달하지 못했다. 신흠의 조부 신영(申瑛)이 우참찬에 올라 가세가 조금 진작되는 듯했으나, 부친 신승서(申承緖)는 개성부 도사로 재직 중 42세에 세상을 떠났다. 모친 송씨는 이미 그해 4월 세상을 떠났으므로 신흠은 홀로 남겨졌다. 겨우 일곱 살에 고아가 된 신흠은 외조 송기수의 집에서 자랐다.

송기수의 집에는 책이 많았는데, 한 방에 서재를 만들어 보관해

두었다. 신흠은 매일 아침 그 방으로 들어가 하루 종일 나올 생각을 하지 않았다. 이 때문에 외가 사람들은 그를 '책방 아이'라고 불렀다. 청강이 이 소문을 듣고 찾아가 보고는 마침내 신흠을 사위로 삼았다. 신흠의 외손 박세채가 어릴 적 들은 이야기다.[51]

송기수는 판서를 역임한 고관이었으므로 신흠은 유복하게 자랐다. 그러나 1583년 신흠의 외숙 송응개(宋應漑)가 율곡을 탄핵하면서 사이가 벌어졌다. 신흠이 율곡을 옹호했기 때문이었다. 신흠은 이 때문에 외가로부터 배척을 받았으며,[52] 이로 인해 더욱 처가에 의지하게 되었을 것으로 보인다.

신흠은 1585년 생원시와 진사시에 모두 합격하고, 1586년 문과에 급제했다. 생원시와 진사시 성적은 좋았으나 문과 성적이 좋지 않았기 때문인지, 아니면 율곡을 옹호한 전력으로 당시 정권을 잡고 있던 동인의 배척을 받았기 때문인지, 초기에는 미관말직을 전전했다. 그러나 오래지 않아 글재주를 인정받아 예문관 검열이 되었다. 임진왜란이 일어났을 때는 청강의 휘하 장수였던 신립의 휘하에서 종군하며 명나라 장수를 응대하고 외교 문서를 작성하는 데 크게 기여했다. 뛰어난 실무 능력 때문에 정철, 이항복, 권율 등이 다투어 종사관(從事官)으로 삼았다.

이러한 공로를 인정받아 임진왜란 이후로는 승승장구했다. 더구나 아들 신익성(申翊聖)이 정숙옹주와 혼인하여 부마가 되자 가문의 위상은 더욱 높아졌다. 이후 요직을 두루 거쳤으나 선조가 승하하면서 상황이 갑자기 바뀌었다. 선조는 임종을 앞두고 평소 신임하던 일곱 신하에게 영창대군을 보호하라고 당부했다. 이른바 유교칠신(遺敎七臣)이다. 신흠은 이 중 한 사람이었는데, 1613년 계축옥사가 일어나자 유교칠신의 정치적 입지는 위태로워졌다. 신흠 역시 한동안 김포에 우거하며 마음을 졸여야 했다.

신흠은 이 시기에 선조의 사적을 정리하는 작업에 힘을 기울였다. 시조를 비롯한 선조들의 묘도문을 세우고, 선대의 계보를 정리하여 『평산신씨성보(平山申氏姓譜)』의 편찬에 착수했다. 이러한 작업은 그를 둘러싼 정치적 상황의 악화에서 비롯된 것으로 보인다. 신흠은 자기가 간신히 쌓아올린 가문의 위상이 자신 때문에 무너질 수도 있다는 위기감을 느꼈던 것이다. 그는 생전에 선조의 계보와 행적을 정리해 둘 필요성을 절실히 느끼고 족보의 편찬에 몰두했다. 다행히 인조반정으로 신흠의 위기는 자연스레 해소되었다. 조정으로 복귀한 신흠은 영의정의 자리에까지 올랐다. 위기의식이 옅어진 탓인지 『평산신씨성보』의 편찬은 지지부진해졌다. 신흠은 결국 이 책을 완성하지 못하고 세상을 떠났으며, 아들 신익성이 작업을 계속하여 마침내 완성했다.[53]

그런데 『평산신씨성보』의 체제는 청강이 편찬한 『전의이씨성보』와 상당히 유사하다. 우선 두 책은 모두 당시로서는 드물었던 대동보 성격의 족보였다. 무엇보다 17세기를 전후하여 종법제의 확산과 더불어 이성친(異姓親)은 점차 배제되고 동성친(同姓親) 위주로 족보가 구성되는 경향을 보이는데, 『전의이씨성보』와 『평산신씨성보』는 모두 이러한 경향을 선구적으로 반영하고 있다. 당시까지만 해도 이성친에 상당한 지면을 할애하는 것이 족보 편찬의 보편적인 관례였기 때문이다.

이렇게 되면 종전의 족보와 달리 이성친을 파악하기는 어려워지는데, 전의이씨의 경우 연파보(聯派譜)를 따로 간행하여 이성친의 계보를 정리했다.[54] 연파보를 편찬한 이는 청강의 사남 이명준이며, 신흠은 이 책에 서문을 썼다. 양가는 족보가 동성친 위주로 구성되어야 한다는 점에 동의하면서도, 이성친의 존재를 소홀히 할 수 없다는 점에 대해서도 견해를 같이했던 것이다. 『상촌고』의 서두에 「동양신씨계첩(東陽申氏係牒)」을 실은 것도 『청강집』의 서두에 실린 「세계급자손록(世系及子孫錄)」을 본뜬 것으로 보인다.

이처럼 『전의이씨성보』와 『평산신씨성보』의 성격이 유사한 이유는 두 집안의 긴밀한 교유에서 찾아야 할 것이다. 신흠은 청강과 청강의 장남 이기준의 묘지명을 지었으며, 신익성은 청강의 묘표와 이구준의 묘지명, 이명준의 행장, 그리고 청강의 손자 이중기의 묘지명을 지었다. 청강의 아들들이 신흠과 신익성 2대에 걸쳐 한가족이나 다름없는 교분을 나누었다는 사실은 여러 문헌에서 확인할 수 있다.

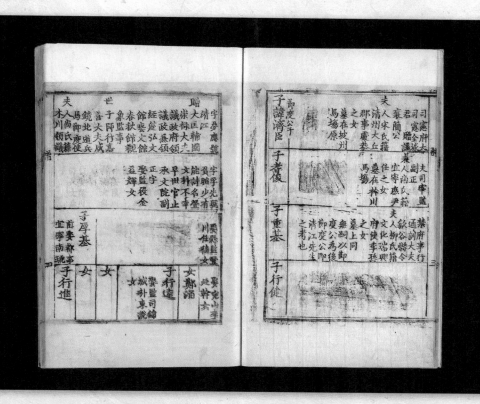

「청강선생세계급자손록(淸江先生世系及子孫錄)」
시조 이도부터 청강의 손자 대까지 실려 있는 계보이다. 현전하는 전의이씨 계보 가운데 가장 오래된 것으로 『청강집』에 실려 있다. 서울대학교 규장각한국학연구원 소장.

재물 보기를 썩은 흙처럼 하라

가풍이란 한 집안에 대대로 이어 오는 풍습을 말한다. 한 집안 사람이라도 성품은 저마다 다른 법이다. 설령 비슷한 점이 있다 하더라도 섣불리 가풍으로 단정하기는 어렵다. 그러나 대를 이어 비슷한 특징이 반복적으로 나타나며, 가문 구성원들이 가문의 전통이라는 인식을 공유하고 세간의 평가도 그러하다면, 그 특징을 가풍으로 규정해도 무리는 아닐 것이다. 함부로 단언하기는 어려우나, 청강 가문의 가풍은 세 가지로 요약할 수 있다.

첫째는 자신의 뿌리를 찾고 선조를 현양하는 데 앞장섰다는 점이다. 청강은 고려 공신 후손 수십여 집안 가운데 당시까지 명문가로서 명맥을 이어오고 있는 집안은 평산신씨, 강릉최씨, 문화유씨와 전의이씨 정도에 불과하다고 했다. 이처럼 가문의 흥망성쇠는 무상한 법이니, 자손들은 이 점을 명심하여 선조의 덕을 유념하고 누를 끼치지 않도록 하라고 당부했다.[55] 족보 편찬을 비롯하여 청강이 시도한 일련의 위선 사업은 이러한 위기의식의 소산이었다.

청강과 그 후손들은 전의이씨 족보 편찬을 주도했다. 청강은 '만력보'의 편찬에 중추적인 역할을 담당했으며, 청강의 아들 이구준과 이명준은 그 뒤를 이어 '숭정보'를 편찬했고, 이기준의 아들 이후기는 영천 군수 재직 시 이를 간행했다. 그리고 '숭정보'가 간행된 지 120년 뒤, 이수준의 현손 이징국(李徵國)은 다시 족보의 편찬에 착수했으며, 그가 세상을 떠나자 아들 이덕용(李德容)이 이명준의 증손 이만배(李萬培)와 함께 그 뒤를 이어 간행했다. 이것이 '영조 갑술보' 이다.

이처럼 청강 이하 3차에 걸쳐 전의이씨의 족보를 편찬한 이들은 모두 청강의 자손들이다. 장편소설 『옥린몽(玉麟夢)』으로 한국문학 사에 한자리를 차지하고 있는 후손 이정작(李庭綽)은 '영조 갑술보'의 발문에서 "만력 연간 이래로 지금까지 180년 동안 족보가 완성된 것 이 세 번인데 모두 청강의 가문을 벗어나지 않았다"[56]라고 했다. 청 강의 후손들이 전의이씨 전체의 족보를 편찬하는 데 중추적인 역할 을 담당했다는 사실을 천명한 것이다.

둘째는 원리원칙이다. 청강은 부임하는 곳마다 법규를 엄격히 준 수했다. 이로 인해 지나치게 엄격하다는 평가를 받기도 했다. 청강 이 부임하는 곳마다 토호들과 마찰을 빚은 것도 이 때문이었다. 우 계는 진주 목사로 재직 중이던 청강에게 충고했다.

들으니 고을을 다스리는 데 있어서 너무 엄격하여 아랫사람들의 마 음이 전해지지 못하며, 은혜와 사랑을 베풀어야 할 가정에서도 이처럼 지나친 부분이 있다 하니, 이것은 근본적인 근심거리입니다. 삼가 바라 건대, 허심탄회하게 반성하고 자세히 살펴 빨리 바로잡아 터럭만큼이 라도 사사롭거나 인색한 일이 없도록 해야 합니다.[57]

이 편지를 보면 청강은 고을을 다스릴 때는 물론 집안에서도 엄격했던 것으로 보인다. 좀처럼 화를 참지 못하는 성격도 한몫했을 것이다. "일 때문에 갑자기 화를 내고 얼마 뒤 후회하는데, 이것이 평생의 병통이다. 항상 유념하고 있지만 조금만 마음을 놓으면 번번이 반복되니, 이제부터 맹세코 그 화를 면하고자 한다"[58]라고 다짐한 시가 『청강소와』에 실려 있으니, 버럭 화를 내고 후회하는 일이 잦았던 모양이다. 성격상의 단점이라 할 수도 있겠지만 이 역시 원칙을 벗어나는 행위를 용납하지 못했기 때문이리라. 이처럼 원리원칙에 충실한 태도는 엄격한 군율에 익숙한 무반가의 가풍, 자신에게조차 지극히 엄격했던 스승 남명의 학풍 등이 복합적으로 영향을 끼친 결과로 보인다.

원리원칙을 중시하는 풍모는 족보를 편찬하는 과정에서도 나타난다. 청강은 가문의 위상이 실추될 위험을 감수하고 선대의 행적을 사실 그대로 기록했다. 청강은 『명종실록』의 편찬에 참여한 명실상부한 역사가였다. "의심스러운 사실을 전하기보다는 의심스러운 사실을 빼는 것이 낫다[與其傳疑, 不若闕疑]"[59]는 사관(史官)으로서의 원리원칙이 가문의 역사를 편찬하는 과정에서도 그대로 나타난다.

토호와 타협하지 않고 강경하게 대응한 것도, 김수를 참수하라는 선조의 명령을 거부하고 법전에 따라 유예기간을 둔 것도 원리원칙을 중시한 결과라고 하겠다. 비록 이 때문에 불행한 최후를 맞이했으나, 원리원칙을 중시하는 가풍은 계속 이어졌다. 다산 정약용의

『목민심서』에 다음과 같은 내용이 있다.

이명준이 고산도 찰방이 되었는데, 고산역은 함경도의 요지에 있었다. 역마를 타는 자들이 번번이 법의 제한을 넘어서 지나치게 많은 말을 요구하므로 역졸(驛卒)들이 견딜 수가 없었다. 이명준은 굽히지 않고 법을 따랐다. 비록 관찰사가 오더라도 꼭 마패에 적힌 수량대로 역마를 지급했더니 관찰사가 화를 내며 듣지 않았다. 이명준이 마침내 조정에 처분을 요청했더니, 조정에서는 이명준이 옳고 관찰사가 잘못했다고 했다. 폐단은 마침내 고쳐졌지만, 이명준은 벼슬을 버리고 돌아갔다.[60]

이명준은 1605년 고산도 찰방으로 부임했다. 당시 관찰사는 이시발(李時發, 1569~1626)이었다. 관찰사는 종2품, 찰방은 종6품직이다. 관찰사 입장에서 찰방은 그야말로 미관말직에 불과하다. 게다가 관찰사는 찰방의 직속상관이다. 상황이 이러한데도 이명준은 원칙을 내세우며 이시발의 요구를 거부했다. 이 또한 원리원칙을 중시하는 가풍의 영향이라고 하겠다. 오랜 기간 무반 가문으로 행세했으므로, 특유의 무인적 기질이라고 볼 수도 있을 듯하다. 상관은 물론 국왕도 예외를 두지 않았다는 점은 높이 평가할 만하다.

셋째는 청렴결백이다. 이는 원리원칙을 지키는 가풍과 무관하지 않다. 무반이었던 청강의 선조 중에는 간혹 부정에 연루되어 탄핵을 받은 이도 있다. 그러나 청강 대에 와서 문반으로 전향한 이후로는 이러한 사례를 찾아볼 수 없다. 청강은 청백리로 인정을 받았는데, 이와 관련한 이야기가 몇 가지 전한다.

청강이 병조에 근무할 때 병조 관원들에게는 정기적으로 마초 값[騶直]이 지급되었는데, 청강은 이것이 집에 들어오기도 전에 먼저 가난한 친족들에게 나누어주었다. 오랫동안 이렇게 하다 보니, 조금이라도 늦게 나누어주면 오히려 받아가는 쪽에서 "기일이 이미 지났는데 어르신께서는 어째서 마초 값을 나누어주지 않으십니까?" 하고 당연한 듯 재촉했다.[61] 어숙권(魚叔權)이 집으로 찾아왔으나 타고 온 말에게 먹일 짚 한 단이 없어 그냥 이야기만 하고 돌아갔다는 시도 전한다.[62]

청강의 집안은 그다지 넉넉하지 못했을지라도, 사위에게 상당한 재산이 상속되던 당시의 풍조를 고려하면 청강은 처조부 상진의 덕을 볼 수도 있었다. 상진은 아들이 없었기에 모든 재산을 청강에게 상속하려 했다. 그러나 청강은 굳이 사양하며 아들이 없으면 조카를 후사로 들이라고 권했다.[63] "재물 보기를 썩은 흙처럼 하라[財物視之, 當如糞土]"[64]는 것이 청강이 자제들에게 남긴 가르침이었다. 이 가르침은 청강의 후손들에게 대대로 전해졌다. 청강 후손들의 묘도문자에는 "재물 보기를 썩은 흙처럼 하라"는 청강의 가르침을 언급한 대목이 자주 보인다.

청강의 아들들도 하나같이 청렴하기로 유명했다. 이수준이 범중엄의 고사를 모방하여 의재(義財)를 설치하고 어려운 친족들을 도왔다는 사실은 앞서 언급했는데, 호를 '지범'이라고 지은 데서 그가 친족의 구휼을 무엇보다 우선시했다는 것을 알 수 있다. 한번은 어떤 이가 어버이를 장사 지내려고 이수준에게 석회 수백 석을 빌려갔는데, 나중에 집안사람들이 값을 받으려 하자 이렇게 말했다.

"어버이를 장사 지내려고 한다기에 이미 주었는데 값을 받아 무엇 하겠느냐. 게다가 나는 그 사람의 이름도 잊어버렸다."

이처럼 재물에 연연해하지 않았기에 속는 일도 있었는데, 속은 줄 알아채더라도 크게 나무라지 않고 처음처럼 대했다.[65]

이구준 역시 청렴하기는 마찬가지였다. 이구준은 부유한 집안으로 출계했으나 그의 집을 방문한 조카 신익성에 따르면, 집안이 쓸쓸하여 겨우 비바람이나 가릴 정도였고, 값나가는 물건이라고는 하나도 없었다고 한다.[66] 이구준의 둘째 아들로 족부(族父) 이희원(李希愿)의 양자로 들어간 이성기(李聖基) 역시 "관리가 되어서는 청렴에 근본을 두었다"라는 평가를 받았으며, '재물 보기를 썩은 흙처럼 하라'는 청강의 말을 자제들에게 상기시키며 "나는 항상 우리 집안의 가풍을 더럽힐까 두려워했다"라고 고백했다.[67]

청강의 아들들이 모두 청렴했지만 이명준은 그중에서도 독보적이었다. 이명준은 서장관으로 중국에 갔을 때 화재를 당한 적이 있었다. 이불과 옷을 모두 잃은 그는 추위에 떨어야 했다. 불쌍히 여긴 정사 윤경립(尹敬立)이 이불 한 채를 주고, 부사 윤방(尹昉)이 가죽옷 한 벌을 주었으나 이명준은 받지 않으려 했다. 정사와 부사를 감찰하는 서장관의 직무상 이들에게 신세를 질 수는 없기 때문이었다. 강권한 끝에 받기는 했지만, 입지 않고 벽에 걸어두었다. 그리고 그조차 중국에서 돌아온 뒤 수고한 군관과 통역관들에게 상으로 주었다.

이뿐만이 아니었다. 이명준은 평양 서윤으로 재직 중 계축옥사에 연루되어 영덕으로 귀양 가게 되었다. 이때 평양 감사 정사호(鄭賜湖)가 노자로 면포(綿布) 100필을 주었으나 사양하고 받지 않았다. 임종을 앞두고 남긴 유언도 장례를 검소하게 치르라는 것이었다. 이명준의 청렴은 실록의 사관이 인정한 공론이었다. "인품이 강직하고 청렴결백하여 관직을 역임할 때마다 청백하기로 이름이 났다"는 것이다.[68] 현손 이만웅(李萬雄)의 졸기에도 "관직에 있으면서 탐욕스러운 짓을 하지 않았다"라고 했다. 청백은 청강 후손이 대대로 지켜온 원칙이었다.

이명준이 세상을 떠난 지 18년 뒤인 1648년, 이명준의 제자 조극선은 이명준을 청백리로 선발하도록 청하는 상소를 올렸다. 이명준의 청렴결백과 그것이 청강 가문에 전해 내려오는 가훈이었다는 사실을 이 상소를 통해 확인할 수 있다.

작고한 참판 이명준이 평생 청렴결백했다는 것은 온 세상이 아는 사실입니다. 관직은 2품에 올랐고 나이는 예순에 이르렀으며, 청요직을 두루 거치고 누차 큰 고을을 맡았습니다. 그러나 살아서는 몇 뙈기 땅도 없었고, 관직에서 물러나서는 더부살이하고, 죽어서는 남은 옷도 없어 친구들의 부조로 염습했습니다. 처자는 굶주려 시골로 내려갔으니, 그 절개가 맑고 깨끗하여 나라 안의 미천한 사람들도 모두 그의 이름을 외웁니다.

또 유언으로 장례를 간소히 하라고 하여 외곽(外槨)도 쓰지 않고 석회도 쓰지 않았습니다. 자제와 문인들은 제대로 장례 지내지 못했다며 애통하게 여겼습니다. 다행히 밝으신 성상께서 아시고 석회를 하사하여 장사 지내게 했으니, 성상께서도 그의 청렴결백을 알고 계셨기 때문입니다. 나라 사람들이 외우고, 성상께서 아시니, 이명준의 청렴결백은 하늘을 우러러보아도 땅을 굽어보아도 부끄러움이 없다고 하겠습니다. 그런데 지난번 청백리를 선발할 때 이명준은 도리어 빠졌으니, 신은 의아하게 여깁니다.

아, 고금 천하에 청렴결백한 사람이 어찌 끝이 있겠습니까. 두루 헤아려보고 비교해보면 이명준과 같은 사람은 있어도 이명준보다 나은 사람은 필시 없을 것입니다. 어째서이겠습니까. 청렴하다는 사람도 제 몸을 가릴 집이 있고 제 입에 풀칠할 땅이 있습니다. 한나라 선비 소광(疏廣)은 현명한 사람이었는데도 "예전에 마련해둔 땅이 있어 먹고 살기 충분하다"라고 했고, 제갈량도 "성도(成都)에 뽕나무 800그루가 있고 척박한 땅 15경(頃)이 있다"라고 했습니다. 그런데 이명준은 아무것도 없었습니다. 그러므로 신이 '이명준과 같은 사람은 있어도 이명준보다 나은 사람은 필시 없을 것입니다'라고 한 것입니다.

지난번 청백리를 선발할 때, 신은 어느 대신(大臣)이 그 일을 주관했으며 취사선택한 의도가 무엇인지는 모르겠습니다. 그러나 이명준과 같은 사람이 선발되지 않았으니, 신은 그때 선발된 자들은 당나라 선비 유분(劉蕡)이 낙방했을 때 부끄러워했던 사람들처럼 부끄러워할까 두렵습니다.[69]

어떤 이는 당시 선발된 자들은 모두 살아 있는 사람이었고, 이명준은 이미 죽었기 때문이라고 합니다. 그러나 작고한 정승 이원익(李元翼)은 선왕의 원로로서 청렴결백했다는 사실이 일찍부터 알려졌는데도 선발되지 못했으니 신은 더욱 의아하게 여깁니다.

대저 인품은 모두가 다른 법입니다. 어떤 이는 만년에 절개를 바꾸기도 하고, 어떤 이는 마지막에 지조를 잃기도 하니, 이는 옛사람이 경계한 일입니다. 이미 죽은 사람은 그 평생을 평가하더라도 더 이상 의심할 것이 없으니 차라리 낫습니다. 또 죽었으니 표창을 받을 수 없다고 한다면, 사후에 관직을 주는 것은 선왕의 법이 아니란 말입니까. 그리고 역사의 포폄은 권선징악하기 부족하다는 말입니까.

어떤 이는 명예를 위해서 청렴을 지키기도 합니다. 그러나 자신은 고생을 참으면서도 몰래 처자에게 재산을 남겨주는 경우도 있습니다. 그러나 이명준은 임종을 앞두고 편지를 써서 자기 아들들을 친구에게 맡겼습니다. 여기서 그가 처자에게 재산을 남겨주지 않아 제 힘으로 먹고 살 수 없었다는 사실을 알 수 있습니다.

지금 그의 아들 이도기(李道基)와 이원기(李元基) 등은 가난하여 살 수가 없습니다. 이도기는 지난번 조정에서 등용하여 관직을 받았습니다. 그 사람됨이 비록 아비에게 미치지는 못하지만 어려서부터 가르침을 받아 청렴결백한 지조를 지키고 있습니다. 예전에 온양 군수를 지냈는데, 군민과 이웃 고을 사람들이 지금까지 칭송합니다. 그런데 얼마 못가 영락하여 기를 펴지 못하고 있으니, 이는 우맹(優孟)이 손숙오(孫叔敖)의 아들을 위하여 초(楚)나라 왕에게 노래로 풍자한 까닭입니다.[70]

아, 군자가 행실을 깨끗이 하는 이유는 애당초 남이 알아주기를 바라서 그러는 것이 아닙니다. 이명준은 표창을 받지 못했으나, 죽은 자에게 지각이 있더라도 지하에서 유감이 없을 것입니다. 그러나 국가에서 권면하는 도리에 있어서는 큰 흠이 아니겠습니까.

신은 이명준의 문하에서 공부하여 그의 몸가짐과 처신을 자세히 보아 잘 알고 있습니다. 비록 본받고자 하여도 할 수가 없었지만 마음속으로는 감동했습니다. 효성스럽고 우애 있는 행실, 충성스럽고 강직한 지조, 밝은 식견이 모두 한 시대에 탁월했다는 점은 말할 겨를도 없습니다. 단지 청렴결백 한 가지만 이야기하는 이유는 표창하는 은혜를 혼자서만 받지 못했기 때문입니다. 이는 신이 아부하는 말이 아니라 온 나라 사람이 답답하게 여기는 일이며 막을 수 없는 공론입니다.

삼가 바라건대, 전하께서는 조정 신하들에게 "이명준의 청렴결백이 부족하여 과연 표창하기에 적합하지 않은가?"라고 물으십시오. 혹시 부족하다고 전하에게 아뢰는 자가 있다면 신은 거짓말 한 벌을 받겠습니다. 만약 그렇지 않다면 지금 상을 내리더라도 늦지 않을 것입니다.[71]

조극선은 덕산 현감으로 부임한 이명준에게 『당음(唐音)』을 배우면서 사제 관계를 맺었다. 이명준이 덕산의 교육 진흥을 위해 고을의 젊은이들을 모아 직접 가르친 일이 계기가 되었다. 당시 조극선의 나이 15세였다. 이명준이 한양으로 돌아간 뒤로도 조극선은 그를 찾아가 『사기』와 두보의 시를 배웠다.[72] 두 사람의 인연은 20년 가까이 이어졌다.

이명준이 청렴결백하다는 사실은 누구보다 조극선이 잘 알고 있었다. 1621년, 이명준이 영덕에 유배되어 있을 때, 나라에서 속전(贖錢)을 받고 유배인을 풀어준 적이 있었다. 이때 한양에 있던 이명준의 벗들이 속전을 모으기로 했다. 이명준의 집에 베 한 자도 없다[家無尺布]는 사실을 알았기 때문이었다. 간신히 속전은 마련했지만 광해군이 윤허하지 않아 결국 풀려나지 못했다.[73]

청렴을 중시하는 청강가의 가풍은 계속 이어졌다. 이명준의 아들 이선기(李善基, 초명은 元基)는 항상 '사대부는 재물 보기를 썩은 흙처럼 해야 한다'라고 말했는데, 이 때문에 20년 동안 관직 생활을 하고서도 자손에게 남겨준 것이 없었다고 한다.[74]

청강의 증손 이행건(李行健)의 신도비명은 송시열이 지었는데, 이 글에 따르면 이행건은 재물을 사유하지 않고 녹봉이 들어오는 대로 모두 어머니에게 바쳤다고 한다. 이행건의 처가는 부유했지만 처가 쪽에서 상속되는 재산은 사양하고 받지 않았다. 송시열은 이러한 이행건의 청렴을 칭송하며 "청강공의 가법(家法)이다"라고 했다.[75]

송시열은 청강의 또 다른 증손 이행원(李行遠)의 신도비명도 지었는데, 이행건이 30년 동안 관직에 있었는데도 재산이 하나도 늘어나지 않았다며, 이 역시 '청강공의 가법'이라고 했다.[76]

또 청강의 5대손 이신룡(李臣龍)은 처가에서 재산을 상속받게 되자 편지를 보내 이렇게 거절했다.

"옛적 우리 선조 청강공께서는 항상 자손들에게 경계하며 '내 자손 된 자는 재물 보기를 썩은 흙처럼 하라'라고 하셨다. 내가 어찌 이 재산을 받아 우리 선조의 훈계를 어기겠는가."[77]

이처럼 청강 후손의 청렴결백이 가풍이라는 사실은 당시 사대부들 사이에 널리 알려졌던 것으로 보인다.

청강가의 가풍은 여성이라고 예외가 아니었다. 신흠에게 시집간 청강의 둘째 딸도 청렴하기로 유명했다. 신흠은 1601년 병조 참의에 임명되었다. 무관들의 인사를 좌지우지하는 자리였다. 이때 한 무인이 늙은 여종을 시켜 사슴가죽 옷과 나배(螺盃, 소라 껍데기로 만든 잔) 하나를 바쳤다. 그다지 대단할 것도 없는 선물이었다. 그러나 부인은 단호히 거절했다. 이웃에 살던 이항복이 이 이야기를 듣고 말했다.

"참으로 청강의 가풍을 저버리지 않았다."[78]

7

청강과 녹수의 여향

양평 수입리로 돌아간 넋

청강은 1583년 10월 6일 의주 인산진의 유배지에서 눈을 감았다. 사람이 몰라주는 원통한 마음을 하늘이 알아주었는지 이날 저녁 갑자기 우레가 쳤다. 그리고 이듬해 정월, 청강의 둘째 아들 이수준이 엄동설한의 날씨에 청강의 영구를 달구지에 싣고 한양으로 돌아왔다.

인산진은 압록강이 서해로 흘러들어가는 해구에 있던 군진(軍鎭)이다. 태조 이성계가 회군한 곳으로 널리 알려진 위화도 바로 남쪽이다. 신흠은 1597년 임진왜란의 소용돌이 속에 운향검찰사(運餉檢察使) 유근(柳根)을 도와 명나라 군대의 군량을 운반하기 위해 평안도 미관진(彌串鎮)에서 잠시 지낸 적이 있다. 장인 청강이 눈을 감은 인산진과 가까운 곳이었기에 옛일을 회상하면서 이렇게 시를 지었다.

지난날 도성 남문에서 전송할 제	憶曾相送國南門
적삼으로 눈물 닦아 눈이 붉어졌지	拭盡征衫淚眼昏
원래 재주 높아 세상의 시기를 받았고	自是高才爲世忌
그저 충성스러워 성은을 입었네	秪緣忠憤荷君恩
하늘 끝 유배지에 묵은 자취 남기고서	天涯鵬舍餘陳跡
세밑에 소달구지에 실려 고향으로 돌아오셨네	歲暮牛車返故原
이제 다시 가을바람에 한 가닥 향 피우니	更向西風燒一瓣
단풍 숲에 돌아가지 못한 넋이 있을까 해서라네	楓林恐有未歸魂[1]

청강의 시신이 도성에 돌아오자 도승지 이우직(李友直)이 청강의 청렴결백한 일생과 북쪽 변방에서 세운 전공을 선조에게 아뢰었다. 선조는 빼앗은 관직을 돌려주라고 명했다. 이처럼 즉각적으로 관직을 회복한 것은 이례적인 일이긴 하지만, 그것으로 명예가 온전히 회복된 것은 아니었다. 신흠이 이 시를 지을 당시도 마찬가지였다. 신흠은 이 시에서 충성을 다했으나 유배지에서 최후를 마친 청강을 굴원(屈原)에 비유하고, 청강의 넋이 아직도 압록강 강가에 서성일 것이라 했다.

소달구지에 실려 한양으로 돌아온 청강의 영구는 석 달 상례를

치른 뒤 4월 양근(楊根) 서종면(西終面) 수회리(水回里)에 묻혔다. 청강
의 부인 목천상씨는 1593년 임진왜란을 피해 둘째 아들 이수준과 함
께 강화도로 갔다가 3월 15일 그곳에서 눈을 감았다. 난리가 끝나고
청강의 묘소에 합장되었다. 그러나 이 묘소는 풍수가 좋지 못하다
하여 1615년 다시 이장했다.[2] 이 무렵 청강의 자손들은 계축옥사에
연루되어 곤욕을 치르고 있었다. 윤근수는 만사(輓詞)를 지어 청강의
넋을 달랬다.

옛적 그대가 귀양 간 곳은	昔歲君遷謫
평안도의 먼 변방이었지	西關絶塞堧
한창 사면령을 기다리는데	金鷄方佇赦
홀연 상여에 실려 왔구려	素旐忽言旋
땅에 묻혀도 일은 끝나지 않았고	入地事難了
시간이 흘러도 화는 계속 이어지네	淹時禍尙延
고향 산에 묏자리를 옮겨 잡고서	故山因改卜
동쪽을 바라보니 정녕 서글프구나	東望正悽然[3]

청강의 묘소는 지금의 양평군 수입리에 있다. 수입리에는 그가
생전에 살던 집이 있었거니와 그 후손들 역시 인근에 전장을 마련
했다. 청강의 장남이 이기준이고 이기준의 장남이 이중기이며, 이
중기의 아들이 이행건과 이행원이다. 이행건은 좌승지, 청풍 부사

수입천
양평군 서종면 수입리 소재. 청강의 후손들이 가꿔온 삶의 터전이다. 고 권태균 촬영.

를 지냈고, 이행원은 우의정을 역임했다. 이행건의 아들이 황해도 관찰사를 지낸 이만웅이고, 이만웅의 아들이 이징명과 이징하다. 이징명 역시 관찰사를 지냈고 이징하는 목사, 지돈녕부사를 지냈다. 청강의 후손들이 이룬 성취는 명문가의 위상을 유지하기에 부족함이 없었다. 이들은 차례로 한 시대를 울리고 수입리 선영으로 돌아와 육신을 눕혔다.

이중기가 살던 부연

청강의 후손은 대를 이어 수입리 선산에 묻혔지만, 살아서 귀거래(歸去來)한 곳은 지평(砥平)이었다. 그곳에는 17세기 학문과 문학을 주름잡은 택당 이식의 고택 택풍당(澤風堂)이 있다. 오늘날 양평군 양동면 쌍학리다. 이식의 「동계기(東溪記)」에 택풍당 동쪽 부연(釜淵)에 청강의 후손가가 있다 했으니,[4] 오늘날 택풍당 입구로 흐르는 석곡천에 놓인 쌍학교 근처 널따란 곳인 듯하다. 원래는 부연의 주인은 노연령(魯延齡)이었으나 17세기 무렵에는 이행건의 소유가 되었다. 노연령이 살 때 퇴계 등이 이곳에서 지은 시가 있어 널리 알려졌는데, 청강의 후손이 들어와 살면서 더욱 활기를 띠게 되었다.

부연은 현연(玄淵)이라고도 했는데 나중에 귀거연(歸去淵)으로 이름을 바꾸었다. 1613년 계축옥사가 일어나 이중기가 벼슬을 버리고 이행건, 이행원 두 아들과 함께 이곳으로 귀거래하자, 정백창(鄭百昌)이 그 뜻을 기려 이렇게 이름한 것이다. '가마'솥[釜]과 돌아'가마'[歸去]의 음이 비슷하다는 점에 착안하여, 도연명의 「귀거래사(歸去來辭)」에서 뜻을 취한 것이다. 이로써 귀거연은 이 집안의 고향과도 같은 곳이 되었다. 이행건의 손자 이징명은 김창협(金昌協)에게 이렇게 말했다.

부연은 예전 우리 집안의 고향 땅이오. 지난번 광해군 때에 우리 할아버지 동추공(同樞公, 이행건) 형제께서 증조부 신계공(新溪公, 이중기)을 모시고 이곳으로 돌아와 봉양했소. 이때 택당 이식 공, 소암 임숙영 공, 현곡 정백창 공 등 여러 현자들이 모두 인근에 있었소. 지팡이를 끌고 짚신을 신고서 매일 왕래했는데 노인들은 아직도 기억하고 있소. 귀거연이 지금 이름으로 된 것은 아마도 이때인 듯하오.

귀거연은 넓이가 몇 무(畝) 정도고 깊이는 몇 길 정도인데, 맑아서 몸을 씻을 만하오. 그 언덕이 불룩 솟아 귀거연 가운데로 들어가고, 그 위에 단풍나무, 소나무, 잣나무, 전나무 등 고운 나무들이 있어 올라가 배회할 만하오. 언덕 아래는 온통 흰 바위인데 평평하게 포개져 앉을 만하오. 귀거연 옆은 땅이 넓고 흙이 비옥하여 전답 수십 무가 있소. 거기서 농사를 지으면 한 해 동안 먹고살 만하오. 그래서 우리 선조가 즐기던 곳이라오.

나는 선조의 공업을 잇기에는 부족하고 이 세상에 나갈 뜻도 이미 없어졌다오. 이제 장차 돌아가신 부친의 집을 수리한 다음, 소를 한 마리 사고 책 수백 권을 가지고 이곳으로 돌아가 숨어 책을 읽고 밭을 갈면서 어머니를 봉양하고자 하오. 또 남는 시간이 있으면 귀거연의 물과 바위 사이에서 배회하면서 노닐고 목욕할 것이요, 높은 곳에 오르고 깊은 물가로 나아가며 소나무와 잣나무 그늘에서 쉬고 맑은 개울에서 몸을 씻을 것이니, 이 또한 즐거움으로 삼아 늙음을 잊기에 족하오. 그대는 어찌 생각하오?[5]

이중기가 귀거연으로 물러날 무렵 지평의 백아곡(白鴉谷)에는 이식이 택풍당을 짓고 살았고, 양근 대탄(大灘)에는 정백창이, 용진(龍津)의 봉안역(奉安驛)에는 임숙영이 살고 있었다. 모두 계축옥사를 전후하여 광해군의 폭정을 피해 물러난 이들이었다. 이중기는 이들과 어울리며 답답한 마음을 달랬다.

이중기는 세상사에 관여하지 않겠다는 뜻으로 집 이름을 물관당(勿關堂)이라 했다. 한나라 고사(高士) 상장(向長)이 자녀들을 모두 혼인시키고 집안일을 정리한 뒤에 "더는 내 일에 상관하지 말라[勿復相關]"라고 분부하고는 마음 내키는 대로 떠돌아다니다가 생을 마쳤는데, 그 뜻을 따른 것이기도 하다. 이식은 「물관당가(勿關堂歌)」를 지어 이중기의 귀거래를 축하했다.[6]

청강의 후손들은 안동김씨와 대대로 교유를 맺었다. 김상헌(金尙憲)이 이중기와 절친하게 지낸 이래 양가는 대대로 긴밀한 관계를 유지했다. 특히 이징명·이징하 형제는 김창협·김창흡 형제와 절친한 벗이었다. 그러한 인연으로 김창협이 이징명을 전송하며 이 글을 지은 것이다.

그런데 김창협의 이 글에서 이행건과 이행원이 귀거연으로 물러난 주체로 기술되었듯, 귀거연의 주인은 이행건과 이행원 형제였다. 이들 형제는 인근에 살던 이식과 어울려 시회를 열며 한가하게 살았다. 송시열의 「귀거연기(歸去淵記)」에 따르면, 이행건의 아들 이만웅도 이곳에 물러나 살고자 했지만 뜻을 이루지 못했는데, 이징명과 이징하에 와서야 비로소 이곳으로 귀거래했다고 한다.

이만웅이 빛낸 녹수정

귀거연으로 내려온 이징명과 이징하는 『녹수정시집(綠水亭詩集)』을 엮었다. 녹수정은 청강의 무덤이 있는 양평 수입리에 있었다. 김창흡이 이징하에게 보낸 시 「녹수정의 노래, 이계상에게 주다[綠水亭吟贈李季祥]」에 이런 구절이 있다.

위에는 황벽계가 있고	上有黃檗溪
아래에는 녹수정이 있네	下有綠水亭
녹수정에 주인이 있으니	綠水亭有主
청강 이 선생이라네	清江李先生[7]

이 시를 보면 녹수정은 황벽계의 아래에 있었던 듯하다. 황벽계는 곧 벽계(檗溪 또는 蘗溪)를 말하는데, 현재 양평군 서종면 노문리에서 북한강으로 흐르는 물길이다. 오늘날 녹수재(綠水齋)라 이름한 재실이 새로 지어져 굽이도는 수입천을 내려다보고 있다.

김창흡은 녹수정의 주인이 청강이라 했지만, 다른 기록을 살피면 녹수정을 세운 사람은 이만웅인 듯하다. 김석주(金錫胄)가 지은 이만웅의 묘표에 따르면, 김석주는 부친 김좌명(金佐明)과 함께 녹수정을 찾은 적이 있다. 이만웅은 청강의 무덤 남쪽 작은 산 너머 맑은 골짜기 물이 바위에 부딪쳐 꽃나무 사이로 어른거리는 곳에 정자를 지었는데, 이것이 바로 녹수정이다.[8] 김석주는 이만웅의 만사에서 이렇게 읊었다.

한 굽이 개울물이 맑은데	一曲溪潭淸
천 년 묵은 소나무 늙어 있구나	千年松樹老
작은 정자 물가를 내려다보니	小亭俯漣漪
녹수정 이름이 다시 좋구나	綠水名更好[9]

시의 내용으로 보아 녹수정 옆에는 오래된 낙락장송이 있었던 모양이다. 김수항(金壽恒)이 지은 이만웅의 행장에는 그가 녹수정을 짓게 된 경위가 나온다. 이만웅이 경치가 아름다운 곳에 가는 꿈을 꾸고 깨어났는데, 꿈속에서 읊조린 "돌을 끊어 대를 만들고, 개울을 끌

어 못을 만든다[鑿石爲臺 引溪爲沼]"라는 구절이 기억에 남았다. 그 후 양평에 있는 청강의 묘소 아래를 보니 꿈에서 본 곳과 흡사하기에 자신의 호를 꿈에서 본 여울이라는 뜻의 몽탄(夢灘)이라 하고, 그곳에 녹수정을 짓게 된 것이다.[10]

박세채는 「녹수정시집 뒤에 쓰다[題綠水亭詩集後]」에서 이만웅이 영동 현감을 그만둔 뒤 1년 동안 녹수정에서 지냈다고 했다.[11] 이만웅은 1657년 영동 현감에 임명되어 이듬해 그만두었으니, 그가 녹수정에서 지낸 기간은 1658년부터 1659년 사이였을 것이다. 하지만 그는 다시 조정에 나아가야 했다. 녹수정에 은거하려는 뜻은 끝내 이루지 못했다.

이징명과 이징하는 5대조 청강과 부친 이만웅의 뜻을 기려 『녹수정시집』을 엮었다. 『녹수정시집』에는 청강이 이곳에 살면서 지은 여러 편의 시와 이만웅의 차운시가 실려 있다고 했다. 녹수정이라는 이름의 유래는 알 수 없으나, 혹시 『청강집』에 실려 있는 「송계의 시에 차운하다[次松溪韻]」의 "문밖의 맑은 물은 이끼보다 푸르네[門外澄流綠勝苔]"[12]에서 따온 것인지도 모르겠다. 『청강집』에서 '녹수'에 해당하는 표현은 이것 외에는 찾을 수 없다. 또 이만웅은 녹수정의 유래를 적은 기문을 지었다고 하는데 이 역시 시집에 함께 수록되었을 것으로 추정된다. 박세당(朴世堂)은 『녹수정시집』에 부친 글 「녹수정 시의 뒤에 쓰다[題綠水亭詩後]」에서 이렇게 말했다.

청강의 시는 침착하고 웅건하며, 석계(石溪, 이만웅)의 시는 청신하고 고아하니, 모두 일세에 보기 드문 작품이다. 두 분은 용문산(龍門山) 일대를 유람하고 그 빼어난 산수를 몹시 좋아하여 하루도 그곳에 가서 살려는 생각을 잊은 적이 없었다. 꿈속에서도 이러한 시를 읊었을 정도로 간절했지만, 끝내 그 뜻을 이루지 못하고 말았다. 부귀에 빠져 한 번도 산수를 돌아보고자 하지 않는 세상 사람들이야 말할 것이 있겠는가. 이것이 내가 그분들이 남긴 시를 반복해 읽으며 거듭 탄식하는 까닭이다.[13]

이만웅은 김수흥, 박세채, 박세당, 송시열, 이단하 등 당대 최고의 문인들에게도 글을 받아 선조의 이름을 높였다. 김수흥은 이만웅의 행장을 쓴 김수항과 함께 김상헌의 손자로, 이 집안과 세교가 있었으니 『녹수정시집』에 글을 쓰지 않을 수 없었을 것이다. 이단하는 이식의 아들로 지평의 도소재(道巢齋)에 살고 있었는데, 바로 귀거연 옆이었으니 글을 쓰는 것이 당연했으리라. 박세채 역시 지평의 현연, 곧 부연에 전장이 있었기에 평소 이만웅의 아들과 친분이 깊었다. 박세당의 손녀가 이만웅의 손자와 혼인했으니 이들은 사돈 간이기도 하다.

특히 송시열은 두 번에 걸쳐 『녹수정첩(綠水亭帖)』에 글을 지었다. 첫 번째 글에서는 청강의 '언건청일(偃蹇淸逸)' 곧 소나무처럼 높다랗고도 맑은 뜻과 함께 이만웅의 '계지술사(繼志述事)' 곧 조상의 뜻을 계승한 효성을 기리면서, 『녹수정첩』이 보는 이들의 사표(師表)가 될 것이라 했다. 두 번째 글에서는 청강이 북쪽 오랑캐를 소탕한 공과 이만웅의 남쪽 왜적을 굴복시킨 공을 세웠음에도 작은 구실로 화를 입었으며 나라에 보답한 공로를 인정받지 못한 채 녹수정 뒤에 돌아와 묻혔다고 안타까워했다.[14]

벽계와 이덕수

청강이 묻히고 또 그 뜻을 기려 녹수정이 들어선 땅을 더욱 빛낸 사람은 이징명의 장남 이덕수(李德壽, 1673~1744)다. 박세당의 아들 박태보(朴泰輔)의 딸이 이덕수의 제수이고 홍태유(洪泰猷)의 부인이 이징하의 딸이다. 또 심광세(沈光世)의 손자 심약한(沈若漢)의 딸이 이징명의 부인이며, 윤순(尹淳)의 후사가 된 윤득여(尹得輿)가 이덕수의 사위다. 사촌 이덕재(李德載)는 김창흡의 딸과 혼인했다. 명문가임이 다시 한 번 입증되는 셈이다.

이덕수는 서울의 도동(桃洞)에서 태어나서 부친을 따라 귀거연으로 내려가 함께 살았다. 공부는 부족하지 않았지만 벼슬은 늦었다. 마흔이 넘어 문과에 급제하여 참봉 등 미관말직을 전전하다가 마흔넷이 되어서야 비로소 제대로 벼슬길에 나아갔다. 목민관의 업무에 서툴러 삭탈관작 당하는 불운도 겪었다. 홍문록에 들었다가 취소되

이덕수 초상
청나라 사람 시옥(施鈺)이 그린 이덕수 초상. 1735년 이덕수가 북경에 갔을 때 그려준
것이다. 우리나라 초상화에서는 흔치 않은 정면상이다. 문중 소장.

는 불명예를 겪은 뒤 48세가 되어서야 비로소 홍문관에서 근무하게 되었다.

이런 일을 겪었으니 벼슬이 그리 달가울 리 없었다. 산수 좋은 곳이 그의 마음을 끌어 월악산, 금강산을 유람했다. 벼슬길이 트인 이후에도 산수를 향한 마음이 사라지지 않아 한계산, 설악산, 금강산 등을 유람했다. 그러다가 1725년 53세의 나이에 고향으로 물러났다. 고향인 서시면(西始面, 서종면)에서 호를 따와 서당(西堂)이라 했다. 이후 늦은 나이지만 대사성과 동지의금부사를 거쳐 59세에 문인으로서 가장 명예로운 대제학에 올랐다. 그러나 1732년 외아들을 앞서 보낸 충격이 채 가시기도 전에 그가 지은 경종의 행장이 논란이 되자 다시 고향으로 내려가 은둔했다.

이덕수는 벽계(蘗溪)라는 호도 사용했다. 벽계는 김창흡이 「녹수정의 노래」에서 언급한 대로 녹수정 위쪽에 있는 개울 이름이다. 이덕수는 살벌한 당쟁의 와중에서도 벼슬에서 잠시 물러날 때마다 벽계에 머무르곤 했다. 1727년에는 모친상을 당하여 3년 동안 이곳에 머물렀다.

양근 협곡에 작은 집을 지었다. 문 앞의 땅을 넓혀 작은 채마밭을 만들고 오이와 연을 심었다. 밭 옆으로 샘물을 끌어들여 작은 못을 만들었다. 못 주위는 땅이 평평한데 도랑을 트고 물을 끌어와 벼 몇 말을 수확할 만한 논을 만들었다. 그 너머엔 밤나무 수백 그루를 심었다. 다시 너머에는 큰 개울이 둘러 있는데 물고기가 많이 잡힌다.

산세가 개울을 따라 굽이돌아 병풍을 친 듯하다. 그 위에 나무가 빽빽한데 철쭉, 단풍나무, 상수리나무, 산살구나무, 목련 등이 많다. 한가운데 있는 봉우리가 둥글고 빼어나 사랑스럽다. 집에서 정면으로 마주보인다. 집 뒤에 세 단의 돌계단을 쌓고 동백꽃과 진달래, 누런 국화, 흰 국화를 심었다. 그 너머에 수십 그루의 낙락장송이 있어 녹음이 문 앞에 어른거린다. 고동산이 소나무 사이로 솟아 있다. 안에서 보면 산과 물이 마치 달을 안고 있는 것처럼 둥글게 둘러싸 바깥으로 통하는 길이 없는 듯이 보여 마음에 든다. 예전 녹수정의 터보다 깔끔한 것이 훨씬 낫다. 어찌 이 땅이 나를 기다린 것이 아니겠는가?

향긋한 채소와 여린 푸성귀가 풍성하다. 돼지우리와 닭 횃대를 만들어 놓고 강에서 낚시를 하고 산에서 나무를 하면서 아침저녁을 보낸다. 간혹 손님이 오면 사는 곳이 매우 좋다고도 하고, 아름다운 산수를 보고 크게 칭찬하기도 한다.

애초에 우리 조부(이행건)께서 지평 동쪽 부연과 이곳의 빼어남을 사랑하여 집을 지어 늘그막을 보내려고 『주역』으로 점을 쳐서 땅을 구해 자손들이 살게 하셨다. 그 후 부친(이징명)께서 과연 7년 동안 부연에 머물렀고 불초한 내가 또 이곳에 산 지 10여 년이 되었다. 조부께서는 처음의 뜻을 이루지 못하셨다. 5월이 되어 모내기를 하는 모습을 보고서 느낀 바 있어 이렇게 기록한다.[15]

이덕수가 경영한 벽계의 집은 농부를 위한 공간이었다. 향긋한 채소와 여린 푸성귀를 심고 돼지와 닭을 키우며, 강가에 나가서 낚시를 하고 산에 올라 나무를 하면서 살았다. 그러다 흥이 일면 굽이굽이 벽계의 아름다움을 살피고 자신의 소유로 삼았다. 이덕수는 「벽계기(檗溪記)」에서 "벽계는 용문산에서 발원하여 서쪽으로 40리를 흘러 강으로 흘러든다. 그 유래가 길지만 문헌에는 보이지 않는다. 이제 기록하는 까닭은 나의 소유라서 지팡이를 짚고 짚신을 신고 아침저녁으로 다니는 곳이기 때문이다"라고 했다. 그리고 상류의 용추(龍湫)부터 그 아름다움을 적어 내려갔다.

용추라는 곳은 첩첩 골짜기 사이에 있는데 바위가 넓적하다. 벼랑이 있는 곳은 사면이 모두 우뚝 솟고 가운데가 오목하여 마치 동이를 올려다보는 것 같다. 샘물이 그 가운데로 흘러들어 40여 평 정도 된다. 물과 맞닿은 곳은 앞쪽에 바위가 있다. 두 바위가 마주 서 있는데 구유통처럼 좁다랗고 길이는 몇 길 정도 된다. 위에서 내려오는 물은 이곳에서 빨라져서 다투듯 달려 지나간다. 구불구불 맑게 흘러 둥근 못을 이룬다. 이것이 소용추(小龍湫)다. 소용추의 물이 넘쳐서 서쪽으로 구불구불 흘러가서 다시 둥근 못이 되는데 이것이 대용추(大龍湫)다. 거북과 자라, 붕어, 쏘가리가 많다.

여기서부터 다시 서쪽으로 몇 리를 가면 얕은 곳과 깊은 곳, 소용돌이치는 곳과 잔잔히 흐르는 곳이 있다. 얕은 곳은 거울같이 맑고 깊은 곳은 바퀴처럼 휘감아 돈다. 소용돌이치는 곳은 화살이 날아가는 것 같고 잔잔히 흐르는 곳은 비단을 펼쳐놓은 듯하다. 대개 땅과 바위의 형세를 따라 그렇게 된 것이다.[16]

그 아래쪽에는 창룡담(蒼龍潭)이 있었다. 이덕수는 청강의 녹수정, 송월암(送月巖), 구암(龜巖), 사자암(獅子巖), 석난간(石欄干) 등에 대해 다음과 같이 적고 있다.

창룡담에 이르면 물이 더욱 맑고 모래가 더욱 깨끗하다. 그 위에 바위 셋이 있다. 천 년을 묵은 노송이 그 사이에 거꾸러져 자라고 있다. 청강공의 정자 터가 이곳에 있다. 조금 서쪽에 송월암이 있는데 넓적한 것이 구암이고 높고 둥그스름한 것이 사자암이다. 송월암은 그 전체를 가리키는 것이다. 예전에 송월(宋越)이라는 사람이 이곳에 살아서 이 이름이 붙었는데 후세 사람이 음이 비슷하다 하여 송월(松月)이라 불렀다고 한다.

사자암 아래 구불구불 솟았다 엎드렸다 하며 개울을 따라 뻗어 있는 바위를 석난간이라 한다. 물이 그 아래로 돌아 검푸른 못을 이루고 있다. 그 위에 걸터앉아 바위의 형세를 내려다보면, 비스듬히 낮아지면서 굴을 이루고 있는데 물이 흘러들어가 그 안을 채우고 있다. 이곳에서 노니는 자들은 자기가 물 위에 있다는 것을 알지 못한다. 돌을 던지면 고기떼가 다투어 모여들어 크고 작은 놈이 뛰어오르는데 이를 보노라면 즐길 만하다.

큰 소나무가 있어 그 뿌리가 구암에 서려 있는데 그늘이 사자암을 덮고 있다. 그 그림자가 못 한가운데 비치면 교룡이 할퀴고 서린 듯하여 괴이하기가 비할 데가 없다. 작은 소나무가 우뚝 마주보고 서 있는데 여름마다 그 아래 서성이면 솔바람과 물기운이 마음을 시원하게 한다. 이에 한여름 복더위도 알지 못하게 된다.[17]

창룡담, 송월암 서쪽의 개울에도 기묘한 바위와 아름다운 나무가 있었다. 연좌암(宴坐巖), 범사석(泛槎石), 취병(翠屏), 송석대(松石臺) 등 이덕수가 사랑하는 아름다운 땅이 이어진다.

다시 서쪽으로 개울에 바위가 있는데 붉은 솥 모양으로 된 것과 술동이 모양으로 된 것이다. 다시 서쪽은 석대(石臺)다. 석대는 개울 북쪽 벼랑에 있는데 끝이 뾰족하고 밑이 넓적하여 허공에 매달린 것 같다. 넝쿨풀이 자라며 그 위쪽은 평평하여 노닐 만하다. 그런데도 석대가 무너지지 않는 것은 그 아래 바위가 자연스럽게 기둥처럼 솟아 석대를 받치고 있기 때문이다. 여기서 조물주의 교묘한 솜씨를 볼 수 있다.

그 뒤에 두 폭의 병풍을 펼쳐놓은 듯한 푸른 절벽이 있다. 위에는 소나무와 전나무, 측백나무가 많다. 곁에는 오래된 매화나무가 있어 꽃이 피면 연붉은빛을 띤다. 여기서 개울 아래쪽을 내려다보면 눈이 어찔어찔 핑핑 돌아서 높은 곳에 있는 줄 알게 된다.

조금 서쪽에는 남쪽 기슭의 산이 나직하게 구불구불 뻗어 숲이 무성하다. 단풍나무, 전나무, 팥배나무, 참나무 등이 많고 철쭉과 진달래는 더 많다. 봄과 여름이 바뀔 때면 붉고 푸른빛이 물에 어려 일망무제로 뻗어 있다. 개울 아래 위쪽이 모두 그러하지만 이곳이 가장 훌륭하다.

이곳에 이르면 물도 산세를 따라 꺾여 북으로 흘러 잔잔해진다. 푸르고 깨끗하여 거울처럼 비추어 볼 수 있다. 물을 내려다보면 작은 바위가 있는데 연좌암이라 한다. 그 위에 앉아 아래로 맑은 물을 움켜쥐고 위로 산을 바라보노라면 산에 어스름이 짙어지는 줄도 모른다. 산의 맞은편 기슭에는 평평하고 넓은 언덕이 있는데 내가 물을 끌어들여 논밭으로 만들었다.

여기서 다시 북쪽으로 몇 리 못 가서 개울물이 평평하고 넓어진다. 그 가운데 범사석이라는 바위섬이 있다. 산세가 동쪽에서 와서 개울을 만나 그치는데 그 끊어진 곳에 검푸른 석벽이 깎아지른 듯이 서 있다. 높이는 몇 길 되고 넓이는 그 갑절이 되는데 크고 작은 소나무가 그 위를 덮고 있어 취병이라 이름했다.

취병을 지나면 송석대이다. 개울을 따라 바위가 비뚤비뚤하다가 송석대에 이르러 갑자기 높아진다. 소나무 하나 단풍나무 하나가 그 아래 그늘을 드리우고 있다. 물이 모두 바위에서 내려오는데 깊으면서도 소용돌이쳐서 급하다. 빼어난 모습이 송월암과 비슷하나 조금 미치지 못한다. 내가 정사를 새로 지은 곳이다. 취병을 정면으로 마주보면 명달산(明達山) 세 봉우리가 취병 너머로 우뚝 솟아 있다.[18]

이덕수는 벽계의 산천을 자신의 소유로 삼아 한가로이 노닐며 즐겼다. 이곳에서 얼마 떨어지지 않은 이포는 바로 청강 부모의 산소가 있는 곳이다. 이덕수는 선조들의 흔적이 깃든 땅을 골라 살았던 것이다.

내가 용추와 용담에서 노닐다가 숲을 뚫고 홀로 가다 보면 세상 밖에 있는 듯한 느낌이 든다. 사자암에 이르면 마음이 깨끗해지고 속세의 먼지가 다 사라진다. 평평한 바위에 오르면 훌쩍 바람을 타고 하늘 위로 날아갈 것만 같다. 내려와 연좌암에서 쉬노라면 그윽한 생각과 호젓한 흥취가 일어난다. 지겨우면 노래를 부르면서 돌아와 난간에 기대어 앉는다. 내가 지내는 곳이 취병에서 가깝지는 않지만 멀어도 명달산 세 봉우리를 넘어서지는 않는다. 한적하고 시원하여 마음이 달아나는 것도, 정신이 몽롱해지는 것도 알지 못하겠다. 이것이 내가 찾아낸 경치이며 내가 자신을 성찰하는 곳이다.

물을 따라 송석대를 지나 다시 꺾어 서쪽으로 몇 리를 가면 아미봉(峨眉峯)이 있다. 봉우리의 형세는 빼어나고 바위의 기상은 드높다. 잡목이 바위틈을 따라 자라나 있다. 이를 보노라면 더욱 기이하고 빼어나다. 그 아래로 물줄기가 둘 있는데 강으로 흘러든다. 강은 소양강이다. 하류로 용진(龍津)에서 30리 못 미친 곳이 이포(梨浦)다.[19]

대탄 상심촌, 잊혀진 유적

이덕수는 옛 양근 관아에서 서쪽으로 십 리 거리의 대탄(大灘) 인근에도 전장을 소유하고 있었다. 양평군 양서면 국수리의 남쪽으로 흐르는 남한강을 대탄, 곧 한여울이라 한다. 그 물가의 마을이 상심촌(觴心村)이다. 오늘날 이곳에는 커다란 느티나무가 있어 켜켜이 쌓인 세월의 무게를 말해 주듯 고색창연하다.

1737년 이덕수는 상심촌으로 이주했다. 이 마을은 본디 상심촌(上心村)이라 했으며, 『동국여지승람』에도 그렇게 되어 있다. 그렇지만 이덕수는 물결이 거세어 어부들이 상심(傷心)하는 곳인데 와전된 것이라 보았다. 그는 이곳에 오면 술잔을 들고 싶은 마음이 생긴다는 뜻으로 상심(觴心)이라 고쳤다. 그리고 이곳에 정자를 짓고 배를 저어간다는 뜻의 조주정(操舟亭)이라 이름했다.

빈양군(濱陽郡, 양근)에서 강을 따라 내려오면 골짜기가 그윽한데 북쪽은 막혔고 남쪽은 트여 있다. 빼어난 강산과 원림이 있는데 이곳 사람들은 상심(上心)이라 부른다. 내 생각에는 반드시 옛사람이 이렇게 이름 붙인 의미가 있을 듯하다. 강물이 서쪽으로 흘러 대탄이 되는데 험하기로 나라에 널리 알려져 있다. 아래위로 노를 저어 지나가는 이들이 배를 모는 기술을 다 발휘하려 했으므로 이름을 상심(傷心)이라 했는데 음이 와전된 것이다. 내가 북쪽 기슭 아래 깔끔한 집을 지어 귀거래하여 늙을

계획을 세우고, 땅 이름을 상심(觴心)으로 바꾸고 그 정자를 조주정이라 했다.[20]

이덕수는 세상이 곧 험한 바다와 같다 여겼다. 그 바다에서 힘껏 배를 저었지만 여러 번 좌초되고 전복되어 마음이 편할 날이 없었다. 그러나 조주정에 돌아와 쉬노라니 이 모든 번뇌가 다 사라지는 것 같았다. 그리고 다음과 같은 시를 지어 붙였다.

가을 햇살이 시골집에 따스한데	秋日郊居穩
매미 소리는 사방 산에 가득하네	蟬聲滿四林
강산도 외물이 아니라네	江山非外物
뜰의 풀에서도 천심을 보리니	庭草見天心
도를 깨치니 세월이 가도 그뿐	悟道輕年邁
한가함을 탐하니 외진 땅이 좋아라	耽閑愛境深
어부의 노래가 저물녘에 일어나는데	漁歌薄暮起
갈대 핀 물가에 달빛은 흐릿하다	蘆渚月陰陰[21]

이덕수는 대탄에 이웃하여 살던 송상기(宋相琦)의 아우 송상유(宋相維)의 시정당(始定堂)에도 자주 출입하여 그 기문을 짓기도 했다. 뽕나무밭과 보리밭을 거닐거나 배를 끌고 용암(龍巖)으로 나들이를 하면서 꽃구경을 하고 물고기를 잡는 즐거움도 누렸다.

압구정
압구정은 본디 세조조의 권신 한명회의 소유였으나 그가 죽은 뒤 여러 차례 주인이 바뀌었다. 한강 가의 경치 좋은 정자는 비교적 활발히 거래가 이루어졌으며, 이덕수는 그중 하나를 구입해 소유했다. 정선, 〈압구정〉, 『경교명승첩』, 간송미술문화재단 제공.

하나 더 기억할 것은 청강과 그 후손들이 한강을 따라 양평의 수입리로 가는 길목에 위치한 압구정 인근에 따로 별서를 두었다는 점이다. 이만웅의 아들 이징명이 이곳에 정자를 짓고 살았고 또 그 아들 이덕수는 그 근처에 있던 별서를 마련했다. 이 별서는 원래 16세기 전반의 학자 유운(柳雲)의 소유였는데 당시 어부의 집으로 변해 있었다. 이덕수는 70냥을 주고 이 집을 구입하여 다시 정자를 지었다. 서쪽을 터서 작은 누각을 만들어 노닐면서 완상할 곳으로 삼았다.[22] 정선(鄭歚)의 이름난 그림 〈압구정(狎鷗亭)〉에 보이는 가운데 작은 기와집에서 이덕수가 머물던 집을 상상해본다.[23]

청강과 녹수를 위하여

청강이 마음에 흐르는 강이었다면 녹수는 현실의 강이었다. 청강의 후손이 마련한 녹수정에 이러한 뜻이 있었다. 그러나 녹수정은 18세기 무렵 세상 사람들의 기억에서 사라졌다. 이 집안의 재실인 녹수재가 대를 이어 명맥을 유지했지만 전란으로 인하여 서울이나 경기 지역에 조선시대 고가가 거의 남아 있지 않은 것처럼, 이 녹수재 역시 예스러운 맛을 느끼기에는 많이 부족하다. 그나마 2012년 청강기념관이 개관되어 많지는 않지만 몇몇 유물이 전시되어 있어 주변을 지나는 이들의 눈길을 끌고 있다.

그러나 이것만으로 맑은 강과 푸른 물결을 사랑하는 이들의 마음에는 흡족하지 않다. 안동에는 수백 년 이어온 명가에서 새로 지은 '고택'이 제법 세월이 흐르면서 예스러운 운치를 풍기고 있다. 맑고 푸른 물이 흐르는 수입리에 새로 지은 집도 그리 길지 않은 미래에 지역을 대표하는 명소로 자리할 수 있을 것이다. 청강의 뜻을 기린, 새롭지만 예스러운 녹수정이 벽계천이 굽이도는 자리에 들어서기를 기대해본다. '청강녹수정'이라는 이름의 한옥촌을 그려본다. 그곳에 늙은이들과 젊은이들이 함께 앉아 옛글을 읽는 소리를 듣고 싶다.

8

나가며

이 책은 조선 중기 인물인 청강 이제신의 평전이다. 평전은 인물의 일생을 재구성하고 평가하는 글쓰기이다. 대상 인물을 객관적, 비판적으로 평가하고, 이를 통해 당시의 역사를 조명하는 것이 평전의 목적이다.

평전은 위인전과는 다르다. 첫째, 평전은 사실에 바탕한다. 위인전도 기본적으로는 사실에 바탕을 두고 있지만, 극적인 감동과 재미를 위해 근거가 불분명한 이야기를 인용하는 경우도 있다. 그러나 평전에서는 이러한 행위가 절대 용납되지 않는다. 평전의 서술은 철저히 자료에 근거를 둔다. 평전 편찬의 관건은 관련 자료를 널리 수집하고 사실 여부를 고증하는 것이다.

둘째, 평전은 공정한 평가를 목적으로 한다. 교훈을 주기 위한 위인전은 긍정적인 면모를 과장하거나 부정적인 면모를 감추는 일이 빈번하다. 그러나 평전의 서술은 일방적인 칭송과 미화에 그쳐서는 안 된다. 사실을 정확히 서술하여 긍정적인 면모와 부정적인 면모를 낱낱이 밝히고, 당대 현실에서 이룩한 성취와 한계를 균형 있게 평가해야 한다. 이러한 면에서 평전은 인물 연구의 종착점이라 하겠다.

그간 국내에서는 평전의 창작이 그리 활발하지 못했다. 전통 학문과의 단절이 심하여 학문적 토대가 부실한 탓이기도 하지만, 근대 이후 격변의 시기를 겪으면서 이념적 대립이 심화된 결과, 역사 인물에 대한 평가가 극단적으로 갈리기 때문이기도 하다. 조상에 대한 존경과 애정이 유난하여 '공정한 평가'를 내리기 어려운 문화적 풍토도 무시하기 어렵다. 이 때문에 우리는 우리 역사 인물의 평전보다 외국의 평전에 익숙하다. 린위탕(林語堂)의『소동파 평전』(1947), 장 코르미에(J. Cormier)의『체 게바라 평전』(1995) 등 평전의 명작은 대부분 외국인이 집필한 외국인에 대한 평전이었다.

이제는 외국의 평전이 소개되는 시기를 지나 국내 인물의 평전이 쏟아져 나오고 있다. 이순신과 같은 민족적 영웅에 대한 평전은 이미 여러 종이 출간되었고, 친일 매국노로 지탄받는 이완용처럼 문제적 인물의 평전도 나와 있다. 모두 인물을 통해 시대를 이해하고, 시대를 통해 인물을 이해하려는 평전의 목적에 충실한 저술들이다.

지금까지 출간된 국내 인물 평전은 대상 인물의 시대에 따라 중

세 인물 평전(주로 조선시대)과 근현대 인물 평전으로 나눌 수 있다. 주지하다시피 근현대 한국 사회는 서로 다른 이념이 충돌한 격변의 시기였다. 서로 다른 이념을 가진 기록자들이 묘사한 근현대 인물의 모습은 기록마다 상이하다. 따라서 근현대 인물 평전은 사실 관계부터 입증하는 것이 관건이다. 더구나 근현대 인물에 대해서는 늘 상반된 평가가 공존하는 만큼, 공정한 평가를 내리기가 쉽지 않다. 이로 인해 근현대 인물 평전은 늘 논쟁적이다.

반면 중세 인물 평전은 그다지 다양하지도 않고, 수준도 높이 평가하기 어렵다. 무엇보다 중세 인물 평전에서는 논쟁을 찾아보기 어렵다. 이러한 현상은 우선 자료의 한계에서 기인한다. 조선시대 인물에 관한 자료 가운데 가장 자세한 것은 후손에 의한 기록이다. 후손에 의한 기록은 그 어떤 자료보다 자세하지만, 공정한 기록이 아닐 수도 있다. 조선시대의 관념에서 후손이 선조의 치부를 기록으로 남긴다는 것은 불가능한 일이기 때문이다. 후손의 기록은 으레 선조를 미화하기 마련이다.

그런데 조선시대 인물 평전은 이러한 후손의 기록을 별로 의심하지 않고 그대로 받아쓰기하듯 옮겨 놓은 경우가 많다. 처음부터 그러한 의도가 있었던 것은 아니라 할지라도, 평전을 집필하다 보면 대상 인물을 가급적 긍정적으로 평가하고자 하는 유혹을 물리치기 어렵다. "최고의 경세가이자 위대한 스승", "벼슬과 부귀를 멀리한 참 선비" 따위의 칭송이 듣기는 좋을지 몰라도, 과연 객관적이고 공정한 평가라고 할 수 있을지 의문이다. 대상 인물에 대한 애정은 필요하겠지만, 이것이 지나치면 평전은 객관성과 공정성을 상실하고 선조의 선양을 위해 편찬한 문집과 다름없는 책이 되고 만다. 후손의 증언과 기록은 반드시 필요하다. 그러나 오로지 거기에 의지해서는 안 된다.

평전의 집필 동기는 두 가지다. 첫째는 저자의 자발적인 집필이고, 둘째는 의뢰에 의한 집필이다. 전자는 대상 인물에 각별한 관심을 가지고 오랫동안 연구를 진행해온 저자가 연구의 완성으로서 평전을 집필하는 것이다. 후자는 자발적인 집필만큼 의욕적이지 않을지는 몰라도, 그 저자가 해당 인물 또는 시대에 대한 전문 연구자라면 그 평전은 충분히 신뢰할 만하다고 본다.

청강은 동시대의 인물이자 교분이 있었던 율곡 이이, 우계 성혼, 제봉 고경명, 월정 윤근수 등에 비해 일반에 알려져 있지 않다. 청강이 도학자적 성격보다는 실무 관료로서의 성격이 강했기 때문이며, 불과 48세에 작고하여 역량을 충분히 발휘하지 못했기 때문이기도 하다.

그러나 청강은 여러 방면에서 16세기 조선 사회를 이해하는 데 중요한 인물이다. 정치사적 관점에서 청강은 동서분당이 심화되는 상황에서 사림 정치를 지지했다. 문무를 겸비한 인물로 문신과 무신의 구분이 뚜렷하지 않았던 조선 전기 관료 사회의 실상을 엿볼 수 있다. 문학 방면에서는 명대 고문사파 도입에 선구적 역할을 했다. 아울러 이 무렵부터 활발해지는 족보 편찬을 선도했다는 점에서, 청강은 조선시대 사회사의 이해에도 중요한 인물이다. 이러한 청강의 면모는 학문적으로도 대중적으로도 그다지 알려지지 않았다. 따라서 평전 집필의 의의는 충분하다고 본다.

이 책은 의뢰에 의해 집필된 것이다. 필자는 조선시대 문학 연구자로서 청강과 그의 시대에 대해 부족하나마 나름의 소견을 가지고 있다. 특히 한시 연구자로서 『청강소설』은 늘 가까이 두고 펼쳐 보곤 하는 책이었다. 그러나 필자가 의뢰를 받고 먼저 떠오른 생각은 청강이라는 인물의 평전을 집필하며 맞닥뜨릴 것이 분명한 난관이었다.

첫 번째 난관은 자료의 부족이다. 평전을 집필하기 위해서는 무엇보다 자료가 많아야 한다. 청강은 임진왜란 이전의 인물이다. 임진왜란은 조선의 정치, 경제, 사회, 문화에 심대한 영향을 끼친 사건으로, 조선시대사를 양분하는 중대한 기점이다. 임진왜란 이전의 조선과 이후의 조선은 전혀 다른 두 나라라고 해도 과언이 아니다.

그런데 임란 이후의 자료는 많은 반면, 임란 이전의 자료는 드문 편이다. 문헌의 가치는 임란 이전이냐 이후냐에 따라 극명히 달라진다. 임란 이전의 자료가 희소한 관계로, 이 시기의 역사적 사실을 밝히는 데 애로가 많다. 임란 이전 인물인 청강의 삶을 과연 제대로 재구할 수 있을지 의문이었다. 설령 어느 정도 재구하더라도 임란 이전 조선 사회의 실상은 아직 밝혀지지 않은 것이 많으므로, 청강의 생애를 시대적 맥락에 비추어 온당하게 평가할 수 있을지도 의문이었다. 이는 임란 이전 인물에 대한 평전의 태생적 한계로 인정하지 않을 수 없는 점이다.

두 번째 난관은 평전의 의뢰자가 다름 아닌 전의이씨 문중이라는 점이다. 솔직히 문중으로부터 평전 집필을 의뢰받았을 때는 뜻밖이었다. 선조의 언행과 업적을 선양하기 위한 문중의 위선 사업은 다양하지만, 평전 편찬을 시도한 사례는 들어본 적이 없다. 그도 그럴 것이, 공정하고 객관적인 평가를 우선하는 평전이라는 장르적 성격상, 듣기 좋은 이야기만 할 수는 없기 때문이다. 과연 문중이 선조에 대한 부정적인 서술과 평가를 감내할 수 있을지 의문이었다.

다행히 이 점은 기우에 불과했다. 전의이씨 문중에서는 평전 집필에 필요한 모든 자료를 제공하면서도 평전의 내용에 대해서는 일절 관여하지 않았다. 문중이 평전을 부탁한 의도 역시 칭송을 바란 것이 아니라, 문중 밖의 시선에 의한 '공정한 평가'를 바랐기 때문이었다. 필자는 사실 관계에 대한 진술과 견해를 청취한 것 외에 문중으로부터 아무런 제약을 받지 않고 이 책을 썼다는 점을 분명히 밝혀둔다.

본디 인물 평전 집필에서 문중의 도움은 필수적이다. 해당 인물에 대해 누구보다 많은 정보를 가지고 있기 때문이다. 전의이씨 문중에서는 장기간에 걸쳐 청강 관련 자료를 수집, 번역한 만큼, 청강 평전 집필 과정에서 누구보다 든든한 조력자였다. 문중에 의해 모든 자료가 수집, 번역되었다는 점은 평전의 집필을 비교적 수월케 했다.

전의이씨 문중은 족보 및 문중사 편찬 외에도 선조들이 남긴 문헌을 정리하는 데 많은 노력을 기울였다. 특히 문중이 1979년 영인 간행한 이제신의 문집 필사본 『청강소와(淸江笑囮)』, 그리고 2000년 영인 간행한 이덕수의 문집 필사본 『서당선생집(西堂先生集)』 등은 학술적으로도 귀중한 자료들이다. 문중은 이 밖에도 적지 않은 자료를 제공하여 평전의 집필에 조력했다.

필자는 과거와 같은 칭송 일변도의 평전이 아닌, 공정하고 객관적인 평전을 집필하겠다는 의욕에서 이 책을 썼다. 그 출발은 모든 기록에 대한 의심이었다. 심지어 문중에서 수백 년 동안 믿어 의심치 않았던 시조에 대한 기록부터 의심했다. 선조들의 행적에 대한 의문, 전의이씨 족보의 불완전한 면모 등 이 책에서 밝힌 내용들은 솔직히 문중의 입장에서는 곤란한 내용일 수도 있다. 그럼에도 저자의 견해를 존중한 문중에 경의를 표한다.

인물을 통해 시대를 이해하고, 시대를 통해 인물을 이해하는 것이 평전의 목적이다. 청강 평전은 청강의 삶을 통해 16세기 조선 사회를 이해하려는 목적으로 편찬되었으며, 청강에 대한 평가는 모두 16세기 조선이라는 역사적 맥락 아래서 이루어졌다.

필자는 연구자로서의 양심에 따라 최선을 다해 공정하고 객관적으로 청강과 그의 시대를 평가하고자 했다. 조선시대 인물 평전의 전범을 보이겠다는 원대한 목표를 가지고 시작했지만, 실제로 집필하는 과정에서 어려운 점이 적지 않았다. 만약 부족한 점이 있다면 그것은 필자의 열의와 지식이 부족한 탓이다.

주석

1장

1 이탕개 난에 대해서는 다음의 선행 연구를 참조.

윤호량, 「宣祖 16年(1583) '尼湯介의 亂과 조선의 군사전략」(고려대학교 석사학위논문, 2010).

민덕기, 「임진왜란 직전 조선의 국방 인식과 대응에 대한 재검토: 동북방 여진에 대한 대응을 중심으로」, 《역사와 담론》 57집(호서사학회, 2010).

한성주, 「임진왜란 전후 女眞 藩胡의 朝鮮 침구 양상과 조선의 대응 분석」, 《동양사학 연구》 132집(동양사학회, 2015).

김세용, 「宣祖朝 尼湯介亂 硏究」(성균관대학교 박사학위논문, 2016).

2장

1 민족문화추진회, 『국역 신증동국여지승람』 제18권 충청도 전의현.

2 申翊聖, 「兵曹參判李公行狀」, 『樂全堂集』 卷13.

3 李濟臣, 「淸江先生世系及子孫錄」, 『淸江集』.

4 『高麗史』 卷1 太祖 1.

5 『高麗史』 卷7 文宗 1.

6 김광수, 「고려태조의 삼한공신」, 《史學志》 7집(단국사학회, 1973).

7 崔瀣, 「故政堂文學李公墓誌」, 『拙藁千百』 卷2.

8 洪貴達, 「戶曹判書全義君李公神道碑銘」, 『虛白亭集』 卷3.

9 李陸, 「李公墓碣銘幷序」, 『靑坡集』 卷2.

10 申用漑, 「淸陽君韓公夫人李氏墓碣銘」, 『二樂亭集』 卷14.

11 成世昌, 「李繼孟墓誌銘」, 국립중앙박물관 편, 『조선 묘지명 2』(그라픽네트, 2012).

12 金馹孫, 「副司正李公穎墓誌銘」, 『濯纓集』 卷4.

13 李德容, 「先代事蹟官職年代考稽」, 『全義李氏世譜』 卷1.

14 李海壽, 「藥圃先生年譜」, 『藥圃遺稿』.

15 李濟臣, 「折衝將軍守慶尙右道兵馬節度使李公神道碑銘」, 『淸江集』 卷4.

16 李濟臣, 「祭始祖墓文」, 『淸江集』 卷4.

17 박천식, 「全義李氏 門閥化 推移와 木山의 家門認識」, 《전북사학》 13집(전북사학회, 1990).

18 李濟臣, 「伯父通訓大夫行黃山道察訪李公墓誌」, 『淸江集』 卷3.

19 윤천근, 「우렁골의 전의이씨와 예안이씨, 그리고 예안이씨 사직공파의 종가들」, 《안동》 61호.

20 재신(宰臣)은 정2품 이상의 관직을 통칭하는 용어이다. 처치사(處置使)는 각 지방에 파견된 정3품 무관직이며, 봉어(奉御)는 각 관청 소속의 정6품 관직이다. 4대 배위의 부친은 고려시대 문헌에서 찾을 수 없다. 『고려사』 「양규열전(楊規列傳)」에 중랑장(中郎將) 홍숙이라는 인물이 등장하나 동일인 여부는 알 수 없고, 박안로, 한식, 민세적은 『고려사』에 아예 보이지 않는다.

21 "按舊譜, 太師公以下四代, 配位不載, 而近代諸家窮源譜, 多錄書以太師公夫人陜川洪氏, 父宰臣淑, 精勇衛大將軍夫人密陽朴氏, 父處置使安老, 兵部尙書夫人淸州韓氏, 父奉御寔, 千牛衛大將軍夫人驪興閔氏, 父政丞世勳, 以爲四代配位, 本出於文義公曾孫判牧事勗所記者, 判牧事子孫, 今番修來單子, 亦爲列錄, 未知判牧事公去古不遠, 果有何的考文籍, 如是記書, 而其後孫處今無文籍故實者, 且洪朴韓閔四家譜亦不見印本證據處, 玆不敢依例書, 姑此旁錄, 以備日後考質."

22 『高麗史』 卷24, 高宗 3.

23 이혼의 초명이 자분이라는 기록은 「藥圃李先生世系之圖」(『藥圃遺稿』)와 '승정보'에 보인다. 『고려사』에 박항 열전에 1279년 우정언을 역임한 이자분이라는 인물이 등장하는데 그가 이혼인지는 명확하지 않다.

24 『高麗史』 卷108, 列傳 21, 李混.

25 『高麗史』 卷71, 志 25, 舞鼓.

26 徐居正, 『東人詩話』; 徐居正, 『東文選』 卷14.

27 徐居正, 『東文選』 卷9.

28 李惟樟, 「禮安李氏族譜序」, 『孤山集』 卷5.

29 李濟臣, 「與安公璐書」, 『淸江笑匴』 卷3.

30 李穡, 「送月堂記」, 『牧隱藁』 卷5; 『東文選』 卷75.

31 황재문, 「두문동 72현 일화 연구─전승의 경과와 수용의 양상을 중심으로」, 《국문학연구》 25집(국문학회, 2012).

32 李良幹, 「追封資獻大夫參贊議政府事行嘉善大夫判公州牧使李公墓誌」, 『淸江笑匴』 卷5.

33 『世宗實錄』 7年 1月 9日.

34 卞季良, 「題李觀察使壽親詩卷」, 『春亭集』 卷1.

35 李夏坤, 「代淸州儒生等請額松泉書院追配三賢疏」, 『頭陀草』 冊17.

36 李士寬, 「府尹李公士寬墓碣」, 『淸江笑匴』 卷5.

37 李濟臣, 「侯鯖瑣語」, 『淸江小說』.

38 成俔, 『慵齋叢話』 卷8.

39 『世祖實錄』 2年 2月 25日.

40 『成宗實錄』2年 4月 2日.

41 『成宗實錄』21年 10月 10日.

42 李陸, 「李公墓碣銘幷序」, 『靑坡集』卷2.

43 李陸, 「通政大夫掌隸院判決事李公碑銘」, 『淸江笑匪』卷5. 말미에 이제신의 기록이 첨부되어 있다.

44 飛庵寺라고도 적는다. '비암'은 뱀이다. 뱀이 여인과 교통하여 영웅을 낳는다는 야래자(夜來者) 설화의 공간으로 알려져 있다.

45 李濟臣, 「祖考歙谷縣令府君夫人柳氏墓合表」, 『淸江集』卷3.

46 趙克善, 『忍齋日錄』4冊.

47 권기석, 『족보와 조선사회』(태학사, 2011).

48 장유승, 「象村家의 『平山申氏姓譜』 편찬에 대하여」, 《동양학》 56집(단국대학교 동양학연구원, 2014).

49 중종반정을 주도한 박원종, 성희안, 유순정을 말한다.

50 李濟臣, 「贈嘉善大夫戶曹參判兼同知義禁府事行通訓大夫楊州牧使府君墓表」, 『淸江集』卷3.

51 李濟臣, 「請遞全羅道全羅道軍籍敬差官疏」, 『淸江笑匪』. 이 글의 원본은 고려대학교 박물관에 소장되어 있다.

52 朴承任, 「吉州牧使李公墓碣銘」, 『嘯皐集』卷4.

53 李濟臣, 「外祖富寧府使丹陽禹府君墓誌文」, 『淸江集』卷3.

54 李濟臣, 「先妣墓誌」, 『淸江集』卷3.

55 李濟臣, 「先府君行狀」, 『淸江集』卷4.

56 李濟臣, 「不下樓記」, 『淸江笑匪』卷3.

3장

1 申翊聖, 「漫錄」, 『先集』卷23.

2 文化柳氏宗親會, 『文化柳氏世譜(嘉靖版)』(경인문화사, 1979), 370쪽.

3 李濟臣, 「上曺典籤書」, 『淸江集』卷2.

4 成世昌, 「李繼孟墓誌銘」, 국립중앙박물관 편, 『조선 묘지명 2』(그라픽네트, 2012).

5 『中宗實錄』8年 6月 25日.

6 李濟臣, 「昌原府館舍重修記」, 『淸江笑匪』卷3.

7 李濟臣, 「上曺典籤書」, 『淸江集』卷2.

8 李濟臣, 「祭曺南溟先生文」, 『淸江集』卷4.

9 『明宗實錄』10年 11月 19日.

10 李濟臣, 「侯鯖瑣語」, 『淸江小說』.

11 이에 대해서는 상진의 『범허정집』에 나온다. 그러나 『범허정집』은 1942년에 간행된 것으로 진위를 믿을 수 없다. 게다가 『범허정집』에 "공이 조남명을 구해준 것은 공이 좌의정이었을 때인데, 연월이 자세하지 않다. 그러므로 여기에 편차했다. 청강의 연보는 이 일을 명종 21년 병인년에 편차했으나, 공이 명종 19년 갑자년에 돌아가셨으므로 이는 필시 연도를 잘못 기록한 것이다"라고 밝혔다.

12 趙翼, 「行狀」, 『龍門集』 卷6.

13 李濟臣, 「淸江詩話」, 『淸江小說』; 趙昱, 「遊漢江」, 『龍門集』 卷1.

14 李濟臣, 「淸江詩話」, 『淸江小說』; 趙昱, 「龍門先生年譜」, 『龍門集』 卷6.

15 『明宗實錄』 19年 閏2月 24日.

16 尙震, 「書示李上舍」, 『泛虛亭集』 卷1.

17 申欽, 「尙相國簡帖跋」, 『象村稿』 卷36.

18 申翊聖, 「漫錄」, 『先集』 卷23.

19 『明宗實錄』 19年 閏2月 24日.

20 申翊聖, 「漫錄」, 『先集』 卷23.

21 李濟臣, 「挽尙領議政」, 『淸江笑匭』 卷2.

22 李廷馣, 「記淸江事實」, 『四留齋集』 卷7.

23 李恒福, 「淸江遺事」, 『白沙集』 卷4.

24 趙翼, 「牧使金公墓碣銘」, 『浦渚集』 卷32.

25 李廷馣, 「壬辰遺事」, 『四留齋集』 附錄.

26 李廷馣, 「行年日記」, 『四留齋集』 卷8.

27 李廷馣, 「壬辰遺事」, 『四留齋集』 卷12.

28 국립중앙도서관 소장, 『蓮桂榜』 「嘉靖三十七年戊午式年秋司馬榜目」, 16면.

29 李廷龜, 「通政大夫行永興府使李公墓碣銘」, 『月沙集』 卷46.

30 金尙憲, 「東陽尉申公神道碑銘」, 『淸陰集』 卷26.

31 張維, 「有明朝鮮國嘉善大夫兵曹參判李公墓誌銘」, 『谿谷集』 卷10.

32 宋時烈, 「黃海監司李公神道碑銘」, 『宋子大全』 卷170.

33 朴瀰, 「送李士致點馬赴關西序」, 『汾西集』 卷9.

34 『國朝文科榜目』, 서울대학교 규장각한국학연구원 소장본.

35 姜錫圭, 「牛栗兩賢申卞疏」, 『鰲軒齋集』 卷7.

4장

1 李濟臣, 「題甲子槐院長房契軸」, 『淸江笑匭』 卷2.

2 『明宗實錄』 20年 2月 29日.

3 원창애, 「조선시대 예문관 분관 실태와 한림의 관직 승진 양상」, 《조선시대사학보》 57

집(조선시대사학회, 2011).

4 李濟臣, 「上曹典籤書」, 『淸江集』 卷2.

5 李濟臣, 「己巳秋八月初八日承命朝京……」, 『淸江笑囮』 卷1.

6 李濟臣, 「又次擇仲」, 『淸江笑囮』 卷1.

7 李濟臣, 「次擇仲重甫韻」, 『淸江笑囮』 卷1.

8 李濟臣, 「亡少女從娘壙銘」, 『淸江集』 卷3.

9 李濟臣, 「上曹典籤書」, 『淸江集』 卷2.

10 李濟臣, 「蔚州八景詩跋」, 『淸江集』 卷2.

11 姜瑋, 「山泉齋記」, 『古歡堂收艸』 卷1.

12 姜必孝, 「鶴湖書院上樑文」, 『海隱遺稿』 續集 卷1.

13 金永爵, 「鶴湖書院記」, 『邵亭稿』 卷2.

14 『承政院日記』 景宗 2年 7月 18日.

15 『宣祖修正實錄』 11年 11月 1日.

16 李魯, 「鶴峯金先生龍蛇事蹟」, 『松巖集』 卷4.

17 『宣祖實錄』 11年 7月 18日.

18 李濟臣, 「送慶尙監司鄭潤夫序」, 『淸江笑囮』 卷3.

19 『承政院日記』 英祖 6年 12月 20日.

20 申欽, 「淸江集跋」, 『淸江集』.

21 李濟臣, 「倭躪躝說」, 『淸江集』 卷2.

22 李濟臣, 「蠟牧丹說」, 『淸江集』 卷2.

5장

1 李濟臣, 「途中口占」, 『淸江集』 卷1.

2 洪萬宗, 『小華詩評』 卷下.

3 李濟臣, 「行狀」, 『泛虛亭集』 卷7.

4 李濟臣, 「江界李文元公廟記」, 『淸江集』 卷2.

5 오종록, 「조선초기 병마절도사제의 성립과 운용(上)」, 《진단학보》 59호(진단학회, 1985), 103면.

6 李濟臣, 「送韓公則赴穩城府使序」, 『淸江笑囮』 卷3.

7 李濟臣, 「辭朝之日啓請焚黃楊根先隴祭訖感而有賦」, 『淸江笑囮』 卷2.

8 『宣祖修正實錄』 16年 2月 1日.

9 민덕기, 「이율곡의 십만양병설은 임진왜란용이 될 수 없다: 동북방의 여진 정세와 관련하여」, 《한일관계사연구》 41집(한일관계사학회, 2012).

10 李珥, 「諸家記述雜錄」, 『栗谷全書』 卷38 附錄6.

11 『宣祖修正實錄』16年 2月 1日.

12 이하의 내용은 『制勝方略』, 『宣祖實錄』 및 이형석, 『壬辰戰亂史』(임진전란사간행위원회, 1974) 등을 바탕으로 재구성했다.

13 李珥, 「與李夢應」, 『栗谷全書』 卷12.

14 『宣祖修正實錄』16年 2月 1日.

15 위와 같은 곳.

16 李珥, 「與李夢應」, 『栗谷全書』 卷12.

17 『宣祖修正實錄』16年 2月 1日.

18 『大明律』 「刑律·斷獄」, '死囚覆奏待報'

19 『承政院日記』肅宗 6年 5月 23日; 英祖 5年 3月 2日.

20 李珥, 「與李夢應」, 『栗谷全書』 卷12.

21 『宣祖修正實錄』16年 閏2月 1日.

22 『宣祖實錄』16年 5月 未詳.

23 『宣祖修正實錄』22年 4月 1日.

24 李恒福, 「淸江遺事」, 『白沙集』 卷4.

25 李廷龜, 「先府君行狀」, 『月沙集』 卷52.

26 『宣祖實錄』16年 閏2月 23日.

27 李廷馨, 「本朝璿源寶錄」, 『東閣雜記』 下.

28 尹先覺, 「賜祭祭文」, 『淸江笑囲』 卷6.

29 李恒福, 「李兵使挽」, 『白沙集』 卷1.

6장

1 申翊聖, 「己卯諸賢傳序」, 『樂全堂集』 卷6.

2 李濟臣, 「通訓大夫行溫陽郡守沈君墓碣銘」, 『淸江集』 卷3.

3 李濟臣, 「濟臣幸甚前日槐院幸忝下寮……聊叙下情而已」, 『淸江笑囲』 卷2.

4 李濟臣, 「后谷說」, 『淸江集』 卷2.

5 『宣祖實錄』12年 3月 26日.

6 『宣祖修正實錄』17年 2月 1日.

7 『肅宗實錄』22年 1月 23日.

8 『청강소와』의 자료적 성격에 대해서는 이강로, 「淸江笑囲 小考」, 《서지학보》 4집, 1991 참조.

9 『承政院日記』仁祖 27年 5月 10日.

10 『承政院日記』英祖 17年 4月 4日.

11 尹根壽, 「淸江李公哀詞幷行錄」, 『月汀集』 卷7.

12 위와 같은 곳.

13 위와 같은 곳.

14 申欽, 「淸江集跋」, 『淸江集』.

15 李行進, 「謝贈淸江先祖親筆」, 『止菴遺集』.

16 촉체는 원나라 서예가 조맹부(趙孟頫)의 글씨체를 말한다. 조선 초기부터 유행했으며,
    송설체(松雪體)라고도 한다.

17 『承政院日記』英祖 17年 4月 4日.

18 崔岦, 「行狀」, 『淸江集』附錄.

19 李恒福, 「淸江遺事」, 『白沙集』卷4.

20 李匡師, 「李淸江墨跡後跋」, 『圓嶠集』卷1, 미국 버클리대학교 동아시아도서관 소장본.

21 申欽, 「淸江詩文帖跋」, 『象村集』卷36.

22 李濟臣, 「王摩詰寫黃梅出山圖跋」, 『淸江集』卷2.

23 許筠, 「李楨哀辭」, 『惺所覆瓿稿』卷15.

24 우리나라 시화를 총정리하여 『韓國詩話叢編』을 엮은 조종업 교수는 이 책의 판심제(版
    心題)가 '청강소설'이라는 점을 거론하며, 청강이 남긴 '후정쇄어', '사제록', '시화', '소
    총' 4종의 저술이 모두 '청강소설'에 포함된다고 보았다. 조종업, 「淸江詩話研究」, 『韓國
    詩話研究』(태학사, 1991), 312~313면.

25 金鑢, 「題淸江思齋錄卷後」, 「寒皐觀外史題後」, 『藫庭遺藁』卷11.

26 박수천, 「李濟臣의 淸江詩話와 詩文學」, 『한시작가연구』 6집(한국한시학회, 2001), 290면.

27 金鑢, 「題矦鯖瑣語卷後」, 『藫庭遺藁』卷11.

28 申欽, 「承文院副正字李君墓碣銘」, 『象村稿』卷25.

29 宋時烈, 「黃海監司李公神道碑銘」, 『宋子大全』卷170.

30 李廷龜, 「通政大夫行永興府使李公墓碣銘」, 『月沙集』卷46.

31 宋時烈, 「刑曹參判申公神道碑銘」, 『宋子大全』卷165.

32 朴世采, 「儀賓府都事贈左參贊李公墓表」, 『南溪集』外集 卷13; 申翊聖, 「都事李公墓誌
    銘」, 『樂全堂集』卷10.

33 趙克善, 『忍齋日錄』4冊.

34 『仁祖實錄』9年 1月 10日.

35 실록에는 청강의 일로 기록되어 있으나 잘못이다.(『肅宗實錄』5年 2月 18日)

36 丁若鏞, 「救災」, 『牧民心書』卷3, 『與猶堂全書』第5集.

37 南九萬, 「行狀」, 『冶谷集』卷13.

38 『仁祖實錄』8年 7月 2日.

39 『光海君日記』5年 4月 25日.

40 『光海君日記』5年 4月 27日.

41 李肯翊,「朴應犀之獄」,「廢主光海君故事本末」,『燃藜室記述』卷20.

42 『光海君日記』 5年 5月 6日.

43 朴世采,「同知中樞府事贈吏曹判書李公墓誌銘」,『南溪集』卷76.

44 金尙憲,「敦寧府都正知製教閔公墓誌銘」,『淸陰集』卷35.

45 申欽,「領議政申文貞公年譜」,『象村稿』.

46 宋寅,「宗室永川君墓誌銘」,『頤庵遺稿』卷3.

47 李植,「敍後雜錄」,『澤堂集』別集 卷17.

48 朴長源,「記聞」,『久堂集』卷20.

49 金堉,「戶曹判書贈領議政閔公謚狀」,『潛谷遺稿』卷11.

50 金尙憲,「行狀」,『象村稿』附錄.

51 朴世采,「記少時所聞」,『南溪集』卷57.

52 『宣祖修正實錄』 19年 12月 1日.

53 장유승,「象村家의『平山申氏姓譜』 편찬에 대하여」,《동양학》 제56집(단국대학교 동양학 연구원, 2014).

54 申欽,「李西原聯派譜序」,『象村稿』卷21.

55 李濟臣,「全義子姓譜首」,『淸江笑囮』卷3.

56 李庭綽,「跋」,『全義李氏族譜』(英祖 甲戌譜).

57 成渾,「與李夢應」,『牛溪集』續集 卷3.

58 李濟臣,「因事暴怒旣而悔之……從此矢之以免其毒」,『淸江笑囮』卷1.

59 李濟臣,「侯鯖瑣語」,『淸江小說』.

60 丁若鏞,「奉公六條·守法」,『牧民心書』卷3,『與猶堂全書』第5集.

61 李恒福,「淸江行錄」,『淸江集』附錄.

62 李濟臣,「魚學官叔權來訪因往隣家寄詩次韻答之」,『淸江笑囮』卷1.

63 崔岦,「神道碑銘」,『淸江集』附錄.

64 申欽,「淸江先生墓誌銘」,『象村集』卷25.

65 申欽,「李永興墓誌銘」,『象村稿』卷24.

66 申翊聖,「都事李公墓誌銘」,『樂全堂集』卷10.

67 宋時烈,「尙州牧使李公墓碣銘」,『宋子大全』卷177.

68 『仁祖實錄』 9年 1月 10日.

69 당나라 선비 유분이 과거 시험에 제출한 답안에서 환관들의 전횡을 비판한 결과 낙방 하고 말았는데, 당시 합격한 이들이 "유분도 과거에 급제하지 못했는데 우리가 급제할 수 있겠는가"라고 하며 부끄러워했다는 고사가 있다.

70 손숙오는 초나라의 명재상으로 청렴결백한 인물이다. 손숙오가 죽자 그의 아들은 의 지할 곳 없이 떠돌아다녔는데, 광대 우맹이 초나라 왕 앞에서 손숙오로 변장하고 나타

나 노래를 불러 이 사실을 알렸다. 초나라 왕은 손숙오의 아들을 관직에 임명했다.

71 趙克善, 「請褒潛窩李先生淸白疏」, 『冶谷集』 卷2.

72 趙克善, 『忍齋日錄』 1冊.

73 趙克善, 『忍齋日錄』 4冊.

74 南九萬, 「陜川郡守李公墓碣銘」, 『藥泉集』 卷20.

75 宋時烈, 「同知李公神道碑銘」, 『宋子大全』 卷170.

76 宋時烈, 「右議政李公神道碑銘」, 『宋子大全』 卷170.

77 李德壽, 「長城府使李公墓誌銘」, 『西堂私載』 卷10.

78 申翊聖, 「漫錄」, 『先集』 卷23.

7장

* 이 장은 이종묵, 「양평 벽계의 녹수정과 이덕수」, 『조선의 문화공간』 4(휴머니스트, 2006)를 바탕으로 수정 보완했다.

1 申欽, 「外舅淸江公謫麟山而卒距余所寓海村僅數十里追感當時事賦之」, 『象村稿』 卷13.

2 申翊聖, 「淸江先生李公墓表」, 『樂全堂集』 卷11.

3 尹根壽, 「挽李兵使遷葬」, 『月汀集』 卷1.

4 李植, 「啓山志」, 『澤堂集』 別集 卷11.

5 金昌協, 「送李伯祥歸歸去淵序」, 『農巖集』 卷21.

6 李植, 「勿關堂歌爲李丈作」, 『澤堂集』 續集 卷2.

7 金昌翕, 「綠水亭吟贈李季祥」, 『三淵集』 卷9.

8 金錫胄, 「朝鮮國通政大夫守黃海道觀察使兼兵馬水軍節度使巡察使李公墓表」, 『息庵遺稿』 卷23.

9 金錫胄, 「李監司挽」, 『息庵遺稿』 卷2.

10 金壽恒, 「觀察使李公行狀」, 『文谷集』 卷21.

11 朴世采, 「題綠水亭詩集後」, 『南溪集』 外集 卷12.

12 李濟臣, 「次松溪韻」, 『淸江集』 卷1.

13 朴世堂, 「題綠水亭詩後」, 『西溪集』 卷8.

14 宋時烈, 「書全義李氏綠水亭帖後」, 『宋子大全』 卷148.

15 李德壽, 「罷釣錄」, 『西堂先生集』.

16 李德壽, 「藥溪記」, 『西堂私載』 卷4.

17 위와 같은 곳.

18 위와 같은 곳.

19 위와 같은 곳.

20 李德壽, 「操舟亭記」, 『西堂私載』 卷4.

21 李德壽, 「題操舟亭」, 『西堂私載』 卷4.

22 李德壽, 「江居小樓記」, 『西堂私載』 卷4.

23 조선 후기 압구정의 변천에 대해서는 이종묵, 「조선 후기 압구정의 역사」, 『조선시대 경강의 별서—동호편』(경인문화사, 2016) 참조.

연보

———

이 연보는 1927년 간행된 『청강집』 속집 권1에 실려 있는 연보를 바탕으로 작성한 것이다. 여러 문헌을 대조하여 잘못되었거나 의심스러운 내용은 고증을 덧붙였다.

1536년(중종31, 1세)

7월 24일, 한양 청파동 반석방 집에서 태어나다. 모친 우씨가 학이 품속으로 들어오는 꿈을 꾸고 낳았으므로 소자(小字)로 삼았다.

　청강의 자(字) 몽응(夢應)은 어머니의 태몽에서 비롯되었다고 알려져 있다. 그렇지만 3장에서 설명한 대로 청강의 자는 이름과 호응하는 의미로 나중에 지은 것이 아닌가 한다. 자는 성인이 되어 관례(冠禮)를 치를 때 짓는 것이 일반적이므로, 태몽 때문에 자를 몽응으로 지었다는 설명

은 아무래도 석연치 않다. '소자'는 아명(兒名)이라는 뜻으로 쓰이기도
하는데, 청강의 아명을 짓게 된 경위를 설명하는 내용으로 보는 것이 타
당해 보인다. 독자의 판단에 맡긴다.

1540년(중종35, 5세)
글을 배우기 시작하다.

1542년(중종37, 7세)
성세창 앞에서 "새가 날아 푸른 하늘로 떠오르니, 푸른 하늘의 높낮
이를 알겠네[鳥飛靑天浮, 靑天高下知]"라는 연구(聯句)를 지어 칭찬을 받
다.

1543년(중종38, 8세)
조부 이인손이 세상을 떠나자 임지에 있던 부친을 대신하여 상을
주관하다.

1545년(인종1, 10세)
창원 부사로 부임하는 부친을 따라가다. 남명 조식을 만나 경의패
(敬義牌)와 뇌천패(雷天牌)를 받다.

1548년(명종3, 13세)

향시 초시에 합격했으나 부친이 너무 이르다는 이유로 시험관에게
부탁하여 합격자 명단에서 이름을 빼다.

1551년(명종6, 16세)

「고재설(顧齋說)」을 짓다.

1552년(명종7, 17세)

용문 조욱의 문하에 들어가다. 상진의 손녀 목천상씨와 혼인하다.

1553년(명종8, 18세)

상진의 집에서 이정암과 교유를 맺다.

1555년(명종10, 20세)

장남 이기준이 태어나다.

1556년(명종11, 21세)

책문(策文)으로 한성시에 합격하다.

1557년(명종12, 22세)

「청강거사의 대답[淸江居士對]」을 짓다.

1558년(명종13, 23세)

봄, 생원시에 합격하다.

1559년(명종14, 24세)

차남 이수준이 태어나다.

1560년(명종15, 25세)

남명의 문하에서 수업하다.

이 부분은 명백한 오류이다. 이 시기 청강은 서울에서 문과를 준비하고 있었으며, 남명은 삼가현(三嘉縣)에 은거하고 있었으니, 두 사람이 만났을 가능성은 희박하다. 무엇보다 청강은 10세에 남명을 처음 만나고, 1566년 대궐에서 우연히 조우하여 두 번째 만남을 가졌다고 스스로 밝혔다.

1563년(명종18, 28세)

서문을 지어 조감(趙堪)을 전송하다.

『청강집』 권2에 실려 있는 「조극기를 전송하는 서문[送趙克己序]」을 말한다. 조감이 장수 찰방(長水察訪)으로 부임할 때 지어준 글이다. 이 글의 말미에 "癸亥初冬"이라고 되어 있으니, 1563년 10월에 지은 것이 분명하다.

1564년(명종19, 29세)

가을, 문과에 급제하여 승문원 권지부정자에 임명되다.

1565년(명종20, 30세)

승문원 부정자에 임명되다. 홍문록에 선발되다. 창경궁 양화당에서 홍문록 선발자를 대상으로 개최한 시험에서 수석을 차지하다.

1566년(명종21, 31세)

예문관 검열에 임명되다. 대교, 봉교를 역임하고 춘추관 기주관을 겸하다. 남명이 이른바 '단성소(丹城疏)'를 올려 위기에 처하자, 상진이 청강을 시켜 전고(典故)를 찾게 하여 남명을 변호하다.

　　상진이 청강을 시켜 '단성소'에서 문제가 된 구절의 전고를 찾게 한 일은 『청강소설』에 실려 있다. 그러나 남명이 '단성소'를 올린 것은 1555년의 일이므로 연보의 연도와는 맞지 않는다. 다만 이 해 청강이 대궐에 입시한 남명을 먼발치에서나마 바라본 것은 분명한 사실이다. 이것이 이들의 두 번째 만남이었다.

1568년(선조1, 33세)

성균관 전적, 형조 좌랑, 공조 좌랑, 호조 좌랑, 사헌부 감찰, 병조 좌랑을 역임하다. 『명종실록』 편찬에 참여하다. 명나라 사신이 오자 이이, 윤근수, 김우옹과 함께 제술관에 선발되다.

이 해 2월 명나라 사신이 조선에 온 것은 사실이나 「율곡연보」 및 김우 옹 행장에서는 관련 기록을 찾을 수 없다.

1569년(선조2, 34세)

봄, 성혼·이이·이황·조식 등과 함께 박태수(朴台壽)의 생일잔치 에 참석하여 시를 짓다.

삼남 이구준이 태어나다.

율곡이 위사공신(衛辭功臣)의 삭훈(削勳)을 청하자 상소하여 동조하 다.

동지사 서장관으로 중국에 다녀오다. 제독(提督) 왕주사(王主事)에게 글을 보내 조선 사신의 위차(位次)를 바로잡다.

박태수의 생일잔치에 참석했다는 기록은 『북원수회첩(北園壽會帖)』에 근 거한 것으로 보이나 이 책은 위서(僞書)일 가능성이 높으므로 사실로 믿 기 어렵다. 율곡의 위사공신 삭훈 주장에 동조했다는 내용은 문집에 실 려 있는 「을사년의 공신을 삭훈하고 죄인을 복직하라는 청을 윤허하지 않은 데 대해 논의하는 상소[論乙巳削勳復職不允疏]」에 근거한 것으로 보 이는데, 이 역시 연도에 오류가 있다.

율곡이 을사사화로 책봉된 위사공신의 삭훈을 요구한 것은 1570년의 일 이며, 청강이 이 상소를 올린 것은 그로부터 8년이 지난 1578년의 일이 다. 상소의 본문에 "경오년(1570)부터 이 논의가 나왔다가 중지된 지 8년 이 되었다"라는 내용이 있다.

1570년(선조3, 35세)

성균관 학관, 예조 정랑, 울산 군수에 임명되다.

1572년(선조5, 37세)

오녀 종랑(從娘)의 광명(壙銘)을 짓다.

울산 군수에서 체직되어 승문원 이습관에 임명되다.

사남 이명준이 태어나다. 북한산 중흥사(中興寺)를 유람하다.

1573년(선조6, 38세)

군기시 첨정, 성균관 사예, 사간원 정언, 예조 정랑, 성균관 직강, 내섬시 첨정을 역임하다.

전라도 군적 경차관에 임명되었으나 나아가지 않다.

9월, 시조의 묘에 제사 지내다.

12월, 청주 목사에 임명되다.

1574년(선조7, 39세)

어머니의 병환으로 청주 목사에서 체직되고, 성균관 직강, 사헌부 지평을 역임하다.

충청도 재상 어사로 임무를 마치고 돌아가는 길에 시조의 묘소에 제사 지내다.

『전의이씨성보(全義李氏姓譜)』편찬에 착수하다.

전라도 추고 경차관에 임명되었으나 나아가지 않다.

이이의 만류를 청하는 차자를 올리다. 한성부 서윤에 임명되다.

9월, 모친상을 당하다.

1575년(선조8, 40세)

12월, 부친상을 당하다.

1576년(선조9, 41세)

2월, 부친을 양근 서종면 야미곡에 장사 지내다.

7월, 본 조부 이공달의 묘표(墓表)를 짓다.

9월, 조부 이인손과 조모 유씨의 묘표를 짓다.

1578년(선조11, 43세)

사복시 첨정, 사간에 임명되었으나 사직하다. 진주 목사에 임명되다.

10월, 「울산팔경시[蔚州八景詩跋]」를 짓다.

1579년(선조12, 44세)

토호와의 갈등으로 진주 목사에서 체직되어 귀우당(歸愚堂)에 은거하다.

10월, 회양(淮陽) 신안역(新安驛) 창고의 기문을 짓다.

1580년(선조13, 45세)

10월, 강계 부사에 임명되다.

1581년(선조14, 46세)

3월, 쇄연정(灑然亭)을 짓다.

10월, 강계 이언적 사당의 기문을 짓다.

1582년(선조15, 47세)

봄, 읍치정(揖觶亭)을 짓다.

함경북도 병마절도사에 임명되다.

겨울, 등창을 앓다.

1583년(선조16, 48세)

방호책(防胡策) 20조를 올리다.

2월, 아산보(阿山堡) 번호(藩胡)의 추장 우을지가 경원(慶源)을 함락시

키다. 왕명을 어기고 경원 부사 김수(金璲)의 처형을 지체한 죄로 파

직되고 한양으로 압송되다.

3월, 의주(義州) 인산진(麟山鎭)에 유배되다.

6월, 장남 이기준의 부고를 받다.

10월 6일, 세상을 떠나다.

1584년(선조17)

2월, 복관(復官)되다.

4월, 양근 수회리에 장사 지내다.

1603년(선조36)

차남 이수준이 원종공신(原從功臣)에 책록되자 이에 힘입어 대광보국
숭록대부(大匡輔國崇祿大夫) 의정부영의정(議政府領議政) 겸영경연(兼領
經筵) 홍문관춘추관관상감사(弘文館春秋館觀象監事) 세자사(世子師)에 추
증되다.

1610년(광해군2)

『청강집』이 간행되다.

1629년(인조7)

『청강소설』이 간행되다.

참고문헌

원전자료

姜錫圭, 『聱齘齋集』, 한국문집총간 속38집, 한국고전번역원, 2007.

姜 瑋, 『古歡堂收艸』, 한국문집총간 318집, 한국고전번역원, 2003.

姜必孝, 『海隱遺稿』, 한국문집총간 속108집, 한국고전번역원, 2010.

金 鑢, 『藫庭遺藁』, 한국문집총간 289집, 한국고전번역원, 2002.

金尙憲, 『淸陰集』, 한국문집총간 77집, 한국고전번역원, 1991.

金錫胄, 『息庵遺稿』, 한국문집총간 145집, 한국고전번역원, 1995.

金壽恒, 『文谷集』, 한국문집총간 133집, 한국고전번역원, 1994.

金永爵, 『邵亭稿』, 한국문집총간 속126집, 한국고전번역원, 2011.

金 堉, 『潛谷遺稿』, 한국문집총간 86집, 한국고전번역원, 1992.

金馹孫, 『濯纓集』, 한국문집총간 17집, 한국고전번역원, 1988.

金昌協, 『農巖集』, 한국문집총간 161~162집, 한국고전번역원, 1996.

金昌翕, 『三淵集』, 한국문집총간 165~167집, 한국고전번역원, 1996.

南九萬, 『藥泉集』, 한국문집총간 131~132집, 한국고전번역원, 1994.

文化柳氏宗親會, 『文化柳氏世譜(嘉靖版)』, 경인문화사, 1979.

朴 瀰, 『汾西集』, 한국문집총간 속25집, 한국고전번역원, 2006.

朴世堂, 『西溪集』, 한국문집총간 134집, 한국고전번역원, 1994.

朴世采, 『南溪集』, 한국문집총간 138~142집, 한국고전번역원, 1995.

朴承任, 『嘯皐集』, 한국문집총간 36집, 한국고전번역원, 1989.

朴長源, 『久堂集』, 한국문집총간 121집, 한국고전번역원, 1994.

卞季良, 『春亭集』, 한국문집총간 8집, 한국고전번역원, 1990.

尙 震, 『泛虛亭集』, 한국문집총간 26집, 한국고전번역원, 1988.

徐居正, 『東文選』, 한국고전번역원, 1999.

徐居正, 『東人詩話』, 한국시화총편 5집, 동서문화원, 1989.

成 俔, 『慵齋叢話』, 한국시화총편 1집, 태학사, 1996.

成 渾, 『牛溪集』, 한국문집총간 43집, 한국고전번역원, 1989.

宋時烈, 『宋子大全』, 한국문집총간 108~116집, 한국고전번역원, 1993.

宋 寅, 『頤庵遺稿』, 한국문집총간 36집, 한국고전번역원, 1989.

申用漑,『二樂亭集』, 한국문집총간 17집, 한국고전번역원, 1988.

申翊聖,『先集』, 개인소장본.

申翊聖,『樂全堂集』, 한국문집총간 93집, 한국고전번역원, 1992.

申　欽,『象村稿』, 한국문집총간 71~72집, 한국고전번역원, 1991.

吳世昌,『槿墨』, 성균관대학교 박물관, 2009.

尹根壽,『月汀集』, 한국문집총간 47집, 한국고전번역원, 1989.

李匡師,『圓嶠集』, 미국 버클리대학교 동아시아도서관 소장본.

李肯翊, 한국고전번역원 역,『국역 연려실기술』, 한국고전번역원, 1968.

李德壽,『西堂私載』, 한국문집총간 186집, 한국고전번역원, 1997.

李德壽,『西堂先生集』, 全義李氏淸江公派花樹會, 2000.

李德容,『全義李氏世譜』, 한국학중앙연구원 장서각 소장본.

李　魯,『松巖集』, 한국문집총간 54집, 한국고전번역원, 1990.

李命俊,『潛窩遺稿』, 한국문집총간 속17집, 2006.

李　穡,『牧隱藁』, 한국문집총간 3~5집, 한국고전번역원, 1990.

李　植,『澤堂集』, 한국문집총간 88집, 한국고전번역원, 1992.

李惟樟,『孤山集』, 한국문집총간 126집, 한국고전번역원, 1994.

李　陸,『青坡集』, 한국문집총간 13집, 한국고전번역원, 1988.

李　珥,『栗谷全書』, 한국문집총간 44~45집, 한국고전번역원, 1989.

李　鎰,『制勝方略』, 국립중앙도서관 소장본.

李廷龜,『月沙集』, 한국문집총간 69~70집, 한국고전번역원, 1991.

李廷馣,『四留齋集』, 한국문집총간 51집, 한국고전번역원, 1990.

李廷馨,『東閣雜記』, 대동패림 5집, 국학자료원, 1983.

李濟臣,『淸江小說』, 한국시화총편 1집, 태학사, 1996.

李濟臣,『淸江集』, 한국문집총간 43집, 한국고전번역원, 1989.

李濟臣, 이강로 역,『국역 청강집』, 全義李氏淸江公派花樹會, 1992.

李濟臣, 이강로 · 전규호 역,『국역 청강소와』, 全義李氏淸江公派花樹會, 2011.

李夏坤,『頭陀草』, 한국문집총간 191집, 한국고전번역원, 1997.

李恒福,『白沙集』, 한국문집총간 62집, 한국고전번역원, 1991.

李海壽,『藥圃遺稿』, 한국문집총간 46집, 한국고전번역원, 1989.

李　荇, 한국고전번역원 역,『국역 신증동국여지승람』, 한국고전번역원, 1985.

李行進,『止菴遺集』, 한국고문연구회,『고문연구』8집, 1995.

張　維,『谿谷集』, 한국문집총간 92집, 한국고전번역원, 1992.

전의이씨잠와공파화수회,『국역 잠와유고』, 전의이씨잠와공파화수회, 2006.

전의이씨지범공파화수회,『국역 지범유사』, 전의이씨지범공파화수회, 2005.

전의이씨청강공파화수회, 『慶壽集』, 전의이씨청강공파화수회, 1979.

전의이씨청강공파화수회, 『全義李氏淸江公子孫錄』, 전의이씨청강공파화수회, 1994.

전의이씨청강공파화수회, 『全義李氏淸江公派譜』上 · 下, 전의이씨청강공파화수회, 2006.

丁若鏞, 『與猶堂全書』, 한국문집총간 281~286집, 한국고전번역원, 2002.

曺光遠, 『北園壽會帖』, 국립중앙도서관 소장본.

趙克善, 『冶谷集』, 한국문집총간 속26집, 한국고전번역원, 2006.

趙克善, 『忍齋日錄』, 한국학중앙연구원 출판부, 2012.

趙　昱, 『龍門集』, 한국문집총간 28집, 한국고전번역원, 1988.

趙云仡, 김갑기 역, 『(國譯)三韓詩龜鑑』, 이화문화출판사, 2002.

趙　翼, 『浦渚集』, 한국문집총간 85집, 한국고전번역원, 1992.

崔　澱, 『拙藁千百』, 국사편찬위원회 DB.

許　筠, 『惺所覆瓿稿』, 한국문집총간 74집, 한국고전번역원, 1991.

洪貴達, 『虛白亭集』, 한국문집총간 14집, 한국고전번역원, 1988.

洪萬宗, 『小華詩評』, 한국시화총편 4집, 태학사, 1996.

기타

『高麗史』, 국사편찬위원회 DB.

『國朝文科榜目』, 서울대학교 규장각한국학연구원 소장본.

『大明律直解』, 서울대학교 규장각, 2001.

『承政院日記』, 국사편찬위원회 DB.

『蓮桂榜』, 국립중앙도서관 소장본.

『朝鮮王朝實錄』, 국사편찬위원회 DB.

논문 및 저서

국립중앙박물관 편, 『조선 묘지명 2』, 그라픽네트, 2012.

권기석, 『족보와 조선사회』, 태학사, 2011.

김광수, 「고려태조의 삼한공신」, 《史學志》 7집, 단국사학회, 1973.

김세용, 「宣祖朝 尼湯介亂 研究」, 성균관대학교 박사학위논문, 2016.

민덕기, 「이율곡의 십만양병설은 임진왜란용이 될 수 없다: 동북방의 여진 정세와 관련하여」, 《한일관계사연구》 41집, 한일관계사학회, 2012.

민덕기, 「임진왜란 직전 조선의 국방 인식과 대응에 대한 재검토: 동북방 여진에 대한 대응을 중심으로」, 《역사와 담론》 57집, 호서사학회, 2010.

박수천, 「李濟臣의 淸江詩話와 詩文學」, 《한시작가연구》 6집, 한국한시학회, 2001.

박천식, 「全義李氏 門閥化 推移와 木山의 家門認識」, 《전북사학》 13집, 전북사학회, 1990.

오종록, 「조선초기 병마절도사제의 성립과 운용(上)」, 《진단학보》 59호, 진단학회, 1985.

원창애, 「조선시대 예문관 분관 실태와 한림의 관직 승진 양상」, 《조선시대사학보》 57집, 조선시대사학회, 2011.

윤천근, 「우렁골의 전의이씨와 예안이씨, 그리고 예안이씨 사직공파의 종가들」, 《안동》 61호.

윤호량, 「宣祖 16年(1583) 尼湯介의 亂과 조선의 군사전략」, 고려대학교 석사학위논문, 2010.

이강로, 「淸江笑匿 小考」, 《서지학보》 4집, 1991.

이종묵, 「조선시대 경강의 별서—동호편」, 경인문화사, 2016.

이종묵, 「조선의 문화공간」, 휴머니스트, 2006.

이형석, 「壬辰戰亂史」, 임진전란사간행위원회, 1974.

장유승, 「象村家의 『平山申氏姓譜』 편찬에 대하여」, 《동양학》 제56집, 단국대학교 동양학연구원, 2014.

전의예안이씨화수회, 「全義李氏千年史」, 전의예안이씨화수회, 2002.

조종업, 「淸江詩話研究」, 『韓國詩話研究』, 태학사, 1991.

한성주, 「임진왜란 전후 女眞 藩胡의 朝鮮 침구 양상과 조선의 대응 분석」, 《동양사학연구》 132집, 동양사학회, 2015.

황재문, 「두문동 72현 일화 연구 — 전승의 경과와 수용의 양상을 중심으로」, 《국문학연구》 25집, 국문학회, 2012.

인명색인

이종묵(李鍾默)

서울대학교 국어국문학과 교수. 서울대학교를 졸업하고 같은 대학에서 박사학위를 받았다. 한국학중앙연구원 교수로 있다가 서울대학교로 옮겨 재직하고 있다. 선비의 운치 있는 삶을 좋아하여 옛글을 읽고 스스로 즐거워 가끔 글을 쓴다. 『우리 한시를 읽다』, 『한시 마중』, 『조선의 문화공간』, 『부부』, 『양화소록 — 선비, 꽃과 나무를 벗하다』, 『돌아앉으면 생각이 바뀐다』, 『조선시대 경강의 별서』 등의 저술이 있다.

장유승(張裕昇)

단국대학교 동양학연구원 책임연구원. 성균관대학교 한문학과, 한국학대학원을 거쳐 서울대학교에서 박사학위를 받았다. 『승정원일기』, 『정조어찰첩』 등 20여 책의 한문 고전을 번역했다. 『쓰레기 고서들의 반란』으로 한국출판문화상 편집상, 『동아시아의 문헌 교류』(공저)로 한국출판학술상 우수상을 수상했다.

청강 이제신 평전

1판 1쇄 찍음 | 2017년 7월 14일
1판 1쇄 펴냄 | 2017년 7월 21일

지은이 | 이종묵 · 장유승
펴낸이 | 김정호
펴낸곳 | 아카넷

출판등록 | 2000년 1월 24일(제406-2000-000012호)
주소 | 10881 경기도 파주시 회동길 445-3
전화 | 031-955-9511(편집) · 031-955-9514(주문)
팩시밀리 | 031-955-9519
www.acanet.co.kr

Printed in Seoul, Korea.

ISBN 978-89-5733-559-8 03990

＊ 책값은 뒤표지에 있습니다

이 도서의 국립중앙도서관 출판예정도서목록(CIP)은 서지정보유통지원시스템 홈페이지(http://seoji.nl.go.kr)와 국가자료공동목록시스템(http://www.nl.go.kr/kolisnet)에서 이용하실 수 있습니다.(CIP제어번호: CIP2017016204)